Betriebsverfassungsgesetz

mit Wahlordnung und Nebengesetzen

Gesetze für Betriebsräte

6. Auflage 2020

Rechtsstand: Januar 2020

Inhaltsverzeichnis

Betriebsverfassungsgesetz (BetrVG)

Rechtsstand: Januar 2020

Letzte Änderung: 01.05.2019 (BGBl. I S. 2651)

Erster Teil: Allgemeine Vorschriften

§ 1 Errichtung von Betriebsräten

(1) [1]In Betrieben mit in der Regel mindestens fünf ständigen wahlberechtigten Arbeitnehmern, von denen drei wählbar sind, werden Betriebsräte gewählt. [2]Dies gilt auch für gemeinsame Betriebe mehrerer Unternehmen.

(2) Ein gemeinsamer Betrieb mehrerer Unternehmen wird vermutet, wenn

1. zur Verfolgung arbeitstechnischer Zwecke die Betriebsmittel sowie die Arbeitnehmer von den Unternehmen gemeinsam eingesetzt werden oder
2. die Spaltung eines Unternehmens zur Folge hat, dass von einem Betrieb ein oder mehrere Betriebsteile einem an der Spaltung beteiligten anderen Unternehmen zugeordnet werden, ohne dass sich dabei die Organisation des betroffenen Betriebs wesentlich ändert.

§ 2 Stellung der Gewerkschaften und Vereinigungen der Arbeitgeber

(1) Arbeitgeber und Betriebsrat arbeiten unter Beachtung der geltenden Tarifverträge vertrauensvoll und im Zusammenwirken mit den im Betrieb vertretenen Gewerkschaften und Arbeitgebervereinigungen zum Wohl der Arbeitnehmer und des Betriebs zusammen.

(2) Zur Wahrnehmung der in diesem Gesetz genannten Aufgaben und Befugnisse der im Betrieb vertretenen Gewerkschaften ist deren Beauftragten nach Unterrichtung des Arbeitgebers oder seines Vertreters Zugang zum Betrieb zu gewähren, soweit dem nicht unumgängliche Notwendigkeiten des Betriebsablaufs, zwingende Sicherheitsvorschriften oder der Schutz von Betriebsgeheimnissen entgegenstehen.

(3) Die Aufgaben der Gewerkschaften und der Vereinigungen der Arbeitgeber, insbesondere die Wahrnehmung der Interessen ihrer Mitglieder, werden durch dieses Gesetz nicht berührt.

§ 3 Abweichende Regelungen

(1) Durch Tarifvertrag können bestimmt werden:

1. für Unternehmen mit mehreren Betrieben
   a) die Bildung eines unternehmenseinheitlichen Betriebsrats oder
   b) die Zusammenfassung von Betrieben,
   wenn dies die Bildung von Betriebsräten erleichtert oder einer sachgerechten Wahrnehmung der Interessen der Arbeitnehmer dient;
2. für Unternehmen und Konzerne, soweit sie nach produkt- oder projektbezogenen Geschäftsbereichen (Sparten) organisiert sind und die Leitung der Sparte auch Entscheidungen in beteiligungspflichtigen Angelegenheiten trifft, die Bildung von Betriebsräten in den Sparten (Spartenbetriebsräte), wenn dies der sachgerechten Wahrnehmung der Aufgaben des Betriebsrats dient;
3. andere Arbeitnehmervertretungsstrukturen, soweit dies insbesondere aufgrund der Betriebs-, Unternehmens- oder Konzernorganisation oder aufgrund anderer Formen der Zusammenarbeit von Unternehmen einer wirksamen und zweckmäßigen Interessenvertretung der Arbeitnehmer dient;
4. zusätzliche betriebsverfassungsrechtliche Gremien (Arbeitsgemeinschaften), die der unternehmensübergreifenden Zusammenarbeit von Arbeitnehmervertretungen dienen;
5. zusätzliche betriebsverfassungsrechtliche Vertretungen der Arbeitnehmer, die die Zusammenarbeit zwischen Betriebsrat und Arbeitnehmern erleichtern.

(2) Besteht in den Fällen des Absatzes 1 Nr. 1, 2, 4 oder 5 keine tarifliche Regelung und gilt auch kein anderer Tarifvertrag, kann die Regelung durch Betriebsvereinbarung getroffen werden.

(3) [1]Besteht im Fall des Absatzes 1 Nr. 1 Buchstabe a keine tarifliche Regelung und besteht in dem Unternehmen kein Betriebsrat, können die Arbeitnehmer mit Stimmenmehrheit die Wahl eines unternehmenseinheitlichen Betriebsrats beschließen. [2]Die Abstimmung kann von mindestens drei wahlberechtigten Arbeitnehmern des Unternehmens oder einer im Unternehmen vertretenen Gewerkschaft veranlasst werden.

(4) [1]Sofern der Tarifvertrag oder die Betriebsvereinbarung nichts anderes bestimmt, sind Regelungen nach Absatz 1 Nr. 1 bis 3 erstmals bei der nächsten regelmäßigen Betriebsratswahl anzuwenden, es sei denn, es besteht kein Betriebsrat oder es ist aus anderen Gründen eine Neuwahl des Betriebsrats erforderlich. [2]Sieht der Tarifvertrag oder die Betriebsvereinbarung einen anderen Wahlzeitpunkt vor, endet die Amtszeit bestehender Betriebsräte, die durch die Regelungen nach Absatz 1 Nr. 1 bis 3 entfallen, mit Bekanntgabe des Wahlergebnisses.

(5) [1]Die aufgrund eines Tarifvertrages oder einer Betriebsvereinbarung nach Absatz 1 Nr. 1 bis 3 gebildeten betriebsverfassungsrechtlichen Organisationseinheiten gelten als Betriebe im Sinne dieses Gesetzes. [2]Auf die in ihnen gebildeten Arbeitnehmervertretungen finden die Vorschriften über die Rechte und Pflichten des Betriebsrats und die Rechtsstellung seiner Mitglieder Anwendung.

§ 4 Betriebsteile, Kleinstbetriebe

(1) [1]Betriebsteile gelten als selbständige Betriebe, wenn sie die Voraussetzungen des § 1 Abs. 1 Satz 1 erfüllen und

1. räumlich weit vom Hauptbetrieb entfernt oder
2. durch Aufgabenbereich und Organisation eigenständig sind.

[2]Die Arbeitnehmer eines Betriebsteils, in dem kein eigener Betriebsrat besteht, können mit Stimmenmehrheit formlos beschließen, an der Wahl des Betriebsrats im Hauptbetrieb teilzunehmen; § 3 Abs. 3 Satz 2 gilt entsprechend. [3]Die Abstimmung kann auch vom Betriebsrat des Hauptbetriebs veranlasst werden. [4]Der Beschluss ist dem Betriebsrat des Hauptbetriebs spätestens zehn Wochen vor Ablauf seiner Amtszeit mitzuteilen. [5]Für den Widerruf des Beschlusses gelten die Sätze 2 bis 4 entsprechend.

(2) Betriebe, die die Voraussetzungen des § 1 Abs. 1 Satz 1 nicht erfüllen, sind dem Hauptbetrieb zuzuordnen.

§ 5 Arbeitnehmer

(1) [1]Arbeitnehmer (Arbeitnehmerinnen und Arbeitnehmer) im Sinne dieses Gesetzes sind Arbeiter und Angestellte einschließlich der zu ihrer Berufsausbildung Beschäftigten, unabhängig davon, ob sie im Betrieb, im Außendienst oder mit Telearbeit beschäftigt werden. [2]Als Arbeitnehmer gelten auch die in Heimarbeit Beschäftigten, die in der Hauptsache für den Betrieb arbeiten. [3]Als Arbeitnehmer gelten ferner Beamte (Beamtinnen und Beamte), Soldaten (Soldatinnen und Soldaten) sowie Arbeitnehmer des öffentlichen Dienstes einschließlich der zu ihrer Berufsausbildung Beschäftigten, die in Betrieben privatrechtlich organisierter Unternehmen tätig sind.

(2) Als Arbeitnehmer im Sinne dieses Gesetzes gelten nicht

1. in Betrieben einer juristischen Person die Mitglieder des Organs, das zur gesetzlichen Vertretung der juristischen Person berufen ist;
2. die Gesellschafter einer offenen Handelsgesellschaft oder die Mitglieder einer anderen Personengesamtheit, soweit sie durch Gesetz, Satzung oder Gesellschaftsvertrag zur Vertretung der Personengesamtheit oder zur Geschäftsführung berufen sind, in deren Betrieben;
3. Personen, deren Beschäftigung nicht in erster Linie ihrem Erwerb dient, sondern vorwiegend durch Beweggründe karitativer oder religiöser Art bestimmt ist;
4. Personen, deren Beschäftigung nicht in erster Linie ihrem Erwerb dient und die vorwiegend zu ihrer Heilung, Wiedereingewöhnung, sittlichen Besserung oder Erziehung beschäftigt werden;
5. der Ehegatte, der Lebenspartner, Verwandte und Verschwägerte ersten Grades, die in häuslicher Gemeinschaft mit dem Arbeitgeber leben.

(3) [1]Dieses Gesetz findet, soweit in ihm nicht ausdrücklich etwas anderes bestimmt ist, keine Anwendung auf leitende Angestellte. [2]Leitender Angestellter ist, wer nach Arbeitsvertrag und Stellung im Unternehmen oder im Betrieb

1. zur selbständigen Einstellung und Entlassung von im Betrieb oder in der Betriebsabteilung beschäftigten Arbeitnehmern berechtigt ist oder
2. Generalvollmacht oder Prokura hat und die Prokura auch im Verhältnis zum Arbeitgeber nicht unbedeutend ist oder
3. regelmäßig sonstige Aufgaben wahrnimmt, die für den Bestand und die Entwicklung des Unternehmens oder eines Betriebs von Bedeutung sind und deren Erfüllung besondere Erfahrungen und Kenntnisse voraussetzt, wenn er dabei entweder die Entscheidungen im Wesentlichen frei von Weisungen trifft oder sie maßgeblich beeinflusst; dies kann auch bei Vorgaben insbesondere aufgrund von Rechtsvorschriften, Plänen oder Richtlinien sowie bei Zusammenarbeit mit anderen leitenden Angestellten gegeben sein.

[3]Für die in Absatz 1 Satz 3 genannten Beamten und Soldaten gelten die Sätze 1 und 2 entsprechend.

(4) Leitender Angestellter nach Absatz 3 Nr. 3 ist im Zweifel, wer

1. aus Anlass der letzten Wahl des Betriebsrats, des Sprecherausschusses oder von Aufsichtsratsmitgliedern der Arbeitnehmer oder durch rechtskräftige gerichtliche Entscheidung den leitenden Angestellten zugeordnet worden ist oder
2. einer Leitungsebene angehört, auf der in dem Unternehmen überwiegend leitende Angestellte vertreten sind, oder
3. ein regelmäßiges Jahresarbeitsentgelt erhält, das für leitende Angestellte in dem Unternehmen üblich ist, oder,
4. falls auch bei der Anwendung der Nummer 3 noch Zweifel bleiben, ein regelmäßiges Jahresarbeitsentgelt erhält, das das Dreifache der Bezugsgröße nach § 18 des Vierten Buches Sozialgesetzbuch überschreitet.

§ 6 (weggefallen)

Zweiter Teil: Betriebsrat, Betriebsversammlung, Gesamt- und Konzernbetriebsrat

Erster Abschnitt: Zusammensetzung und Wahl des Betriebsrats

§ 7 Wahlberechtigung

[1]Wahlberechtigt sind alle Arbeitnehmer des Betriebs, die das 18. Lebensjahr vollendet haben. [2]Werden Arbeitnehmer eines anderen Arbeitgebers zur Arbeitsleistung überlassen, so sind diese wahlberechtigt, wenn sie länger als drei Monate im Betrieb eingesetzt werden.

§ 8 Wählbarkeit

(1) [1]Wählbar sind alle Wahlberechtigten, die sechs Monate dem Betrieb angehören oder als in Heimarbeit Beschäftigte in der Hauptsache für den Betrieb gearbeitet haben. [2]Auf diese sechsmonatige Betriebszugehörigkeit werden Zeiten angerechnet, in denen der Arbeitnehmer unmittelbar vorher einem anderen Betrieb desselben Unternehmens oder Konzerns (§ 18 Abs. 1 des Aktiengesetzes) angehört hat. [3]Nicht wählbar ist, wer infolge strafgerichtlicher Verurteilung die Fähigkeit, Rechte aus öffentlichen Wahlen zu erlangen, nicht besitzt.

(2) Besteht der Betrieb weniger als sechs Monate, so sind abweichend von der Vorschrift in Absatz 1 über die sechsmonatige Betriebszugehörigkeit diejenigen Arbeitnehmer wählbar, die bei der Einleitung der Betriebsratswahl im Betrieb beschäftigt sind und die übrigen Voraussetzungen für die Wählbarkeit erfüllen.

§ 9 Zahl der Betriebsratsmitglieder

[1]Der Betriebsrat besteht in Betrieben mit in der Regel

5 bis 20	wahlberechtigten Arbeitnehmern	aus einer Person,
21 bis 50	wahlberechtigten Arbeitnehmern	aus 3 Mitgliedern,
51	wahlberechtigten Arbeitnehmern bis 100 Arbeitnehmern	aus 5 Mitgliedern,

101 bis 200	Arbeitnehmern	aus 7 Mitgliedern,
201 bis 400	Arbeitnehmern	aus 9 Mitgliedern,
401 bis 700	Arbeitnehmern	aus 11 Mitgliedern,
701 bis 1.000	Arbeitnehmern	aus 13 Mitgliedern,
1.001 bis 1.500	Arbeitnehmern	aus 15 Mitgliedern,
1.501 bis 2.000	Arbeitnehmern	aus 17 Mitgliedern,
2.001 bis 2.500	Arbeitnehmern	aus 19 Mitgliedern,
2.501 bis 3.000	Arbeitnehmern	aus 21 Mitgliedern,
3.001 bis 3.500	Arbeitnehmern	aus 23 Mitgliedern,
3.501 bis 4.000	Arbeitnehmern	aus 25 Mitgliedern,
4.001 bis 4.500	Arbeitnehmern	aus 27 Mitgliedern,
4.501 bis 5.000	Arbeitnehmern	aus 29 Mitgliedern,
5.001 bis 6.000	Arbeitnehmern	aus 31 Mitgliedern,
6.001 bis 7.000	Arbeitnehmern	aus 33 Mitgliedern,
7.001 bis 9.000	Arbeitnehmern	aus 35 Mitgliedern.

[2]In Betrieben mit mehr als 9.000 Arbeitnehmern erhöht sich die Zahl der Mitglieder des Betriebsrats für je angefangene weitere 3.000 Arbeitnehmer um 2 Mitglieder.

§ 10 (weggefallen)

§ 11 Ermäßigte Zahl der Betriebsratsmitglieder

Hat ein Betrieb nicht die ausreichende Zahl von wählbaren Arbeitnehmern, so ist die Zahl der Betriebsratsmitglieder der nächstniedrigeren Betriebsgröße zugrunde zu legen.

§ 12 (weggefallen)

§ 13 Zeitpunkt der Betriebsratswahlen

(1) [1]Die regelmäßigen Betriebsratswahlen finden alle vier Jahre in der Zeit vom 1. März bis 31. Mai statt. [2]Sie sind zeitgleich mit den regelmäßigen Wahlen nach § 5 Abs. 1 des Sprecherausschussgesetzes einzuleiten.

(2) Außerhalb dieser Zeit ist der Betriebsrat zu wählen, wenn

1. mit Ablauf von 24 Monaten, vom Tage der Wahl an gerechnet, die Zahl der regelmäßig beschäftigten Arbeitnehmer um die Hälfte, mindestens aber um fünfzig, gestiegen oder gesunken ist,
2. die Gesamtzahl der Betriebsratsmitglieder nach Eintreten sämtlicher Ersatzmitglieder unter die vorgeschriebene Zahl der Betriebsratsmitglieder gesunken ist,
3. der Betriebsrat mit der Mehrheit seiner Mitglieder seinen Rücktritt beschlossen hat,
4. die Betriebsratswahl mit Erfolg angefochten worden ist,
5. der Betriebsrat durch eine gerichtliche Entscheidung aufgelöst ist oder
6. im Betrieb ein Betriebsrat nicht besteht.

(3) [1]Hat außerhalb des für die regelmäßigen Betriebsratswahlen festgelegten Zeitraums eine Betriebsratswahl stattgefunden, so ist der Betriebsrat in dem auf die Wahl folgenden nächsten Zeitraum der regelmäßigen Betriebsratswahlen neu zu wählen. [2]Hat die Amtszeit des Betriebsrats zu Beginn des für die regelmäßigen Betriebsratswahlen festgelegten Zeitraums noch nicht ein Jahr betragen, so ist der Betriebsrat in dem übernächsten Zeitraum der regelmäßigen Betriebsratswahlen neu zu wählen.

§ 14 Wahlvorschriften

(1) Der Betriebsrat wird in geheimer und unmittelbarer Wahl gewählt.

(2) [1]Die Wahl erfolgt nach den Grundsätzen der Verhältniswahl. [2]Sie erfolgt nach den Grundsätzen der Mehrheitswahl, wenn nur ein Wahlvorschlag eingereicht wird oder wenn der Betriebsrat im vereinfachten Wahlverfahren nach § 14a zu wählen ist.

(3) Zur Wahl des Betriebsrats können die wahlberechtigten Arbeitnehmer und die im Betrieb vertretenen Gewerkschaften Wahlvorschläge machen.

(4) [1]Jeder Wahlvorschlag der Arbeitnehmer muss von mindestens einem Zwanzigstel der wahlberechtigten Arbeitnehmer, mindestens jedoch von drei Wahlberechtigten unterzeichnet sein; in Betrieben mit in der Regel bis zu zwanzig wahlberechtigten Arbeitnehmern genügt die Unterzeichnung durch zwei Wahlberechtigte. [2]In jedem Fall genügt die Unterzeichnung durch fünfzig wahlberechtigte Arbeitnehmer.

(5) Jeder Wahlvorschlag einer Gewerkschaft muss von zwei Beauftragten unterzeichnet sein.

§ 14a Vereinfachtes Wahlverfahren für Kleinbetriebe

(1) [1]In Betrieben mit in der Regel fünf bis fünfzig wahlberechtigten Arbeitnehmern wird der Betriebsrat in einem zweistufigen Verfahren gewählt. [2]Auf einer ersten Wahlversammlung wird der Wahlvorstand nach § 17a Nr. 3 gewählt. [3]Auf einer zweiten Wahlversammlung wird der Betriebsrat in geheimer und unmittelbarer Wahl gewählt. [4]Diese Wahlversammlung findet eine Woche nach der Wahlversammlung zur Wahl des Wahlvorstands statt.

(2) Wahlvorschläge können bis zum Ende der Wahlversammlung zur Wahl des Wahlvorstands nach § 17a Nr. 3 gemacht werden; für Wahlvorschläge der Arbeitnehmer gilt § 14 Abs. 4 mit der Maßgabe, dass für Wahlvorschläge, die erst auf dieser Wahlversammlung gemacht werden, keine Schriftform erforderlich ist.

(3) [1]Ist der Wahlvorstand in Betrieben mit in der Regel fünf bis fünfzig wahlberechtigten Arbeitnehmern nach § 17a Nr. 1 in Verbindung mit § 16 vom Betriebsrat, Gesamtbetriebsrat oder Konzernbetriebsrat oder nach § 17a Nr. 4 vom Arbeitsgericht bestellt, wird der Betriebsrat abweichend von Absatz 1 Satz 1 und 2 auf nur einer Wahlversammlung in geheimer und unmittelbarer Wahl gewählt. [2]Wahlvorschläge können bis eine Woche vor der Wahlversammlung zur Wahl des Betriebsrats gemacht werden; § 14 Abs. 4 gilt unverändert.

(4) Wahlberechtigten Arbeitnehmern, die an der Wahlversammlung zur Wahl des Betriebsrats nicht teilnehmen können, ist Gelegenheit zur schriftlichen Stimmabgabe zu geben.

(5) In Betrieben mit in der Regel 51 bis 100 wahlberechtigten Arbeitnehmern können der Wahlvorstand und der Arbeitgeber die Anwendung des vereinfachten Wahlverfahrens vereinbaren.

§ 15 Zusammensetzung nach Beschäftigungsarten und Geschlechter

(1) Der Betriebsrat soll sich möglichst aus Arbeitnehmern der einzelnen Organisationsbereiche und der verschiedenen Beschäftigungsarten der im Betrieb tätigen Arbeitnehmer zusammensetzen.

(2) Das Geschlecht, das in der Belegschaft in der Minderheit ist, muss mindestens entsprechend seinem zahlenmäßigen Verhältnis im Betriebsrat vertreten sein, wenn dieser aus mindestens drei Mitgliedern besteht.

§ 16 Bestellung des Wahlvorstands

(1) [1]Spätestens zehn Wochen vor Ablauf seiner Amtszeit bestellt der Betriebsrat einen aus drei Wahlberechtigten bestehenden Wahlvorstand und einen von ihnen als Vorsitzenden. [2]Der Betriebsrat kann die Zahl der Wahlvorstandsmitglieder erhöhen, wenn dies zur ordnungsgemäßen Durchführung der Wahl erforderlich ist. [3]Der Wahlvorstand muss in jedem Fall aus einer ungeraden Zahl von Mitgliedern bestehen. [4]Für jedes Mitglied des Wahlvorstands kann für den Fall seiner Verhinderung ein Ersatzmitglied bestellt werden. [5]In Betrieben mit weiblichen und männlichen Arbeitnehmern sollen dem Wahlvorstand Frauen und Männer angehören. [6]Jede im Betrieb vertretene Gewerkschaft kann zusätzlich einen dem Betrieb angehörenden Beauftragten als nicht stimmberechtigtes Mitglied in den Wahlvorstand entsenden, sofern ihr nicht ein stimmberechtigtes Wahlvorstandsmitglied angehört.

(2) [1]Besteht acht Wochen vor Ablauf der Amtszeit des Betriebsrats kein Wahlvorstand, so bestellt ihn das Arbeitsgericht auf Antrag von mindestens drei Wahlberechtigten oder einer im Betrieb vertretenen Gewerkschaft; Absatz 1 gilt entsprechend. [2]In dem Antrag können Vorschläge für die Zusammensetzung des Wahlvorstands gemacht werden. [3]Das Arbeitsgericht kann für Betriebe mit in der Regel mehr als zwanzig wahlberechtigten Arbeitnehmern auch Mitglieder einer im Betrieb vertretenen Gewerkschaft, die nicht Arbeitnehmer des Betriebs sind, zu Mitgliedern des Wahlvorstands bestellen, wenn dies zur ordnungsgemäßen Durchführung der Wahl erforderlich ist.

(3) [1]Besteht acht Wochen vor Ablauf der Amtszeit des Betriebsrats kein Wahlvorstand, kann auch der Gesamtbetriebsrat oder, falls ein solcher nicht besteht, der Konzernbetriebsrat den Wahlvorstand bestellen. [2]Absatz 1 gilt entsprechend.

§ 17 Bestellung des Wahlvorstands in Betrieben ohne Betriebsrat

(1) [1]Besteht in einem Betrieb, der die Voraussetzungen des § 1 Abs. 1 Satz 1 erfüllt, kein Betriebsrat, so bestellt der Gesamtbetriebsrat oder, falls ein solcher nicht besteht, der Konzernbetriebsrat einen Wahlvorstand. [2]§ 16 Abs. 1 gilt entsprechend.

(2) [1]Besteht weder ein Gesamtbetriebsrat noch ein Konzernbetriebsrat, so wird in einer Betriebsversammlung von der Mehrheit der anwesenden Arbeitnehmer ein Wahlvorstand gewählt; § 16 Abs. 1 gilt entsprechend. [2]Gleiches gilt, wenn der Gesamtbetriebsrat oder Konzernbetriebsrat die Bestellung des Wahlvorstands nach Absatz 1 unterlässt.

(3) Zu dieser Betriebsversammlung können drei wahlberechtigte Arbeitnehmer des Betriebs oder eine im Betrieb vertretene Gewerkschaft einladen und Vorschläge für die Zusammensetzung des Wahlvorstands machen.

(4) [1]Findet trotz Einladung keine Betriebsversammlung statt oder wählt die Betriebsversammlung keinen Wahlvorstand, so bestellt ihn das Arbeitsgericht auf Antrag von mindestens drei wahlberechtigten Arbeitnehmern oder einer im Betrieb vertretenen Gewerkschaft. [2]§ 16 Abs. 2 gilt entsprechend.

§ 17a Bestellung des Wahlvorstands im vereinfachten Wahlverfahren

Im Fall des § 14a finden die §§ 16 und 17 mit folgender Maßgabe Anwendung:

1. Die Frist des § 16 Abs. 1 Satz 1 wird auf vier Wochen und die des § 16 Abs. 2 Satz 1, Abs. 3 Satz 1 auf drei Wochen verkürzt.
2. § 16 Abs. 1 Satz 2 und 3 findet keine Anwendung.
3. In den Fällen des § 17 Abs. 2 wird der Wahlvorstand in einer Wahlversammlung von der Mehrheit der anwesenden Arbeitnehmer gewählt. Für die Einladung zu der Wahlversammlung gilt § 17 Abs. 3 entsprechend.
4. § 17 Abs. 4 gilt entsprechend, wenn trotz Einladung keine Wahlversammlung stattfindet oder auf der Wahlversammlung kein Wahlvorstand gewählt wird.

§ 18 Vorbereitung und Durchführung der Wahl

(1) [1]Der Wahlvorstand hat die Wahl unverzüglich einzuleiten, sie durchzuführen und das Wahlergebnis festzustellen. [2]Kommt der Wahlvorstand dieser Verpflichtung nicht nach, so ersetzt ihn das Arbeitsgericht auf Antrag des Betriebsrats, von mindestens drei wahlberechtigten Arbeitnehmern oder einer im Betrieb vertretenen Gewerkschaft. [3]§ 16 Abs. 2 gilt entsprechend.

(2) Ist zweifelhaft, ob eine betriebsratsfähige Organisationseinheit vorliegt, so können der Arbeitgeber, jeder beteiligte Betriebsrat, jeder beteiligte Wahlvorstand oder eine im Betrieb vertretene Gewerkschaft eine Entscheidung des Arbeitsgerichts beantragen.

(3) [1]Unverzüglich nach Abschluss der Wahl nimmt der Wahlvorstand öffentlich die Auszählung der Stimmen vor, stellt deren Ergebnis in einer Niederschrift fest und gibt es den Arbeitnehmern des Betriebs bekannt. [2]Dem Arbeitgeber und den im Betrieb vertretenen Gewerkschaften ist eine Abschrift der Wahlniederschrift zu übersenden.

§ 18a Zuordnung der leitenden Angestellten bei Wahlen

(1) [1]Sind die Wahlen nach § 13 Abs. 1 und nach § 5 Abs. 1 des Sprecherausschussgesetzes zeitgleich einzuleiten, so haben sich die Wahlvorstände unverzüglich nach Aufstellung der Wählerlisten, spätestens jedoch zwei Wochen vor Einleitung der Wahlen, gegenseitig darüber zu unterrichten, welche Angestellten sie den leitenden Angestellten zugeordnet haben; dies gilt auch, wenn die Wahlen ohne Bestehen einer gesetzlichen Verpflichtung zeitgleich eingeleitet werden. [2]Soweit zwischen den Wahlvorständen kein Einvernehmen über die Zuordnung besteht, haben sie in gemeinsamer Sitzung eine Einigung zu versuchen. [3]Soweit eine Einigung zustande kommt, sind die Angestellten entsprechend ihrer Zuordnung in die jeweilige Wählerliste einzutragen.

(2) [1]Soweit eine Einigung nicht zustande kommt, hat ein Vermittler spätestens eine Woche vor Einleitung der Wahlen erneut eine Verständigung der Wahlvorstände über die Zuordnung zu versuchen. [2]Der Arbeitgeber hat den Vermittler auf dessen Verlangen zu unterstützen, insbesondere die erforderlichen Auskünfte zu erteilen und die erforderlichen Unterlagen zur Verfügung zu stellen. [3]Bleibt der Verständigungsversuch erfolglos, so entscheidet der Vermittler nach Beratung mit dem Arbeitgeber. [4]Absatz 1 Satz 3 gilt entsprechend.

(3) [1]Auf die Person des Vermittlers müssen sich die Wahlvorstände einigen. [2]Zum Vermittler kann nur ein Beschäftigter des Betriebs oder eines anderen Betriebs des Unternehmens oder Konzerns oder der Arbeitgeber bestellt werden. [3]Kommt eine Einigung nicht zustande, so schlagen die Wahlvorstände je eine Person als Vermittler vor; durch Los wird entschieden, wer als Vermittler tätig wird.

(4) [1]Wird mit der Wahl nach § 13 Abs. 1 oder 2 nicht zeitgleich eine Wahl nach dem Sprecherausschussgesetz eingeleitet, so hat der Wahlvorstand den Sprecherausschuss entsprechend Absatz 1 Satz 1 erster Halbsatz zu unterrichten. [2]Soweit kein Einvernehmen über die Zuordnung besteht, hat der Sprecherausschuss Mitglieder zu benennen, die anstelle des Wahlvorstands an dem Zuordnungsverfahren teilnehmen. [3]Wird mit der Wahl nach § 5 Abs. 1 oder 2 des Sprecherausschussgesetzes nicht zeitgleich eine Wahl nach diesem Gesetz eingeleitet, so gelten die Sätze 1 und 2 für den Betriebsrat entsprechend.

(5) [1]Durch die Zuordnung wird der Rechtsweg nicht ausgeschlossen. [2]Die Anfechtung der Betriebsratswahl oder der Wahl nach dem Sprecherausschussgesetz ist ausgeschlossen, soweit sie darauf gestützt wird, die Zuordnung sei fehlerhaft erfolgt. [3]Satz 2 gilt nicht, soweit die Zuordnung offensichtlich fehlerhaft ist.

§ 19 Wahlanfechtung

(1) Die Wahl kann beim Arbeitsgericht angefochten werden, wenn gegen wesentliche Vorschriften über das Wahlrecht, die Wählbarkeit oder das Wahlverfahren verstoßen worden ist und eine Berichtigung nicht erfolgt ist, es sei denn, dass durch den Verstoß das Wahlergebnis nicht geändert oder beeinflusst werden konnte.

(2) [1]Zur Anfechtung berechtigt sind mindestens drei Wahlberechtigte, eine im Betrieb vertretene Gewerkschaft oder der Arbeitgeber. [2]Die Wahlanfechtung ist nur binnen einer Frist von zwei Wochen, vom Tage der Bekanntgabe des Wahlergebnisses an gerechnet, zulässig.

§ 20 Wahlschutz und Wahlkosten

(1) [1]Niemand darf die Wahl des Betriebsrats behindern. [2]Insbesondere darf kein Arbeitnehmer in der Ausübung des aktiven und passiven Wahlrechts beschränkt werden.

(2) Niemand darf die Wahl des Betriebsrats durch Zufügung oder Androhung von Nachteilen oder durch Gewährung oder Versprechen von Vorteilen beeinflussen.

(3) [1]Die Kosten der Wahl trägt der Arbeitgeber. [2]Versäumnis von Arbeitszeit, die zur Ausübung des Wahlrechts, zur Betätigung im Wahlvorstand oder zur Tätigkeit als Vermittler (§ 18a) erforderlich ist, berechtigt den Arbeitgeber nicht zur Minderung des Arbeitsentgelts.

Zweiter Abschnitt: Amtszeit des Betriebsrats

§ 21 Amtszeit

[1]Die regelmäßige Amtszeit des Betriebsrats beträgt vier Jahre. [2]Die Amtszeit beginnt mit der Bekanntgabe des Wahlergebnisses oder, wenn zu diesem Zeitpunkt noch ein Betriebsrat besteht, mit Ablauf von dessen Amtszeit. [3]Die Amtszeit endet spätestens am 31. Mai des Jahres, in dem nach § 13 Abs. 1 die regelmäßigen Betriebsratswahlen stattfinden. [4]In dem Fall des § 13 Abs. 3 Satz 2 endet die Amtszeit spätestens am 31. Mai des Jahres, in dem der Betriebsrat neu zu wählen ist. [5]In den Fällen des § 13 Abs. 2 Nr. 1 und 2 endet die Amtszeit mit der Bekanntgabe des Wahlergebnisses des neu gewählten Betriebsrats.

§ 21a Übergangsmandat

(1) [1]Wird ein Betrieb gespalten, so bleibt dessen Betriebsrat im Amt und führt die Geschäfte für die ihm bislang zugeordneten Betriebsteile weiter, soweit sie die Voraussetzungen des § 1 Abs. 1 Satz 1 erfüllen und nicht in einen Betrieb eingegliedert werden, in dem ein Betriebsrat besteht (Übergangsmandat). [2]Der Betriebsrat hat insbesondere unverzüglich Wahlvorstände zu bestellen. [3]Das Übergangsmandat endet, sobald in den Betriebsteilen ein neuer Betriebsrat gewählt und das Wahlergebnis bekannt gegeben ist, spätestens

jedoch sechs Monate nach Wirksamwerden der Spaltung. [4]Durch Tarifvertrag oder Betriebsvereinbarung kann das Übergangsmandat um weitere sechs Monate verlängert werden.

(2) [1]Werden Betriebe oder Betriebsteile zu einem Betrieb zusammengefasst, so nimmt der Betriebsrat des nach der Zahl der wahlberechtigten Arbeitnehmer größten Betriebs oder Betriebsteils das Übergangsmandat wahr. [2]Absatz 1 gilt entsprechend.

(3) Die Absätze 1 und 2 gelten auch, wenn die Spaltung oder Zusammenlegung von Betrieben und Betriebsteilen im Zusammenhang mit einer Betriebsveräußerung oder einer Umwandlung nach dem Umwandlungsgesetz erfolgt.

§ 21b Restmandat

Geht ein Betrieb durch Stilllegung, Spaltung oder Zusammenlegung unter, so bleibt dessen Betriebsrat so lange im Amt, wie dies zur Wahrnehmung der damit im Zusammenhang stehenden Mitwirkungs- und Mitbestimmungsrechte erforderlich ist.

§ 22 Weiterführung der Geschäfte des Betriebsrats

In den Fällen des § 13 Abs. 2 Nr. 1 bis 3 führt der Betriebsrat die Geschäfte weiter, bis der neue Betriebsrat gewählt und das Wahlergebnis bekanntgegeben ist.

§ 23 Verletzung gesetzlicher Pflichten

(1) [1]Mindestens ein Viertel der wahlberechtigten Arbeitnehmer, der Arbeitgeber oder eine im Betrieb vertretene Gewerkschaft können beim Arbeitsgericht den Ausschluss eines Mitglieds aus dem Betriebsrat oder die Auflösung des Betriebsrats wegen grober Verletzung seiner gesetzlichen Pflichten beantragen. [2]Der Ausschluss eines Mitglieds kann auch vom Betriebsrat beantragt werden.

(2) [1]Wird der Betriebsrat aufgelöst, so setzt das Arbeitsgericht unverzüglich einen Wahlvorstand für die Neuwahl ein. [2]§ 16 Abs. 2 gilt entsprechend.

(3) [1]Der Betriebsrat oder eine im Betrieb vertretene Gewerkschaft können bei groben Verstößen des Arbeitgebers gegen seine Verpflichtungen aus diesem Gesetz beim Arbeitsgericht beantragen, dem Arbeitgeber aufzugeben, eine Handlung zu unterlassen, die Vornahme einer Handlung zu dulden oder eine Handlung vorzunehmen. [2]Handelt der Arbeitgeber der ihm durch rechtskräftige gerichtliche Entscheidung auferlegten Verpflichtung zuwider, eine Handlung zu unterlassen oder die Vornahme einer Handlung zu dulden, so ist er auf Antrag vom Arbeitsgericht wegen einer jeden Zuwiderhandlung nach vorheriger Androhung zu einem Ordnungsgeld zu verurteilen. [3]Führt der Arbeitgeber die ihm durch eine rechtskräftige gerichtliche Entscheidung auferlegte Handlung nicht durch, so ist auf Antrag vom Arbeitsgericht zu erkennen, dass er zur Vornahme der Handlung durch Zwangsgeld anzuhalten sei. [4]Antragsberechtigt sind der Betriebsrat oder eine im Betrieb vertretene Gewerkschaft. [5]Das Höchstmaß des Ordnungsgeldes und Zwangsgeldes beträgt 10.000 Euro.

§ 24 Erlöschen der Mitgliedschaft

Die Mitgliedschaft im Betriebsrat erlischt durch

1. Ablauf der Amtszeit,
2. Niederlegung des Betriebsratsamtes,
3. Beendigung des Arbeitsverhältnisses,
4. Verlust der Wählbarkeit,
5. Ausschluss aus dem Betriebsrat oder Auflösung des Betriebsrats aufgrund einer gerichtlichen Entscheidung,
6. gerichtliche Entscheidung über die Feststellung der Nichtwählbarkeit nach Ablauf der in § 19 Abs. 2 bezeichneten Frist, es sei denn, der Mangel liegt nicht mehr vor.

§ 25 Ersatzmitglieder

(1) [1]Scheidet ein Mitglied des Betriebsrats aus, so rückt ein Ersatzmitglied nach. [2]Dies gilt entsprechend für die Stellvertretung eines zeitweilig verhinderten Mitglieds des Betriebsrats.

(2) [1]Die Ersatzmitglieder werden unter Berücksichtigung des § 15 Abs. 2 der Reihe nach aus den nichtgewählten Arbeitnehmern derjenigen Vorschlagslisten entnommen, denen die zu ersetzenden Mitglieder angehören. [2]Ist eine Vorschlagsliste erschöpft, so ist das Ersatzmitglied derjenigen Vorschlagsliste zu entnehmen, auf die nach den Grundsätzen der Verhältniswahl der nächste Sitz entfallen würde. [3]Ist das ausgeschiedene oder verhinderte Mitglied nach den Grundsätzen der Mehrheitswahl gewählt, so bestimmt sich die Reihenfolge der Ersatzmitglieder unter Berücksichtigung des § 15 Abs. 2 nach der Höhe der erreichten Stimmenzahlen.

Dritter Abschnitt: Geschäftsführung des Betriebsrats

§ 26 Vorsitzender

(1) Der Betriebsrat wählt aus seiner Mitte den Vorsitzenden und dessen Stellvertreter.

(2) [1]Der Vorsitzende des Betriebsrats oder im Fall seiner Verhinderung sein Stellvertreter vertritt den Betriebsrat im Rahmen der von ihm gefassten Beschlüsse. [2]Zur Entgegennahme von Erklärungen, die dem Betriebsrat gegenüber abzugeben sind, ist der Vorsitzende des Betriebsrats oder im Fall seiner Verhinderung sein Stellvertreter berechtigt.

§ 27 Betriebsausschuss

(1) [1]Hat ein Betriebsrat neun oder mehr Mitglieder, so bildet er einen Betriebsausschuss. [2]Der Betriebsausschuss besteht aus dem Vorsitzenden des Betriebsrats, dessen Stellvertreter und bei Betriebsräten mit

9	bis	15 Mitgliedern	aus	3	weiteren Ausschussmitgliedern,
17	bis	23 Mitgliedern	aus	5	weiteren Ausschussmitgliedern,

25 bis 35 Mitgliedern aus 7 weiteren Ausschussmitgliedern,
37 oder mehr Mitgliedern aus 9 weiteren Ausschussmitgliedern.

[3]Die weiteren Ausschussmitglieder werden vom Betriebsrat aus seiner Mitte in geheimer Wahl und nach den Grundsätzen der Verhältniswahl gewählt. [4]Wird nur ein Wahlvorschlag gemacht, so erfolgt die Wahl nach den Grundsätzen der Mehrheitswahl. [5]Sind die weiteren Ausschussmitglieder nach den Grundsätzen der Verhältniswahl gewählt, so erfolgt die Abberufung durch Beschluss des Betriebsrats, der in geheimer Abstimmung gefasst wird und einer Mehrheit von drei Vierteln der Stimmen der Mitglieder des Betriebsrats bedarf.

(2) [1]Der Betriebsausschuss führt die laufenden Geschäfte des Betriebsrats. [2]Der Betriebsrat kann dem Betriebsausschuss mit der Mehrheit der Stimmen seiner Mitglieder Aufgaben zur selbständigen Erledigung übertragen; dies gilt nicht für den Abschluss von Betriebsvereinbarungen. [3]Die Übertragung bedarf der Schriftform. [4]Die Sätze 2 und 3 gelten entsprechend für den Widerruf der Übertragung von Aufgaben.

(3) Betriebsräte mit weniger als neun Mitgliedern können die laufenden Geschäfte auf den Vorsitzenden des Betriebsrats oder andere Betriebsratsmitglieder übertragen.

§ 28 Übertragung von Aufgaben auf Ausschüsse

(1) [1]Der Betriebsrat kann in Betrieben mit mehr als 100 Arbeitnehmern Ausschüsse bilden und ihnen bestimmte Aufgaben übertragen. [2]Für die Wahl und Abberufung der Ausschussmitglieder gilt § 27 Abs. 1 Satz 3 bis 5 entsprechend. [3]Ist ein Betriebsausschuss gebildet, kann der Betriebsrat den Ausschüssen Aufgaben zur selbständigen Erledigung übertragen; § 27 Abs. 2 Satz 2 bis 4 gilt entsprechend.

(2) Absatz 1 gilt entsprechend für die Übertragung von Aufgaben zur selbständigen Entscheidung auf Mitglieder des Betriebsrats in Ausschüssen, deren Mitglieder vom Betriebsrat und vom Arbeitgeber benannt werden.

§ 28a Übertragung von Aufgaben auf Arbeitsgruppen

(1) [1]In Betrieben mit mehr als 100 Arbeitnehmern kann der Betriebsrat mit der Mehrheit der Stimmen seiner Mitglieder bestimmte Aufgaben auf Arbeitsgruppen übertragen; dies erfolgt nach Maßgabe einer mit dem Arbeitgeber abzuschließenden Rahmenvereinbarung. [2]Die Aufgaben müssen im Zusammenhang mit den von der Arbeitsgruppe zu erledigenden Tätigkeiten stehen. [3]Die Übertragung bedarf der Schriftform. [4]Für den Widerruf der Übertragung gelten Satz 1 erster Halbsatz und Satz 3 entsprechend.

(2) [1]Die Arbeitsgruppe kann im Rahmen der ihr übertragenen Aufgaben mit dem Arbeitgeber Vereinbarungen schließen; eine Vereinbarung bedarf der Mehrheit der Stimmen der Gruppenmitglieder. [2]§ 77 gilt entsprechend. [3]Können sich Arbeitgeber und Arbeitsgruppe in einer Angelegenheit nicht einigen, nimmt der Betriebsrat das Beteiligungsrecht wahr.

§ 29 Einberufung der Sitzungen

(1) [1]Vor Ablauf einer Woche nach dem Wahltag hat der Wahlvorstand die Mitglieder des Betriebsrats zu der nach § 26 Abs. 1 vorgeschriebenen Wahl einzuberufen. [2]Der Vorsitzende des Wahlvorstands leitet die Sitzung, bis der Betriebsrat aus seiner Mitte einen Wahlleiter bestellt hat.

(2) [1]Die weiteren Sitzungen beruft der Vorsitzende des Betriebsrats ein. [2]Er setzt die Tagesordnung fest und leitet die Verhandlung. [3]Der Vorsitzende hat die Mitglieder des Betriebsrats zu den Sitzungen rechtzeitig unter Mitteilung der Tagesordnung zu laden. [4]Dies gilt auch für die Schwerbehindertenvertretung sowie für die Jugend- und Auszubildendenvertreter, soweit sie ein Recht auf Teilnahme an der Betriebsratssitzung haben. [5]Kann ein Mitglied des Betriebsrats oder der Jugend- und Auszubildendenvertretung an der Sitzung nicht teilnehmen, so soll es dies unter Angabe der Gründe unverzüglich dem Vorsitzenden mitteilen. [6]Der Vorsitzende hat für ein verhindertes Betriebsratsmitglied oder für einen verhinderten Jugend- und Auszubildendenvertreter das Ersatzmitglied zu laden.

(3) Der Vorsitzende hat eine Sitzung einzuberufen und den Gegenstand, dessen Beratung beantragt ist, auf die Tagesordnung zu setzen, wenn dies ein Viertel der Mitglieder des Betriebsrats oder der Arbeitgeber beantragt.

(4) [1]Der Arbeitgeber nimmt an den Sitzungen, die auf sein Verlangen anberaumt sind, und an den Sitzungen, zu denen er ausdrücklich eingeladen ist, teil. [2]Er kann einen Vertreter der Vereinigung der Arbeitgeber, der er angehört, hinzuziehen.

§ 30 Betriebsratssitzungen

[1]Die Sitzungen des Betriebsrats finden in der Regel während der Arbeitszeit statt. [2]Der Betriebsrat hat bei der Ansetzung von Betriebsratssitzungen auf die betrieblichen Notwendigkeiten Rücksicht zu nehmen. [3]Der Arbeitgeber ist vom Zeitpunkt der Sitzung vorher zu verständigen. [4]Die Sitzungen des Betriebsrats sind nicht öffentlich.

§ 31 Teilnahme der Gewerkschaften

Auf Antrag von einem Viertel der Mitglieder des Betriebsrats kann ein Beauftragter einer im Betriebsrat vertretenen Gewerkschaft an den Sitzungen beratend teilnehmen; in diesem Fall sind der Zeitpunkt der Sitzung und die Tagesordnung der Gewerkschaft rechtzeitig mitzuteilen.

§ 32 Teilnahme der Schwerbehindertenvertretung

Die Schwerbehindertenvertretung (§ 177 des Neunten Buches Sozialgesetzbuch) kann an allen Sitzungen des Betriebsrats beratend teilnehmen.

§ 33 Beschlüsse des Betriebsrats

(1) [1]Die Beschlüsse des Betriebsrats werden, soweit in diesem Gesetz nichts anderes bestimmt ist, mit der Mehrheit der Stimmen der anwesenden Mitglieder gefasst. [2]Bei Stimmengleichheit ist ein Antrag abgelehnt.

(2) Der Betriebsrat ist nur beschlussfähig, wenn mindestens die Hälfte der Betriebsratsmitglieder an der Beschlussfassung teilnimmt; Stellvertretung durch Ersatzmitglieder ist zulässig.

(3) Nimmt die Jugend- und Auszubildendenvertretung an der Beschlussfassung teil, so werden die Stimmen der Jugend- und Auszubildendenvertreter bei der Feststellung der Stimmenmehrheit mitgezählt.

§ 34 Sitzungsniederschrift

(1) [1]Über jede Verhandlung des Betriebsrats ist eine Niederschrift aufzunehmen, die mindestens den Wortlaut der Beschlüsse und die Stimmenmehrheit, mit der sie gefasst sind, enthält. [2]Die Niederschrift ist von dem Vorsitzenden und einem weiteren Mitglied zu unterzeichnen. [3]Der Niederschrift ist eine Anwesenheitsliste beizufügen, in die sich jeder Teilnehmer eigenhändig einzutragen hat.

(2) [1]Hat der Arbeitgeber oder ein Beauftragter einer Gewerkschaft an der Sitzung teilgenommen, so ist ihm der entsprechende Teil der Niederschrift abschriftlich auszuhändigen. [2]Einwendungen gegen die Niederschrift sind unverzüglich schriftlich zu erheben; sie sind der Niederschrift beizufügen.

(3) Die Mitglieder des Betriebsrats haben das Recht, die Unterlagen des Betriebsrats und seiner Ausschüsse jederzeit einzusehen.

§ 35 Aussetzung von Beschlüssen

(1) Erachtet die Mehrheit der Jugend- und Auszubildendenvertretung oder die Schwerbehindertenvertretung einen Beschluss des Betriebsrats als eine erhebliche Beeinträchtigung wichtiger Interessen der durch sie vertretenen Arbeitnehmer, so ist auf ihren Antrag der Beschluss auf die Dauer von einer Woche vom Zeitpunkt der Beschlussfassung an auszusetzen, damit in dieser Frist eine Verständigung, gegebenenfalls mit Hilfe der im Betrieb vertretenen Gewerkschaften, versucht werden kann.

(2) [1]Nach Ablauf der Frist ist über die Angelegenheit neu zu beschließen. [2]Wird der erste Beschluss bestätigt, so kann der Antrag auf Aussetzung nicht wiederholt werden; dies gilt auch, wenn der erste Beschluss nur unerheblich geändert wird.

§ 36 Geschäftsordnung

Sonstige Bestimmungen über die Geschäftsführung sollen in einer schriftlichen Geschäftsordnung getroffen werden, die der Betriebsrat mit der Mehrheit der Stimmen seiner Mitglieder beschließt.

§ 37 Ehrenamtliche Tätigkeit, Arbeitsversäumnis

(1) Die Mitglieder des Betriebsrats führen ihr Amt unentgeltlich als Ehrenamt.

(2) Mitglieder des Betriebsrats sind von ihrer beruflichen Tätigkeit ohne Minderung des Arbeitsentgelts zu befreien, wenn und soweit es nach Umfang und Art des Betriebs zur ordnungsgemäßen Durchführung ihrer Aufgaben erforderlich ist.

(3) [1]Zum Ausgleich für Betriebsratstätigkeit, die aus betriebsbedingten Gründen außerhalb der Arbeitszeit durchzuführen ist, hat das Betriebsratsmitglied Anspruch auf entsprechende Arbeitsbefreiung unter Fortzahlung des Arbeitsentgelts. [2]Betriebsbedingte Gründe liegen auch vor, wenn die Betriebsratstätigkeit wegen der unterschiedlichen Arbeitszeiten der Betriebsratsmitglieder nicht innerhalb der persönlichen Arbeitszeit erfolgen kann. [3]Die Arbeitsbefreiung ist vor Ablauf eines Monats zu gewähren; ist dies aus betriebsbedingten Gründen nicht möglich, so ist die aufgewendete Zeit wie Mehrarbeit zu vergüten.

(4) [1]Das Arbeitsentgelt von Mitgliedern des Betriebsrats darf einschließlich eines Zeitraums von einem Jahr nach Beendigung der Amtszeit nicht geringer bemessen werden als das Arbeitsentgelt vergleichbarer Arbeitnehmer mit betriebsüblicher beruflicher Entwicklung. [2]Dies gilt auch für allgemeine Zuwendungen des Arbeitgebers.

(5) Soweit nicht zwingende betriebliche Notwendigkeiten entgegenstehen, dürfen Mitglieder des Betriebsrats einschließlich eines Zeitraums von einem Jahr nach Beendigung der Amtszeit nur mit Tätigkeiten beschäftigt werden, die den Tätigkeiten der in Absatz 4 genannten Arbeitnehmer gleichwertig sind.

(6) [1]Die Absätze 2 und 3 gelten entsprechend für die Teilnahme an Schulungs- und Bildungsveranstaltungen, soweit diese Kenntnisse vermitteln, die für die Arbeit des Betriebsrats erforderlich sind. [2]Betriebsbedingte Gründe im Sinne des Absatzes 3 liegen auch vor, wenn wegen Besonderheiten der betrieblichen Arbeitszeitgestaltung die Schulung des Betriebsratsmitglieds außerhalb seiner Arbeitszeit erfolgt; in diesem Fall ist der Umfang des Ausgleichsanspruchs unter Einbeziehung der Arbeitsbefreiung nach Absatz 2 pro Schulungstag begrenzt auf die Arbeitszeit eines vollzeitbeschäftigten Arbeitnehmers. [3]Der Betriebsrat hat bei der Festlegung der zeitlichen Lage der Teilnahme an Schulungs- und Bildungsveranstaltungen die betrieblichen Notwendigkeiten zu berücksichtigen. [4]Er hat dem Arbeitgeber die Teilnahme und die zeitliche Lage der Schulungs- und Bildungsveranstaltungen rechtzeitig bekannt zu geben. [5]Hält der Arbeitgeber die betrieblichen Notwendigkeiten für nicht ausreichend berücksichtigt, so kann er die Einigungsstelle anrufen. [6]Der Spruch der Einigungsstelle ersetzt die Einigung zwischen Arbeitgeber und Betriebsrat.

(7) [1]Unbeschadet der Vorschrift des Absatzes 6 hat jedes Mitglied des Betriebsrats während seiner regelmäßigen Amtszeit Anspruch auf bezahlte Freistellung für insgesamt drei Wochen zur Teilnahme an Schulungs- und Bildungsveranstaltungen, die von der zuständigen obersten Arbeitsbehörde des Landes nach Beratung mit den Spitzenorganisationen der Gewerkschaften und der Arbeitgeberverbände als geeignet anerkannt sind. [2]Der Anspruch nach Satz 1 erhöht sich für Arbeitnehmer, die erstmals das Amt eines Betriebsratsmitglieds übernehmen und auch nicht zuvor Jugend- und Auszubildendenvertreter waren, auf vier Wochen. [3]Absatz 6 Satz 2 bis 6 findet Anwendung.

§ 38 Freistellungen

(1) [1]Von ihrer beruflichen Tätigkeit sind mindestens freizustellen in Betrieben mit in der Regel

200 bis 500 Arbeitnehmern ein Betriebsratsmitglied,

501	bis	900	Arbeitnehmern	2	Betriebsratsmitglieder,
901	bis	1.500	Arbeitnehmern	3	Betriebsratsmitglieder,
1.501	bis	2.000	Arbeitnehmern	4	Betriebsratsmitglieder,
2.001	bis	3.000	Arbeitnehmern	5	Betriebsratsmitglieder,
3.001	bis	4.000	Arbeitnehmern	6	Betriebsratsmitglieder,
4.001	bis	5.000	Arbeitnehmern	7	Betriebsratsmitglieder,
5.001	bis	6.000	Arbeitnehmern	8	Betriebsratsmitglieder,
6.001	bis	7.000	Arbeitnehmern	9	Betriebsratsmitglieder,
7.001	bis	8.000	Arbeitnehmern	10	Betriebsratsmitglieder,
8.001	bis	9.000	Arbeitnehmern	11	Betriebsratsmitglieder,
9.001	bis	10.000	Arbeitnehmern	12	Betriebsratsmitglieder.

[2]In Betrieben mit über 10.000 Arbeitnehmern ist für je angefangene weitere 2.000 Arbeitnehmer ein weiteres Betriebsratsmitglied freizustellen. [3]Freistellungen können auch in Form von Teilfreistellungen erfolgen. [4]Diese dürfen zusammengenommen nicht den Umfang der Freistellungen nach den Sätzen 1 und 2 überschreiten. [5]Durch Tarifvertrag oder Betriebsvereinbarung können anderweitige Regelungen über die Freistellung vereinbart werden.

(2) [1]Die freizustellenden Betriebsratsmitglieder werden nach Beratung mit dem Arbeitgeber vom Betriebsrat aus seiner Mitte in geheimer Wahl und nach den Grundsätzen der Verhältniswahl gewählt. [2]Wird nur ein Wahlvorschlag gemacht, so erfolgt die Wahl nach den Grundsätzen der Mehrheitswahl; ist nur ein Betriebsratsmitglied freizustellen, so wird dieses mit einfacher Stimmenmehrheit gewählt. [3]Der Betriebsrat hat die Namen der Freizustellenden dem Arbeitgeber bekannt zu geben. [4]Hält der Arbeitgeber eine Freistellung für sachlich nicht vertretbar, so kann er innerhalb einer Frist von zwei Wochen nach der Bekanntgabe die Einigungsstelle anrufen. [5]Der Spruch der Einigungsstelle ersetzt die Einigung zwischen Arbeitgeber und Betriebsrat. [6]Bestätigt die Einigungsstelle die Bedenken des Arbeitgebers, so hat sie bei der Bestimmung eines anderen freizustellenden Betriebsratsmitglieds auch den Minderheitenschutz im Sinne des Satzes 1 zu beachten. [7]Ruft der Arbeitgeber die Einigungsstelle nicht an, so gilt sein Einverständnis mit den Freistellungen nach Ablauf der zweiwöchigen Frist als erteilt. [8]Für die Abberufung gilt § 27 Abs. 1 Satz 5 entsprechend.

(3) Der Zeitraum für die Weiterzahlung des nach § 37 Abs. 4 zu bemessenden Arbeitsentgelts und für die Beschäftigung nach § 37 Abs. 5 erhöht sich für Mitglieder des Betriebsrats, die drei volle aufeinanderfolgende Amtszeiten freigestellt waren, auf zwei Jahre nach Ablauf der Amtszeit.

(4) [1]Freigestellte Betriebsratsmitglieder dürfen von inner- und außerbetrieblichen Maßnahmen der Berufsbildung nicht ausgeschlossen werden. [2]Innerhalb eines Jahres nach Beendigung der Freistellung eines Betriebsratsmitglieds ist diesem im Rahmen der Möglichkeiten des Betriebs Gelegenheit zu geben, eine wegen der Freistellung unterbliebene betriebsübliche berufliche Entwicklung nachzuholen. [3]Für Mitglieder des Betriebsrats, die drei volle aufeinanderfolgende Amtszeiten freigestellt waren, erhöht sich der Zeitraum nach Satz 2 auf zwei Jahre.

§ 39 Sprechstunden

(1) [1]Der Betriebsrat kann während der Arbeitszeit Sprechstunden einrichten. [2]Zeit und Ort sind mit dem Arbeitgeber zu vereinbaren. [3]Kommt eine Einigung nicht zustande, so entscheidet die Einigungsstelle. [4]Der Spruch der Einigungsstelle ersetzt die Einigung zwischen Arbeitgeber und Betriebsrat.

(2) Führt die Jugend- und Auszubildendenvertretung keine eigenen Sprechstunden durch, so kann an den Sprechstunden des Betriebsrats ein Mitglied der Jugend- und Auszubildendenvertretung zur Beratung der in § 60 Abs. 1 genannten Arbeitnehmer teilnehmen.

(3) Versäumnis von Arbeitszeit, die zum Besuch der Sprechstunden oder durch sonstige Inanspruchnahme des Betriebsrats erforderlich ist, berechtigt den Arbeitgeber nicht zur Minderung des Arbeitsentgelts des Arbeitnehmers.

§ 40 Kosten und Sachaufwand des Betriebsrats

(1) Die durch die Tätigkeit des Betriebsrats entstehenden Kosten trägt der Arbeitgeber.

(2) Für die Sitzungen, die Sprechstunden und die laufende Geschäftsführung hat der Arbeitgeber in erforderlichem Umfang Räume, sachliche Mittel, Informations- und Kommunikationstechnik sowie Büropersonal zur Verfügung zu stellen.

§ 41 Umlageverbot

Die Erhebung und Leistung von Beiträgen der Arbeitnehmer für Zwecke des Betriebsrats ist unzulässig.

Vierter Abschnitt: Betriebsversammlung

§ 42 Zusammensetzung, Teilversammlung, Abteilungsversammlung

(1) [1]Die Betriebsversammlung besteht aus den Arbeitnehmern des Betriebs; sie wird von dem Vorsitzenden des Betriebsrats geleitet. [2]Sie ist nicht öffentlich. [3]Kann wegen der Eigenart des Betriebs eine Versammlung aller Arbeitnehmer zum gleichen Zeitpunkt nicht stattfinden, so sind Teilversammlungen durchzuführen.

(2) [1]Arbeitnehmer organisatorisch oder räumlich abgegrenzter Betriebsteile sind vom Betriebsrat zu Abteilungsversammlungen zusammenzufassen, wenn dies für die Erörterung der besonderen Belange der Arbeitnehmer erforderlich ist. [2]Die Abteilungsversammlung wird von einem Mitglied des Betriebsrats geleitet, das möglichst einem beteiligten Betriebsteil als Arbeitnehmer angehört. [3]Absatz 1 Satz 2 und 3 gilt entsprechend.

§ 43 Regelmäßige Betriebs- und Abteilungsversammlungen

(1) [1]Der Betriebsrat hat einmal in jedem Kalendervierteljahr eine Betriebsversammlung einzuberufen und in ihr einen Tätigkeitsbericht zu erstatten. [2]Liegen die Voraussetzungen des § 42 Abs. 2 Satz 1 vor, so hat der Betriebsrat in jedem Kalenderjahr zwei der in Satz 1 genannten Betriebsversammlungen als Abteilungsversammlungen durchzuführen. [3]Die Abteilungsversammlungen sollen möglichst gleichzeitig stattfinden. [4]Der Betriebsrat kann in jedem Kalenderhalbjahr eine weitere Betriebsversammlung oder, wenn die Voraussetzungen des § 42 Abs. 2 Satz 1 vorliegen, einmal weitere Abteilungsversammlungen durchführen, wenn dies aus besonderen Gründen zweckmäßig erscheint.

(2) [1]Der Arbeitgeber ist zu den Betriebs- und Abteilungsversammlungen unter Mitteilung der Tagesordnung einzuladen. [2]Er ist berechtigt, in den Versammlungen zu sprechen. [3]Der Arbeitgeber oder sein Vertreter hat mindestens einmal in jedem Kalenderjahr in einer Betriebsversammlung über das Personal- und Sozialwesen einschließlich des Stands der Gleichstellung von Frauen und Männern im Betrieb sowie der Integration der im Betrieb beschäftigten ausländischen Arbeitnehmer, über die wirtschaftliche Lage und Entwicklung des Betriebs sowie über den betrieblichen Umweltschutz zu berichten, soweit dadurch nicht Betriebs- oder Geschäftsgeheimnisse gefährdet werden.

(3) [1]Der Betriebsrat ist berechtigt und auf Wunsch des Arbeitgebers oder von mindestens einem Viertel der wahlberechtigten Arbeitnehmer verpflichtet, eine Betriebsversammlung einzuberufen und den beantragten Beratungsgegenstand auf die Tagesordnung zu setzen. [2]Vom Zeitpunkt der Versammlungen, die auf Wunsch des Arbeitgebers stattfinden, ist dieser rechtzeitig zu verständigen.

(4) Auf Antrag einer im Betrieb vertretenen Gewerkschaft muss der Betriebsrat vor Ablauf von zwei Wochen nach Eingang des Antrags eine Betriebsversammlung nach Absatz 1 Satz 1 einberufen, wenn im vorhergegangenen Kalenderhalbjahr keine Betriebsversammlung und keine Abteilungsversammlungen durchgeführt worden sind.

§ 44 Zeitpunkt und Verdienstausfall

(1) [1]Die in den §§ 14a, 17 und 43 Abs. 1 bezeichneten und die auf Wunsch des Arbeitgebers einberufenen Versammlungen finden während der Arbeitszeit statt, soweit nicht die Eigenart des Betriebs eine andere Regelung zwingend erfordert. [2]Die Zeit der Teilnahme an diesen Versammlungen einschließlich der zusätzlichen Wegezeiten ist den Arbeitnehmern wie Arbeitszeit zu vergüten. [3]Dies gilt auch dann, wenn die Versammlungen wegen der Eigenart des Betriebs außerhalb der Arbeitszeit stattfinden; Fahrkosten, die den Arbeitnehmern durch die Teilnahme an diesen Versammlungen entstehen, sind vom Arbeitgeber zu erstatten.

(2) [1]Sonstige Betriebs- oder Abteilungsversammlungen finden außerhalb der Arbeitszeit statt. [2]Hiervon kann im Einvernehmen mit dem Arbeitgeber abgewichen werden; im Einvernehmen mit dem Arbeitgeber während der Arbeitszeit durchgeführte Versammlungen berechtigen den Arbeitgeber nicht, das Arbeitsentgelt der Arbeitnehmer zu mindern.

§ 45 Themen der Betriebs- und Abteilungsversammlungen

[1]Die Betriebs- und Abteilungsversammlungen können Angelegenheiten einschließlich solcher tarifpolitischer, sozialpolitischer, umweltpolitischer und wirtschaftlicher Art sowie Fragen der Förderung der Gleichstellung von Frauen und Männern und der Vereinbarkeit von Familie und Erwerbstätigkeit sowie der Integration der im Betrieb beschäftigten ausländischen Arbeitnehmer behandeln, die den Betrieb oder seine Arbeitnehmer unmittelbar betreffen; die Grundsätze des § 74 Abs. 2 finden Anwendung. [2]Die Betriebs- und Abteilungsversammlungen können dem Betriebsrat Anträge unterbreiten und zu seinen Beschlüssen Stellung nehmen.

§ 46 Beauftragte der Verbände

(1) [1]An den Betriebs- oder Abteilungsversammlungen können Beauftragte der im Betrieb vertretenen Gewerkschaften beratend teilnehmen. [2]Nimmt der Arbeitgeber an Betriebs- oder Abteilungsversammlungen teil, so kann er einen Beauftragten der Vereinigung der Arbeitgeber, der er angehört, hinzuziehen.

(2) Der Zeitpunkt und die Tagesordnung der Betriebs- oder Abteilungsversammlungen sind den im Betriebsrat vertretenen Gewerkschaften rechtzeitig schriftlich mitzuteilen.

Fünfter Abschnitt: Gesamtbetriebsrat

§ 47 Voraussetzungen der Errichtung, Mitgliederzahl, Stimmengewicht

(1) Bestehen in einem Unternehmen mehrere Betriebsräte, so ist ein Gesamtbetriebsrat zu errichten.

(2) [1]In den Gesamtbetriebsrat entsendet jeder Betriebsrat mit bis zu drei Mitgliedern eines seiner Mitglieder; jeder Betriebsrat mit mehr als drei Mitgliedern entsendet zwei seiner Mitglieder. [2]Die Geschlechter sollen angemessen berücksichtigt werden.

(3) Der Betriebsrat hat für jedes Mitglied des Gesamtbetriebsrats mindestens ein Ersatzmitglied zu bestellen und die Reihenfolge des Nachrückens festzulegen.

(4) Durch Tarifvertrag oder Betriebsvereinbarung kann die Mitgliederzahl des Gesamtbetriebsrats abweichend von Absatz 2 Satz 1 geregelt werden.

(5) Gehören nach Absatz 2 Satz 1 dem Gesamtbetriebsrat mehr als vierzig Mitglieder an und besteht keine tarifliche Regelung nach Absatz 4, so ist zwischen Gesamtbetriebsrat und Arbeitgeber eine Betriebsvereinbarung über die Mitgliederzahl des Gesamtbetriebsrats abzuschließen, in der bestimmt wird, dass Betriebsräte mehrerer Betriebe eines Unternehmens, die regional oder durch gleichartige Interessen miteinander verbunden sind, gemeinsam Mitglieder in den Gesamtbetriebsrat entsenden.

(6) [1]Kommt im Fall des Absatzes 5 eine Einigung nicht zustande, so entscheidet eine für das Gesamtunternehmen zu bildende Einigungsstelle. [2]Der Spruch der Einigungsstelle ersetzt die Einigung zwischen Arbeitgeber und Gesamtbetriebsrat.

(7) [1]Jedes Mitglied des Gesamtbetriebsrats hat so viele Stimmen, wie in dem Betrieb, in dem es gewählt wurde, wahlberechtigte Arbeitnehmer in der Wählerliste eingetragen sind. [2]Entsendet der Betriebsrat mehrere Mitglieder, so stehen ihnen die Stimmen nach Satz 1 anteilig zu.

(8) Ist ein Mitglied des Gesamtbetriebsrats für mehrere Betriebe entsandt worden, so hat es so viele Stimmen, wie in den Betrieben, für die es entsandt ist, wahlberechtigte Arbeitnehmer in den Wählerlisten eingetragen sind; sind mehrere Mitglieder entsandt worden, gilt Absatz 7 Satz 2 entsprechend.

(9) Für Mitglieder des Gesamtbetriebsrats, die aus einem gemeinsamen Betrieb mehrerer Unternehmen entsandt worden sind, können durch Tarifvertrag oder Betriebsvereinbarung von den Absätzen 7 und 8 abweichende Regelungen getroffen werden.

§ 48 Ausschluss von Gesamtbetriebsratsmitgliedern

Mindestens ein Viertel der wahlberechtigten Arbeitnehmer des Unternehmens, der Arbeitgeber, der Gesamtbetriebsrat oder eine im Unternehmen vertretene Gewerkschaft können beim Arbeitsgericht den Ausschluss eines Mitglieds aus dem Gesamtbetriebsrat wegen grober Verletzung seiner gesetzlichen Pflichten beantragen.

§ 49 Erlöschen der Mitgliedschaft

Die Mitgliedschaft im Gesamtbetriebsrat endet mit dem Erlöschen der Mitgliedschaft im Betriebsrat, durch Amtsniederlegung, durch Ausschluss aus dem Gesamtbetriebsrat auf Grund einer gerichtlichen Entscheidung oder Abberufung durch den Betriebsrat.

§ 50 Zuständigkeit

(1) [1]Der Gesamtbetriebsrat ist zuständig für die Behandlung von Angelegenheiten, die das Gesamtunternehmen oder mehrere Betriebe betreffen und nicht durch die einzelnen Betriebsräte innerhalb ihrer Betriebe geregelt werden können; seine Zuständigkeit erstreckt sich insoweit auch auf Betriebe ohne Betriebsrat. [2]Er ist den einzelnen Betriebsräten nicht übergeordnet.

(2) [1]Der Betriebsrat kann mit der Mehrheit der Stimmen seiner Mitglieder den Gesamtbetriebsrat beauftragen, eine Angelegenheit für ihn zu behandeln. [2]Der Betriebsrat kann sich dabei die Entscheidungsbefugnis vorbehalten. [3]§ 27 Abs. 2 Satz 3 und 4 gilt entsprechend.

§ 51 Geschäftsführung

(1) [1]Für den Gesamtbetriebsrat gelten § 25 Abs. 1, die §§ 26, 27 Abs. 2 und 3, § 28 Abs. 1 Satz 1 und 3, Abs. 2, die §§ 30, 31, 34, 35, 36, 37 Abs. 1 bis 3 sowie die §§ 40 und 41 entsprechend. [2]§ 27 Abs. 1 gilt entsprechend mit der Maßgabe, dass der Gesamtbetriebsausschuss aus dem Vorsitzenden des Gesamtbetriebsrats, dessen Stellvertreter und bei Gesamtbetriebsräten mit

9	bis	16	Mitgliedern	aus	3	weiteren Ausschußmitgliedern,
17	bis	24	Mitgliedern	aus	5	weiteren Ausschußmitgliedern,
25	bis	36	Mitgliedern	aus	7	weiteren Ausschußmitgliedern,
mehr	als	36	Mitgliedern	aus	9	weiteren Ausschußmitgliedern

besteht.

(2) [1]Ist ein Gesamtbetriebsrat zu errichten, so hat der Betriebsrat der Hauptverwaltung des Unternehmens oder, soweit ein solcher Betriebsrat nicht besteht, der Betriebsrat des nach der Zahl der wahlberechtigten Arbeitnehmer größten Betriebs zu der Wahl des Vorsitzenden und des stellvertretenden Vorsitzenden des Gesamtbetriebsrats einzuladen. [2]Der Vorsitzende des einladenden Betriebsrats hat die Sitzung zu leiten, bis der Gesamtbetriebsrat aus seiner Mitte einen Wahlleiter bestellt hat. [3]§ 29 Abs. 2 bis 4 gilt entsprechend.

(3) [1]Die Beschlüsse des Gesamtbetriebsrats werden, soweit nichts anderes bestimmt ist, mit Mehrheit der Stimmen der anwesenden Mitglieder gefasst. [2]Bei Stimmengleichheit ist ein Antrag abgelehnt. [3]Der Gesamtbetriebsrat ist nur beschlussfähig, wenn mindestens die Hälfte seiner Mitglieder an der Beschlussfassung teilnimmt und die Teilnehmenden mindestens die Hälfte aller Stimmen vertreten; Stellvertretung durch Ersatzmitglieder ist zulässig. [4]§ 33 Abs. 3 gilt entsprechend.

(4) Auf die Beschlussfassung des Gesamtbetriebsausschusses und weiterer Ausschüsse des Gesamtbetriebsrats ist § 33 Abs. 1 und 2 anzuwenden.

(5) Die Vorschriften über die Rechte und Pflichten des Betriebsrats gelten entsprechend für den Gesamtbetriebsrat, soweit dieses Gesetz keine besonderen Vorschriften enthält.

§ 52 Teilnahme der Gesamtschwerbehindertenvertretung

Die Gesamtschwerbehindertenvertretung (§ 180 Absatz 1 des Neunten Buches Sozialgesetzbuch) kann an allen Sitzungen des Gesamtbetriebsrats beratend teilnehmen.

§ 53 Betriebsräteversammlung

(1) [1]Mindestens einmal in jedem Kalenderjahr hat der Gesamtbetriebsrat die Vorsitzenden und die stellvertretenden Vorsitzenden der Betriebsräte sowie die weiteren Mitglieder der Betriebsausschüsse zu einer Versammlung einzuberufen. [2]Zu dieser Versammlung kann der Betriebsrat abweichend von Satz 1 aus seiner Mitte andere Mitglieder entsenden, soweit dadurch die Gesamtzahl der sich für ihn nach Satz 1 ergebenden Teilnehmer nicht überschritten wird.

(2) In der Betriebsräteversammlung hat

1. der Gesamtbetriebsrat einen Tätigkeitsbericht,
2. der Unternehmer einen Bericht über das Personal- und Sozialwesen einschließlich des Stands der Gleichstellung von Frauen und Männern im Unternehmen, der Integration der im Unternehmen beschäftigten ausländischen Arbeitnehmer, über die wirtschaftliche

Lage und Entwicklung des Unternehmens sowie über Fragen des Umweltschutzes in Unternehmen, soweit dadurch nicht Betriebs- und Geschäftsgeheimnisse gefährdet werden,

zu erstatten.

(3) [1]Der Gesamtbetriebsrat kann die Betriebsräteversammlung in Form von Teilversammlungen durchführen. [2]Im Übrigen gelten § 42 Abs. 1 Satz 1 zweiter Halbsatz und Satz 2, § 43 Abs. 2 Satz 1 und 2 sowie die §§ 45 und 46 entsprechend.

Sechster Abschnitt: Konzernbetriebsrat

§ 54 Errichtung des Konzernbetriebsrats

(1) [1]Für einen Konzern (§ 18 Abs. 1 des Aktiengesetzes) kann durch Beschlüsse der einzelnen Gesamtbetriebsräte ein Konzernbetriebsrat errichtet werden. [2]Die Errichtung erfordert die Zustimmung der Gesamtbetriebsräte der Konzernunternehmen, in denen insgesamt mehr als 50 vom Hundert der Arbeitnehmer der Konzernunternehmen beschäftigt sind.

(2) Besteht in einem Konzernunternehmen nur ein Betriebsrat, so nimmt dieser die Aufgaben eines Gesamtbetriebsrats nach den Vorschriften dieses Abschnitts wahr.

§ 55 Zusammensetzung des Konzernbetriebsrats, Stimmengewicht

(1) [1]In den Konzernbetriebsrat entsendet jeder Gesamtbetriebsrat zwei seiner Mitglieder. [2]Die Geschlechter sollen angemessen berücksichtigt werden.

(2) Der Gesamtbetriebsrat hat für jedes Mitglied des Konzernbetriebsrats mindestens ein Ersatzmitglied zu bestellen und die Reihenfolge des Nachrückens festzulegen.

(3) Jedem Mitglied des Konzernbetriebsrats stehen die Stimmen der Mitglieder des entsendenden Gesamtbetriebsrats je zur Hälfte zu.

(4) [1]Durch Tarifvertrag oder Betriebsvereinbarung kann die Mitgliederzahl des Konzernbetriebsrats abweichend von Absatz 1 Satz 1 geregelt werden. [2]§ 47 Abs. 5 bis 9 gilt entsprechend.

§ 56 Ausschluss von Konzernbetriebsratsmitgliedern

Mindestens ein Viertel der wahlberechtigten Arbeitnehmer der Konzernunternehmen, der Arbeitgeber, der Konzernbetriebsrat oder eine im Konzern vertretene Gewerkschaft können beim Arbeitsgericht den Ausschluss eines Mitglieds aus dem Konzernbetriebsrat wegen grober Verletzung seiner gesetzlichen Pflichten beantragen.

§ 57 Erlöschen der Mitgliedschaft

Die Mitgliedschaft im Konzernbetriebsrat endet mit dem Erlöschen der Mitgliedschaft im Gesamtbetriebsrat, durch Amtsniederlegung, durch Ausschluss aus dem Konzernbetriebsrat aufgrund einer gerichtlichen Entscheidung oder Abberufung durch den Gesamtbetriebsrat.

§ 58 Zuständigkeit

(1) [1]Der Konzernbetriebsrat ist zuständig für die Behandlung von Angelegenheiten, die den Konzern oder mehrere Konzernunternehmen betreffen und nicht durch die einzelnen Gesamtbetriebsräte innerhalb ihrer Unternehmen geregelt werden können; seine Zuständigkeit erstreckt sich insoweit auch auf Unternehmen, die einen Gesamtbetriebsrat nicht gebildet haben, sowie auf Betriebe der Konzernunternehmen ohne Betriebsrat. [2]Er ist den einzelnen Gesamtbetriebsräten nicht übergeordnet.

(2) [1]Der Gesamtbetriebsrat kann mit der Mehrheit der Stimmen seiner Mitglieder den Konzernbetriebsrat beauftragen, eine Angelegenheit für ihn zu behandeln. [2]Der Gesamtbetriebsrat kann sich dabei die Entscheidungsbefugnis vorbehalten. [3]§ 27 Abs. 2 Satz 3 und 4 gilt entsprechend.

§ 59 Geschäftsführung

(1) Für den Konzernbetriebsrat gelten § 25 Abs. 1, die §§ 26, 27 Abs. 2 und 3, § 28 Abs. 1 Satz 1 und 3, Abs. 2, die §§ 30, 31, 34, 35, 36, 37 Abs. 1 bis 3 sowie die §§ 40, 41 und 51 Abs. 1 Satz 2 und Abs. 3 bis 5 entsprechend.

(2) [1]Ist ein Konzernbetriebsrat zu errichten, so hat der Gesamtbetriebsrat des herrschenden Unternehmens oder, soweit ein solcher Gesamtbetriebsrat nicht besteht, der Gesamtbetriebsrat des nach der Zahl der wahlberechtigten Arbeitnehmer größten Konzernunternehmens zu der Wahl des Vorsitzenden und des stellvertretenden Vorsitzenden des Konzernbetriebsrats einzuladen. [2]Der Vorsitzende des einladenden Gesamtbetriebsrats hat die Sitzung zu leiten, bis der Konzernbetriebsrat aus seiner Mitte einen Wahlleiter bestellt hat. [3]§ 29 Abs. 2 bis 4 gilt entsprechend.

§ 59a Teilnahme der Konzernschwerbehindertenvertretung

Die Konzernschwerbehindertenvertretung (§ 180 Absatz 2 des Neunten Buches Sozialgesetzbuch) kann an allen Sitzungen des Konzernbetriebsrats beratend teilnehmen.

Dritter Teil: Jugend- und Auszubildendenvertretung

Erster Abschnitt: Betriebliche Jugend- und Auszubildendenvertretung

§ 60 Errichtung und Aufgabe

(1) In Betrieben mit in der Regel mindestens fünf Arbeitnehmern, die das 18. Lebensjahr noch nicht vollendet haben (jugendliche Arbeitnehmer) oder die zu ihrer Berufsausbildung beschäftigt sind und das 25. Lebensjahr noch nicht vollendet haben, werden Jugend- und Auszubildendenvertretungen gewählt.

(2) Die Jugend- und Auszubildendenvertretung nimmt nach Maßgabe der folgenden Vorschriften die besonderen Belange der in Absatz 1 genannten Arbeitnehmer wahr.

§ 61 Wahlberechtigung und Wählbarkeit

(1) Wahlberechtigt sind alle in § 60 Abs. 1 genannten Arbeitnehmer des Betriebs.

(2) [1]Wählbar sind alle Arbeitnehmer des Betriebs, die das 25. Lebensjahr noch nicht vollendet haben; § 8 Abs. 1 Satz 3 findet Anwendung. [2]Mitglieder des Betriebsrats können nicht zu Jugend- und Auszubildendenvertretern gewählt werden.

§ 62 Zahl der Jugend- und Auszubildendenvertreter, Zusammensetzung der Jugend- und Auszubildendenvertretung

(1) Die Jugend- und Auszubildendenvertretung besteht in Betrieben mit in der Regel 5 bis 20 der in § 60 Abs. 1 genannten Arbeitnehmer aus einer Person,

21	bis	50	der in § 60 Abs. 1 genannten Arbeitnehmer aus	3 Mitgliedern,
51	bis	150	der in § 60 Abs. 1 genannten Arbeitnehmer aus	5 Mitgliedern,
151	bis	300	der in § 60 Abs. 1 genannten Arbeitnehmer aus	7 Mitgliedern,
301	bis	500	der in § 60 Abs. 1 genannten Arbeitnehmer aus	9 Mitgliedern,
501	bis	700	der in § 60 Abs. 1 genannten Arbeitnehmer aus	11 Mitgliedern,
701	bis	1.000	der in § 60 Abs. 1 genannten Arbeitnehmer aus	13 Mitgliedern,
mehr	als	1.000	der in § 60 Abs. 1 genannten Arbeitnehmer aus	15 Mitgliedern.

(2) Die Jugend- und Auszubildendenvertretung soll sich möglichst aus Vertretern der verschiedenen Beschäftigungsarten und Ausbildungsberufe der im Betrieb tätigen in § 60 Abs. 1 genannten Arbeitnehmer zusammensetzen.

(3) Das Geschlecht, das unter den in § 60 Abs. 1 genannten Arbeitnehmern in der Minderheit ist, muss mindestens entsprechend seinem zahlenmäßigen Verhältnis in der Jugend- und Auszubildendenvertretung vertreten sein, wenn diese aus mindestens drei Mitgliedern besteht.

§ 63 Wahlvorschriften

(1) Die Jugend- und Auszubildendenvertretung wird in geheimer und unmittelbarer Wahl gewählt.

(2) [1]Spätestens acht Wochen vor Ablauf der Amtszeit der Jugend- und Auszubildendenvertretung bestellt der Betriebsrat den Wahlvorstand und seinen Vorsitzenden. [2]Für die Wahl der Jugend- und Auszubildendenvertreter gelten § 14 Abs. 2 bis 5, § 16 Abs. 1 Satz 4 bis 6, § 18 Abs. 1 Satz 1 und Abs. 3 sowie die §§ 19 und 20 entsprechend.

(3) Bestellt der Betriebsrat den Wahlvorstand nicht oder nicht spätestens sechs Wochen vor Ablauf der Amtszeit der Jugend- und Auszubildendenvertretung oder kommt der Wahlvorstand seiner Verpflichtung nach § 18 Abs. 1 Satz 1 nicht nach, so gelten § 16 Abs. 2 Satz 1 und 2, Abs. 3 Satz 1 und § 18 Abs. 1 Satz 2 entsprechend; der Antrag beim Arbeitsgericht kann auch von jugendlichen Arbeitnehmern gestellt werden.

(4) [1]In Betrieben mit in der Regel fünf bis fünfzig der in § 60 Abs. 1 genannten Arbeitnehmer gilt auch § 14a entsprechend. [2]Die Frist zur Bestellung des Wahlvorstands wird im Fall des Absatzes 2 Satz 1 auf vier Wochen und im Fall des Absatzes 3 Satz 1 auf drei Wochen verkürzt.

(5) In Betrieben mit in der Regel 51 bis 100 der in § 60 Abs. 1 genannten Arbeitnehmer gilt § 14a Abs. 5 entsprechend.

§ 64 Zeitpunkt der Wahlen und Amtszeit

(1) [1]Die regelmäßigen Wahlen der Jugend- und Auszubildendenvertretung finden alle zwei Jahre in der Zeit vom 1. Oktober bis 30. November statt. [2]Für die Wahl der Jugend- und Auszubildendenvertretung außerhalb dieser Zeit gilt § 13 Abs. 2 Nr. 2 bis 6 und Abs. 3 entsprechend.

(2) [1]Die regelmäßige Amtszeit der Jugend- und Auszubildendenvertretung beträgt zwei Jahre. [2]Die Amtszeit beginnt mit der Bekanntgabe des Wahlergebnisses oder, wenn zu diesem Zeitpunkt noch eine Jugend- und Auszubildendenvertretung besteht, mit Ablauf von deren Amtszeit. [3]Die Amtszeit endet spätestens am 30. November des Jahres, in dem nach Absatz 1 Satz 1 die regelmäßigen Wahlen stattfinden. [4]In dem Fall des § 13 Abs. 3 Satz 2 endet die Amtszeit spätestens am 30. November des Jahres, in dem die Jugend- und Auszubildendenvertretung neu zu wählen ist. [5]In dem Fall des § 13 Abs. 2 Nr. 2 endet die Amtszeit mit der Bekanntgabe des Wahlergebnisses der neu gewählten Jugend- und Auszubildendenvertretung.

(3) Ein Mitglied der Jugend- und Auszubildendenvertretung, das im Laufe der Amtszeit das 25. Lebensjahr vollendet, bleibt bis zum Ende der Amtszeit Mitglied der Jugend- und Auszubildendenvertretung.

§ 65 Geschäftsführung

(1) Für die Jugend- und Auszubildendenvertretung gelten § 23 Abs. 1, die §§ 24, 25, 26, 28 Abs. 1 Satz 1 und 2, die §§ 30, 31, 33 Abs. 1 und 2 sowie die §§ 34, 36, 37, 40 und 41 entsprechend.

(2) [1]Die Jugend- und Auszubildendenvertretung kann nach Verständigung des Betriebsrats Sitzungen abhalten; § 29 gilt entsprechend. [2]An diesen Sitzungen kann der Betriebsratsvorsitzende oder ein beauftragtes Betriebsratsmitglied teilnehmen.

§ 66 Aussetzung von Beschlüssen des Betriebsrats

(1) Erachtet die Mehrheit der Jugend- und Auszubildendenvertreter einen Beschluss des Betriebsrats als eine erhebliche Beeinträchtigung wichtiger Interessen der in § 60 Abs. 1 genannten Arbeitnehmer, so ist auf ihren Antrag der Beschluss auf die Dauer von einer Woche auszusetzen, damit in dieser Frist eine Verständigung, gegebenenfalls mit Hilfe der im Betrieb vertretenen Gewerkschaften, versucht werden kann.

(2) Wird der erste Beschluss bestätigt, so kann der Antrag auf Aussetzung nicht wiederholt werden; dies gilt auch, wenn der erste Beschluss nur unerheblich geändert wird.

§ 67 Teilnahme an Betriebsratssitzungen

(1) [1]Die Jugend- und Auszubildendenvertretung kann zu allen Betriebsratssitzungen einen Vertreter entsenden. [2]Werden Angelegenheiten behandelt, die besonders die in § 60 Abs. 1 genannten Arbeitnehmer betreffen, so hat zu diesen Tagesordnungspunkten die gesamte Jugend- und Auszubildendenvertretung ein Teilnahmerecht.

(2) Die Jugend- und Auszubildendenvertreter haben Stimmrecht, soweit die zu fassenden Beschlüsse des Betriebsrats überwiegend die in § 60 Abs. 1 genannten Arbeitnehmer betreffen.

(3) [1]Die Jugend- und Auszubildendenvertretung kann beim Betriebsrat beantragen, Angelegenheiten, die besonders die in § 60 Abs. 1 genannten Arbeitnehmer betreffen und über die sie beraten hat, auf die nächste Tagesordnung zu setzen. [2]Der Betriebsrat soll Angelegenheiten, die besonders die in § 60 Abs. 1 genannten Arbeitnehmer betreffen, der Jugend- und Auszubildendenvertretung zur Beratung zuleiten.

§ 68 Teilnahme an gemeinsamen Besprechungen

Der Betriebsrat hat die Jugend- und Auszubildendenvertretung zu Besprechungen zwischen Arbeitgeber und Betriebsrat beizuziehen, wenn Angelegenheiten behandelt werden, die besonders die in § 60 Abs. 1 genannten Arbeitnehmer betreffen.

§ 69 Sprechstunden

[1]In Betrieben, die in der Regel mehr als fünfzig der in § 60 Abs. 1 genannten Arbeitnehmer beschäftigen, kann die Jugend- und Auszubildendenvertretung Sprechstunden während der Arbeitszeit einrichten. [2]Zeit und Ort sind durch Betriebsrat und Arbeitgeber zu vereinbaren. [3]39 Abs. 1 Satz 3 und 4 und Abs. 3 gilt entsprechend. [4]An den Sprechstunden der Jugend- und Auszubildendenvertretung kann der Betriebsratsvorsitzende oder ein beauftragtes Betriebsratsmitglied beratend teilnehmen.

§ 70 Allgemeine Aufgaben

(1) Die Jugend- und Auszubildendenvertretung hat folgende allgemeine Aufgaben:

1. Maßnahmen, die den in § 60 Abs. 1 genannten Arbeitnehmern dienen, insbesondere in Fragen der Berufsbildung und der Übernahme der zu ihrer Berufsausbildung Beschäftigten in ein Arbeitsverhältnis, beim Betriebsrat zu beantragen;

1a. Maßnahmen zur Durchsetzung der tatsächlichen Gleichstellung der in § 60 Abs. 1 genannten Arbeitnehmer entsprechend § 80 Abs. 1 Nr. 2a und 2b beim Betriebsrat zu beantragen;

2. darüber zu wachen, dass die zugunsten der in § 60 Abs. 1 genannten Arbeitnehmer geltenden Gesetze, Verordnungen, Unfallverhütungsvorschriften, Tarifverträge und Betriebsvereinbarungen durchgeführt werden;

3. Anregungen von in § 60 Abs. 1 genannten Arbeitnehmern, insbesondere in Fragen der Berufsbildung, entgegenzunehmen und, falls sie berechtigt erscheinen, beim Betriebsrat auf eine Erledigung hinzuwirken. Die Jugend- und Auszubildendenvertretung hat die betroffenen in § 60 Abs. 1 genannten Arbeitnehmer über den Stand und das Ergebnis der Verhandlungen zu informieren;

4. die Integration ausländischer, in § 60 Abs. 1 genannter Arbeitnehmer im Betrieb zu fördern und entsprechende Maßnahmen beim Betriebsrat zu beantragen.

(2) [1]Zur Durchführung ihrer Aufgaben ist die Jugend- und Auszubildendenvertretung durch den Betriebsrat rechtzeitig und umfassend zu unterrichten. [2]Die Jugend- und Auszubildendenvertretung kann verlangen, dass ihr der Betriebsrat die zur Durchführung ihrer Aufgaben erforderlichen Unterlagen zur Verfügung stellt.

§ 71 Jugend- und Auszubildendenversammlung

[1]Die Jugend- und Auszubildendenvertretung kann vor oder nach jeder Betriebsversammlung im Einvernehmen mit dem Betriebsrat eine betriebliche Jugend- und Auszubildendenversammlung einberufen. [2]Im Einvernehmen mit Betriebsrat und Arbeitgeber kann die betriebliche Jugend- und Auszubildendenversammlung auch zu einem anderen Zeitpunkt einberufen werden. [3]§ 43 Abs. 2 Satz 1 und 2, die §§ 44 bis 46 und § 65 Abs. 2 Satz 2 gelten entsprechend.

Zweiter Abschnitt: Gesamt-Jugend- und Auszubildendenvertretung

§ 72 Voraussetzungen der Errichtung, Mitgliederzahl, Stimmengewicht

(1) Bestehen in einem Unternehmen mehrere Jugend- und Auszubildendenvertretungen, so ist eine Gesamt- Jugend- und Auszubildendenvertretung zu errichten.

(2) In die Gesamt-Jugend- und Auszubildendenvertretung entsendet jede Jugend- und Auszubildendenvertretung ein Mitglied.

(3) Die Jugend- und Auszubildendenvertretung hat für das Mitglied der Gesamt-Jugend- und Auszubildendenvertretung mindestens ein Ersatzmitglied zu bestellen und die Reihenfolge des Nachrückens festzulegen.

(4) Durch Tarifvertrag oder Betriebsvereinbarung kann die Mitgliederzahl der Gesamt-Jugend- und Auszubildendenvertretung abweichend von Absatz 2 geregelt werden.

(5) Gehören nach Absatz 2 der Gesamt-Jugend- und Auszubildendenvertretung mehr als zwanzig Mitglieder an und besteht keine tarifliche Regelung nach Absatz 4, so ist zwischen Gesamtbetriebsrat und Arbeitgeber eine Betriebsvereinbarung über die Mitgliederzahl der Gesamt-Jugend- und Auszubildendenvertretung abzuschließen, in der bestimmt wird, dass Jugend- und Auszubildendenvertretungen mehrerer Betriebe eines Unternehmens, die regional oder durch gleichartige Interessen miteinander verbunden sind, gemeinsam Mitglieder in die Gesamt- Jugend- und Auszubildendenvertretung entsenden.

(6) [1]Kommt im Fall des Absatzes 5 eine Einigung nicht zustande, so entscheidet eine für das Gesamtunternehmen zu bildende Einigungsstelle. [2]Der Spruch der Einigungsstelle ersetzt die Einigung zwischen Arbeitgeber und Gesamtbetriebsrat.

(7) [1]Jedes Mitglied der Gesamt-Jugend- und Auszubildendenvertretung hat so viele Stimmen, wie in dem Betrieb, in dem es gewählt wurde, in § 60 Abs. 1 genannte Arbeitnehmer in der Wählerliste eingetragen sind. [2]Ist ein Mitglied der Gesamt-Jugend- und Auszubildendenvertretung für mehrere Betriebe entsandt worden, so hat es so viele Stimmen, wie in den Betrieben, für die es entsandt ist, in § 60 Abs. 1 genannte Arbeitnehmer in den Wählerlisten eingetragen sind. [3]Sind mehrere Mitglieder der Jugend- und Auszubildendenvertretung entsandt worden, so stehen diesen die Stimmen nach Satz 1 anteilig zu.

(8) Für Mitglieder der Gesamt-Jugend- und Auszubildendenvertretung, die aus einem gemeinsamen Betrieb mehrerer Unternehmen entsandt worden sind, können durch Tarifvertrag oder Betriebsvereinbarung von Absatz 7 abweichende Regelungen getroffen werden.

§ 73 Geschäftsführung und Geltung sonstiger Vorschriften

(1) [1]Die Gesamt-Jugend- und Auszubildendenvertretung kann nach Verständigung des Gesamtbetriebsrats Sitzungen abhalten. [2]An den Sitzungen kann der Vorsitzende des Gesamtbetriebsrats oder ein beauftragtes Mitglied des Gesamtbetriebsrats teilnehmen.

(2) Für die Gesamt-Jugend- und Auszubildendenvertretung gelten § 25 Abs. 1, die §§ 26, 28 Abs. 1 Satz 1, die §§ 30, 31, 34, 36, 37 Abs. 1 bis 3, die §§ 40, 41, 48, 49, 50, 51 Abs. 2 bis 5 sowie die §§ 66 bis 68 entsprechend.

Dritter Abschnitt: Konzern-Jugend- und Auszubildendenvertretung

§ 73a Voraussetzung der Errichtung, Mitgliederzahl, Stimmengewicht

(1) [1]Bestehen in einem Konzern (§ 18 Abs. 1 des Aktiengesetzes) mehrere Gesamt-Jugend- und Auszubildendenvertretungen, kann durch Beschlüsse der einzelnen Gesamt-Jugend- und Auszubildendenvertretungen eine Konzern-Jugend- und Auszubildendenvertretung errichtet werden. [2]Die Errichtung erfordert die Zustimmung der Gesamt-Jugend- und Auszubildendenvertretungen der Konzernunternehmen, in denen insgesamt mindestens 75 vom Hundert der in § 60 Abs. 1 genannten Arbeitnehmer beschäftigt sind. [3]Besteht in einem Konzernunternehmen nur eine Jugend- und Auszubildendenvertretung, so nimmt diese die Aufgaben einer Gesamt-Jugend- und Auszubildendenvertretung nach den Vorschriften dieses Abschnitts wahr.

(2) [1]In die Konzern-Jugend- und Auszubildendenvertretung entsendet jede Gesamt-Jugend- und Auszubildendenvertretung eines ihrer Mitglieder. [2]Sie hat für jedes Mitglied mindestens ein Ersatzmitglied zu bestellen und die Reihenfolge des Nachrückens festzulegen.

(3) Jedes Mitglied der Konzern-Jugend- und Auszubildendenvertretung hat so viele Stimmen, wie die Mitglieder der entsendenden Gesamt-Jugend- und Auszubildendenvertretung insgesamt Stimmen haben.

(4) § 72 Abs. 4 bis 8 gilt entsprechend.

§ 73b Geschäftsführung und Geltung sonstiger Vorschriften

(1) [1]Die Konzern-Jugend- und Auszubildendenvertretung kann nach Verständigung des Konzernbetriebsrats Sitzungen abhalten. [2]An den Sitzungen kann der Vorsitzende oder ein beauftragtes Mitglied des Konzernbetriebsrats teilnehmen.

(2) Für die Konzern-Jugend- und Auszubildendenvertretung gelten § 25 Abs. 1, die §§ 26, 28 Abs. 1 Satz 1, die §§ 30, 31, 34, 36, 37 Abs. 1 bis 3, die §§ 40, 41, 51 Abs. 3 bis 5, die §§ 56, 57, 58, 59 Abs. 2 und die §§ 66 bis 68 entsprechend.

Vierter Teil: Mitwirkung und Mitbestimmung der Arbeitnehmer

Erster Abschnitt: Allgemeines

§ 74 Grundsätze für die Zusammenarbeit

(1) [1]Arbeitgeber und Betriebsrat sollen mindestens einmal im Monat zu einer Besprechung zusammentreten. [2]Sie haben über strittige Fragen mit dem ernsten Willen zur Einigung zu verhandeln und Vorschläge für die Beilegung von Meinungsverschiedenheiten zu machen.

(2) [1]Maßnahmen des Arbeitskampfes zwischen Arbeitgeber und Betriebsrat sind unzulässig; Arbeitskämpfe tariffähiger Parteien werden hierdurch nicht berührt. [2]Arbeitgeber und Betriebsrat haben Betätigungen zu unterlassen, durch die der Arbeitsablauf oder der Frieden des Betriebs beeinträchtigt werden. [3]Sie haben jede parteipolitische Betätigung im Betrieb zu unterlassen; die Behandlung von

Angelegenheiten tarifpolitischer, sozialpolitischer, umweltpolitischer und wirtschaftlicher Art, die den Betrieb oder seine Arbeitnehmer unmittelbar betreffen, wird hierdurch nicht berührt.

(3) Arbeitnehmer, die im Rahmen dieses Gesetzes Aufgaben übernehmen, werden hierdurch in der Betätigung für ihre Gewerkschaft auch im Betrieb nicht beschränkt.

§ 75 Grundsätze für die Behandlung der Betriebsangehörigen

(1) Arbeitgeber und Betriebsrat haben darüber zu wachen, dass alle im Betrieb tätigen Personen nach den Grundsätzen von Recht und Billigkeit behandelt werden, insbesondere, dass jede Benachteiligung von Personen aus Gründen ihrer Rasse oder wegen ihrer ethnischen Herkunft, ihrer Abstammung oder sonstigen Herkunft, ihrer Nationalität, ihrer Religion oder Weltanschauung, ihrer Behinderung, ihres Alters, ihrer politischen oder gewerkschaftlichen Betätigung oder Einstellung oder wegen ihres Geschlechts oder ihrer sexuellen Identität unterbleibt.

(2) [1]Arbeitgeber und Betriebsrat haben die freie Entfaltung der Persönlichkeit der im Betrieb beschäftigten Arbeitnehmer zu schützen und zu fördern. [2]Sie haben die Selbständigkeit und Eigeninitiative der Arbeitnehmer und Arbeitsgruppen zu fördern.

§ 76 Einigungsstelle

(1) [1]Zur Beilegung von Meinungsverschiedenheiten zwischen Arbeitgeber und Betriebsrat, Gesamtbetriebsrat oder Konzernbetriebsrat ist bei Bedarf eine Einigungsstelle zu bilden. [2]Durch Betriebsvereinbarung kann eine ständige Einigungsstelle errichtet werden.

(2) [1]Die Einigungsstelle besteht aus einer gleichen Anzahl von Beisitzern, die vom Arbeitgeber und Betriebsrat bestellt werden, und einem unparteiischen Vorsitzenden, auf dessen Person sich beide Seiten einigen müssen. [2]Kommt eine Einigung über die Person des Vorsitzenden nicht zustande, so bestellt ihn das Arbeitsgericht. [3]Dieses entscheidet auch, wenn kein Einverständnis über die Zahl der Beisitzer erzielt wird.

(3) [1]Die Einigungsstelle hat unverzüglich tätig zu werden. [2]Sie fasst ihre Beschlüsse nach mündlicher Beratung mit Stimmenmehrheit. [3]Bei der Beschlussfassung hat sich der Vorsitzende zunächst der Stimme zu enthalten; kommt eine Stimmenmehrheit nicht zustande, so nimmt der Vorsitzende nach weiterer Beratung an der erneuten Beschlussfassung teil. [4]Die Beschlüsse der Einigungsstelle sind schriftlich niederzulegen, vom Vorsitzenden zu unterschreiben und Arbeitgeber und Betriebsrat zuzuleiten.

(4) Durch Betriebsvereinbarung können weitere Einzelheiten des Verfahrens vor der Einigungsstelle geregelt werden.

(5) [1]In den Fällen, in denen der Spruch der Einigungsstelle die Einigung zwischen Arbeitgeber und Betriebsrat ersetzt, wird die Einigungsstelle auf Antrag einer Seite tätig. [2]Benennt eine Seite keine Mitglieder oder bleiben die von einer Seite genannten Mitglieder trotz rechtzeitiger Einladung der Sitzung fern, so entscheiden der Vorsitzende und die erschienenen Mitglieder nach Maßgabe des Absatzes 3 allein. [3]Die Einigungsstelle fasst ihre Beschlüsse unter angemessener Berücksichtigung der Belange des Betriebs und der betroffenen Arbeitnehmer nach billigem Ermessen. [4]Die Überschreitung der Grenzen des Ermessens kann durch den Arbeitgeber oder den Betriebsrat nur binnen einer Frist von zwei Wochen, vom Tage der Zuleitung des Beschlusses an gerechnet, beim Arbeitsgericht geltend gemacht werden.

(6) [1]Im übrigen wird die Einigungsstelle nur tätig, wenn beide Seiten es beantragen oder mit ihrem Tätigwerden einverstanden sind. [2]In diesen Fällen ersetzt ihr Spruch die Einigung zwischen Arbeitgeber und Betriebsrat nur, wenn beide Seiten sich dem Spruch im voraus unterworfen oder ihn nachträglich angenommen haben.

(7) Soweit nach anderen Vorschriften der Rechtsweg gegeben ist, wird er durch den Spruch der Einigungsstelle nicht ausgeschlossen.

(8) Durch Tarifvertrag kann bestimmt werden, dass an die Stelle der in Absatz 1 bezeichneten Einigungsstelle eine tarifliche Schlichtungsstelle tritt.

§ 76a Kosten der Einigungsstelle

(1) Die Kosten der Einigungsstelle trägt der Arbeitgeber.

(2) [1]Die Beisitzer der Einigungsstelle, die dem Betrieb angehören, erhalten für ihre Tätigkeit keine Vergütung; § 37 Abs. 2 und 3 gilt entsprechend. [2]Ist die Einigungsstelle zur Beilegung von Meinungsverschiedenheiten zwischen Arbeitgeber und Gesamtbetriebsrat oder Konzernbetriebsrat zu bilden, so gilt Satz 1 für die einem Betrieb des Unternehmens oder eines Konzernunternehmens angehörenden Beisitzer entsprechend.

(3) [1]Der Vorsitzende und die Beisitzer der Einigungsstelle, die nicht zu den in Absatz 2 genannten Personen zählen, haben gegenüber dem Arbeitgeber Anspruch auf Vergütung ihrer Tätigkeit. [2]Die Höhe der Vergütung richtet sich nach den Grundsätzen des Absatzes 4 Satz 3 bis 5.

(4) [1]Das Bundesministerium für Arbeit und Soziales kann durch Rechtsverordnung die Vergütung nach Absatz 3 regeln. [2]In der Vergütungsordnung sind Höchstsätze festzusetzen. [3]Dabei sind insbesondere der erforderliche Zeitaufwand, die Schwierigkeit der Streitigkeit sowie ein Verdienstausfall zu berücksichtigen. [4]Die Vergütung der Beisitzer ist niedriger zu bemessen als die des Vorsitzenden. [5]Bei der Festsetzung der Höchstsätze ist den berechtigten Interessen der Mitglieder der Einigungsstelle und des Arbeitgebers Rechnung zu tragen.

(5) Von Absatz 3 und einer Vergütungsordnung nach Absatz 4 kann durch Tarifvertrag oder in einer Betriebsvereinbarung, wenn ein Tarifvertrag dies zulässt oder eine tarifliche Regelung nicht besteht, abgewichen werden.

§ 77 Durchführung gemeinsamer Beschlüsse, Betriebsvereinbarungen

(1) [1]Vereinbarungen zwischen Betriebsrat und Arbeitgeber, auch soweit sie auf einem Spruch der Einigungsstelle beruhen, führt der Arbeitgeber durch, es sei denn, dass im Einzelfall etwas anderes vereinbart ist. [2]Der Betriebsrat darf nicht durch einseitige Handlungen in die Leitung des Betriebs eingreifen.

(2) [1]Betriebsvereinbarungen sind von Betriebsrat und Arbeitgeber gemeinsam zu beschließen und schriftlich niederzulegen. [2]Sie sind von beiden Seiten zu unterzeichnen; dies gilt nicht, soweit Betriebsvereinbarungen auf einem Spruch der Einigungsstelle beruhen. [3]Der Arbeitgeber hat die Betriebsvereinbarungen an geeigneter Stelle im Betrieb auszulegen.

(3) [1]Arbeitsentgelte und sonstige Arbeitsbedingungen, die durch Tarifvertrag geregelt sind oder üblicherweise geregelt werden, können nicht Gegenstand einer Betriebsvereinbarung sein. [2]Dies gilt nicht, wenn ein Tarifvertrag den Abschluss ergänzender Betriebsvereinbarungen ausdrücklich zulässt.

(4) [1]Betriebsvereinbarungen gelten unmittelbar und zwingend. [2]Werden Arbeitnehmern durch die Betriebsvereinbarung Rechte eingeräumt, so ist ein Verzicht auf sie nur mit Zustimmung des Betriebsrats zulässig. [3]Die Verwirkung dieser Rechte ist ausgeschlossen. [4]Ausschlussfristen für ihre Geltendmachung sind nur insoweit zulässig, als sie in einem Tarifvertrag oder einer Betriebsvereinbarung vereinbart werden; dasselbe gilt für die Abkürzung der Verjährungsfristen.

(5) Betriebsvereinbarungen können, soweit nichts anderes vereinbart ist, mit einer Frist von drei Monaten gekündigt werden.

(6) Nach Ablauf einer Betriebsvereinbarung gelten ihre Regelungen in Angelegenheiten, in denen ein Spruch der Einigungsstelle die Einigung zwischen Arbeitgeber und Betriebsrat ersetzen kann, weiter, bis sie durch eine andere Abmachung ersetzt werden.

§ 78 Schutzbestimmungen

[1]Die Mitglieder des Betriebsrats, des Gesamtbetriebsrats, des Konzernbetriebsrats, der Jugend- und Auszubildendenvertretung, der Gesamt-Jugend- und Auszubildendenvertretung, der Konzern-Jugend- und Auszubildendenvertretung, des Wirtschaftsausschusses, der Bordvertretung, des Seebetriebsrats, der in § 3 Abs. 1 genannten Vertretungen der Arbeitnehmer, der Einigungsstelle, einer tariflichen Schlichtungsstelle (§ 76 Abs. 8) und einer betrieblichen Beschwerdestelle (§ 86) sowie Auskunftspersonen (§ 80 Absatz 2 Satz 4) dürfen in der Ausübung ihrer Tätigkeit nicht gestört oder behindert werden. [2]Sie dürfen wegen ihrer Tätigkeit nicht benachteiligt oder begünstigt werden; dies gilt auch für ihre berufliche Entwicklung.

§ 78a Schutz Auszubildender in besonderen Fällen

(1) Beabsichtigt der Arbeitgeber, einen Auszubildenden, der Mitglied der Jugend- und Auszubildendenvertretung, des Betriebsrats, der Bordvertretung oder des Seebetriebsrats ist, nach Beendigung des Berufsausbildungsverhältnisses nicht in ein Arbeitsverhältnis auf unbestimmte Zeit zu übernehmen, so hat er dies drei Monate vor Beendigung des Berufsausbildungsverhältnisses dem Auszubildenden schriftlich mitzuteilen.

(2) [1]Verlangt ein in Absatz 1 genannter Auszubildender innerhalb der letzten drei Monate vor Beendigung des Berufsausbildungsverhältnisses schriftlich vom Arbeitgeber die Weiterbeschäftigung, so gilt zwischen Auszubildendem und Arbeitgeber im Anschluss an das Berufsausbildungsverhältnis ein Arbeitsverhältnis auf unbestimmte Zeit als begründet. [2]Auf dieses Arbeitsverhältnis ist insbesondere § 37 Abs. 4 und 5 entsprechend anzuwenden.

(3) Die Absätze 1 und 2 gelten auch, wenn das Berufsausbildungsverhältnis vor Ablauf eines Jahres nach Beendigung der Amtszeit der Jugend- und Auszubildendenvertretung, des Betriebsrats, der Bordvertretung oder des Seebetriebsrats endet.

(4) [1]Der Arbeitgeber kann spätestens bis zum Ablauf von zwei Wochen nach Beendigung des Berufsausbildungsverhältnisses beim Arbeitsgericht beantragen,

1. festzustellen, dass ein Arbeitsverhältnis nach Absatz 2 oder 3 nicht begründet wird, oder
2. das bereits nach Absatz 2 oder 3 begründete Arbeitsverhältnis aufzulösen,

wenn Tatsachen vorliegen, aufgrund derer dem Arbeitgeber unter Berücksichtigung aller Umstände die Weiterbeschäftigung nicht zugemutet werden kann. [2]In dem Verfahren vor dem Arbeitsgericht sind der Betriebsrat, die Bordvertretung, der Seebetriebsrat, bei Mitgliedern der Jugend- und Auszubildendenvertretung auch diese Beteiligte.

(5) Die Absätze 2 bis 4 finden unabhängig davon Anwendung, ob der Arbeitgeber seiner Mitteilungspflicht nach Absatz 1 nachgekommen ist.

§ 79 Geheimhaltungspflicht

(1) [1]Die Mitglieder und Ersatzmitglieder des Betriebsrats sind verpflichtet, Betriebs- oder Geschäftsgeheimnisse, die ihnen wegen ihrer Zugehörigkeit zum Betriebsrat bekannt geworden und vom Arbeitgeber ausdrücklich als geheimhaltungsbedürftig bezeichnet worden sind, nicht zu offenbaren und nicht zu verwerten. [2]Dies gilt auch nach dem Ausscheiden aus dem Betriebsrat. [3]Die Verpflichtung gilt nicht gegenüber Mitgliedern des Betriebsrats. [4]Sie gilt ferner nicht gegenüber dem Gesamtbetriebsrat, dem Konzernbetriebsrat, der Bordvertretung, dem Seebetriebsrat und den Arbeitnehmervertretern im Aufsichtsrat sowie im Verfahren vor der Einigungsstelle, der tariflichen Schlichtungsstelle (§ 76 Abs. 8) oder einer betrieblichen Beschwerdestelle (§ 86).

(2) Absatz 1 gilt sinngemäß für die Mitglieder und Ersatzmitglieder des Gesamtbetriebsrats, des Konzernbetriebsrats, der Jugend- und Auszubildendenvertretung, der Gesamt-Jugend- und Auszubildendenvertretung, der Konzern-Jugend- und Auszubildendenvertretung, des Wirtschaftsausschusses, der Bordvertretung, des Seebetriebsrats, der gemäß § 3 Abs. 1 gebildeten Vertretungen der Arbeitnehmer, der Einigungsstelle, der tariflichen Schlichtungsstelle (§ 76 Abs. 8) und einer betrieblichen Beschwerdestelle (§ 86) sowie für die Vertreter von Gewerkschaften oder von Arbeitgebervereinigungen.

§ 80 Allgemeine Aufgaben

(1) Der Betriebsrat hat folgende allgemeine Aufgaben:

1. darüber zu wachen, dass die zugunsten der Arbeitnehmer geltenden Gesetze, Verordnungen, Unfallverhütungsvorschriften, Tarifverträge und Betriebsvereinbarungen durchgeführt werden;
2. Maßnahmen, die dem Betrieb und der Belegschaft dienen, beim Arbeitgeber zu beantragen;

2a. die Durchsetzung der tatsächlichen Gleichstellung von Frauen und Männern, insbesondere bei der Einstellung, Beschäftigung, Aus-, Fort- und Weiterbildung und dem beruflichen Aufstieg, zu fördern;

2b. die Vereinbarkeit von Familie und Erwerbstätigkeit zu fördern;

3. Anregungen von Arbeitnehmern und der Jugend- und Auszubildendenvertretung entgegenzunehmen und, falls sie berechtigt erscheinen, durch Verhandlungen mit dem Arbeitgeber auf eine Erledigung hinzuwirken; er hat die betreffenden Arbeitnehmer über den Stand und das Ergebnis der Verhandlungen zu unterrichten;
4. die Eingliederung schwerbehinderter Menschen einschließlich der Förderung des Abschlusses von Inklusionsvereinbarungen nach § 166 des Neunten Buches Sozialgesetzbuch und sonstiger besonders schutzbedürftiger Personen zu fördern;
5. die Wahl einer Jugend- und Auszubildendenvertretung vorzubereiten und durchzuführen und mit dieser zur Förderung der Belange der in § 60 Abs. 1 genannten Arbeitnehmer eng zusammenzuarbeiten; er kann von der Jugend- und Auszubildendenvertretung Vorschläge und Stellungnahmen anfordern;
6. die Beschäftigung älterer Arbeitnehmer im Betrieb zu fördern;
7. die Integration ausländischer Arbeitnehmer im Betrieb und das Verständnis zwischen ihnen und den deutschen Arbeitnehmern zu fördern, sowie Maßnahmen zur Bekämpfung von Rassismus und Fremdenfeindlichkeit im Betrieb zu beantragen;
8. die Beschäftigung im Betrieb zu fördern und zu sichern;
9. Maßnahmen des Arbeitsschutzes und des betrieblichen Umweltschutzes zu fördern.

(2) [1]Zur Durchführung seiner Aufgaben nach diesem Gesetz ist der Betriebsrat rechtzeitig und umfassend vom Arbeitgeber zu unterrichten; die Unterrichtung erstreckt sich auch auf die Beschäftigung von Personen, die nicht in einem Arbeitsverhältnis zum Arbeitgeber stehen, und umfasst insbesondere den zeitlichen Umfang des Einsatzes, den Einsatzort und die Arbeitsaufgaben dieser Personen. [2]Dem Betriebsrat sind auf Verlangen jederzeit die zur Durchführung seiner Aufgaben erforderlichen Unterlagen zur Verfügung zu stellen; in diesem Rahmen ist der Betriebsausschuss oder ein nach § 28 gebildeter Ausschuss berechtigt, in die Listen über die Bruttolöhne und -gehälter Einblick zu nehmen. [3]Zu den erforderlichen Unterlagen gehören auch die Verträge, die der Beschäftigung der in Satz 1 genannten Personen zugrunde liegen. [4]Soweit es zur ordnungsgemäßen Erfüllung der Aufgaben des Betriebsrats erforderlich ist, hat der Arbeitgeber ihm sachkundige Arbeitnehmer als Auskunftspersonen zur Verfügung zu stellen; er hat hierbei die Vorschläge des Betriebsrats zu berücksichtigen, soweit betriebliche Notwendigkeiten nicht entgegenstehen.

(3) Der Betriebsrat kann bei der Durchführung seiner Aufgaben nach näherer Vereinbarung mit dem Arbeitgeber Sachverständige hinzuziehen, soweit dies zur ordnungsgemäßen Erfüllung seiner Aufgaben erforderlich ist.

(4) Für die Geheimhaltungspflicht der Auskunftspersonen und der Sachverständigen gilt § 79 entsprechend.

Zweiter Abschnitt: Mitwirkungs- und Beschwerderecht des Arbeitnehmers

§ 81 Unterrichtungs- und Erörterungspflicht des Arbeitgebers

(1) [1]Der Arbeitgeber hat den Arbeitnehmer über dessen Aufgabe und Verantwortung sowie über die Art seiner Tätigkeit und ihre Einordnung in den Arbeitsablauf des Betriebs zu unterrichten. [2]Er hat den Arbeitnehmer vor Beginn der Beschäftigung über die Unfall- und Gesundheitsgefahren, denen dieser bei der Beschäftigung ausgesetzt ist, sowie über die Maßnahmen und Einrichtungen zur Abwendung dieser Gefahren und die nach § 10 Abs. 2 des Arbeitsschutzgesetzes getroffenen Maßnahmen zu belehren.

(2) [1]Über Veränderungen in seinem Arbeitsbereich ist der Arbeitnehmer rechtzeitig zu unterrichten. [2]Absatz 1 gilt entsprechend.

(3) In Betrieben, in denen kein Betriebsrat besteht, hat der Arbeitgeber die Arbeitnehmer zu allen Maßnahmen zu hören, die Auswirkungen auf Sicherheit und Gesundheit der Arbeitnehmer haben können.

(4) [1]Der Arbeitgeber hat den Arbeitnehmer über die aufgrund einer Planung von technischen Anlagen, von Arbeitsverfahren und Arbeitsabläufen oder der Arbeitsplätze vorgesehenen Maßnahmen und ihre Auswirkungen auf seinen Arbeitsplatz, die Arbeitsumgebung sowie auf Inhalt und Art seiner Tätigkeit zu unterrichten. [2]Sobald feststeht, dass sich die Tätigkeit des Arbeitnehmers ändern wird und seine beruflichen Kenntnisse und Fähigkeiten zur Erfüllung seiner Aufgaben nicht ausreichen, hat der Arbeitgeber mit dem Arbeitnehmer zu erörtern, wie dessen berufliche Kenntnisse und Fähigkeiten im Rahmen der betrieblichen Möglichkeiten den künftigen Anforderungen angepasst werden können. [3]Der Arbeitnehmer kann bei der Erörterung ein Mitglied des Betriebsrats hinzuziehen.

§ 82 Anhörungs- und Erörterungsrecht des Arbeitnehmers

(1) [1]Der Arbeitnehmer hat das Recht, in betrieblichen Angelegenheiten, die seine Person betreffen, von den nach Maßgabe des organisatorischen Aufbaus des Betriebs hierfür zuständigen Personen gehört zu werden. [2]Er ist berechtigt, zu Maßnahmen des Arbeitgebers, die ihn betreffen, Stellung zu nehmen sowie Vorschläge für die Gestaltung des Arbeitsplatzes und des Arbeitsablaufs zu machen.

(2) [1]Der Arbeitnehmer kann verlangen, dass ihm die Berechnung und Zusammensetzung seines Arbeitsentgelts erläutert und dass mit ihm die Beurteilung seiner Leistungen sowie die Möglichkeiten seiner beruflichen Entwicklung im Betrieb erörtert werden. [2]Er kann ein Mitglied des Betriebsrats hinzuziehen. [3]Das Mitglied des Betriebsrats hat über den Inhalt dieser Verhandlungen Stillschweigen zu bewahren, soweit es vom Arbeitnehmer im Einzelfall nicht von dieser Verpflichtung entbunden wird.

§ 83 Einsicht in die Personalakten

(1) [1]Der Arbeitnehmer hat das Recht, in die über ihn geführten Personalakten Einsicht zu nehmen. [2]Er kann hierzu ein Mitglied des Betriebsrats hinzuziehen. [3]Das Mitglied des Betriebsrats hat über den Inhalt der Personalakte Stillschweigen zu bewahren, soweit es vom Arbeitnehmer im Einzelfall nicht von dieser Verpflichtung entbunden wird.

(2) Erklärungen des Arbeitnehmers zum Inhalt der Personalakte sind dieser auf sein Verlangen beizufügen.

§ 84 Beschwerderecht

(1) [1]Jeder Arbeitnehmer hat das Recht, sich bei den zuständigen Stellen des Betriebs zu beschweren, wenn er sich vom Arbeitgeber oder von Arbeitnehmern des Betriebs benachteiligt oder ungerecht behandelt oder in sonstiger Weise beeinträchtigt fühlt. [2]Er kann ein Mitglied des Betriebsrats zur Unterstützung oder Vermittlung hinzuziehen.

(2) Der Arbeitgeber hat den Arbeitnehmer über die Behandlung der Beschwerde zu bescheiden und, soweit er die Beschwerde für berechtigt erachtet, ihr abzuhelfen.

(3) Wegen der Erhebung einer Beschwerde dürfen dem Arbeitnehmer keine Nachteile entstehen.

§ 85 Behandlung von Beschwerden durch den Betriebsrat

(1) Der Betriebsrat hat Beschwerden von Arbeitnehmern entgegenzunehmen und, falls er sie für berechtigt erachtet, beim Arbeitgeber auf Abhilfe hinzuwirken.

(2) [1]Bestehen zwischen Betriebsrat und Arbeitgeber Meinungsverschiedenheiten über die Berechtigung der Beschwerde, so kann der Betriebsrat die Einigungsstelle anrufen. [2]Der Spruch der Einigungsstelle ersetzt die Einigung zwischen Arbeitgeber und Betriebsrat. [3]Dies gilt nicht, soweit Gegenstand der Beschwerde ein Rechtsanspruch ist.

(3) [1]Der Arbeitgeber hat den Betriebsrat über die Behandlung der Beschwerde zu unterrichten. [2]§ 84 Abs. 2 bleibt unberührt.

§ 86 Ergänzende Vereinbarungen

[1]Durch Tarifvertrag oder Betriebsvereinbarung können die Einzelheiten des Beschwerdeverfahrens geregelt werden. [2]Hierbei kann bestimmt werden, dass in den Fällen des § 85 Abs. 2 an die Stelle der Einigungsstelle eine betriebliche Beschwerdestelle tritt.

§ 86a Vorschlagsrecht der Arbeitnehmer

[1]Jeder Arbeitnehmer hat das Recht, dem Betriebsrat Themen zur Beratung vorzuschlagen. [2]Wird ein Vorschlag von mindestens 5 vom Hundert der Arbeitnehmer des Betriebs unterstützt, hat der Betriebsrat diesen innerhalb von zwei Monaten auf die Tagesordnung einer Betriebsratssitzung zu setzen.

Dritter Abschnitt: Soziale Angelegenheiten

§ 87 Mitbestimmungsrechte

(1) Der Betriebsrat hat, soweit eine gesetzliche oder tarifliche Regelung nicht besteht, in folgenden Angelegenheiten mitzubestimmen:

1. Fragen der Ordnung des Betriebs und des Verhaltens der Arbeitnehmer im Betrieb;
2. Beginn und Ende der täglichen Arbeitszeit einschließlich der Pausen sowie Verteilung der Arbeitszeit auf die einzelnen Wochentage;
3. vorübergehende Verkürzung oder Verlängerung der betriebsüblichen Arbeitszeit;
4. Zeit, Ort und Art der Auszahlung der Arbeitsentgelte;
5. Aufstellung allgemeiner Urlaubsgrundsätze und des Urlaubsplans sowie die Festsetzung der zeitlichen Lage des Urlaubs für einzelne Arbeitnehmer, wenn zwischen dem Arbeitgeber und den beteiligten Arbeitnehmern kein Einverständnis erzielt wird;
6. Einführung und Anwendung von technischen Einrichtungen, die dazu bestimmt sind, das Verhalten oder die Leistung der Arbeitnehmer zu überwachen;
7. Regelungen über die Verhütung von Arbeitsunfällen und Berufskrankheiten sowie über den Gesundheitsschutz im Rahmen der gesetzlichen Vorschriften oder der Unfallverhütungsvorschriften;
8. Form, Ausgestaltung und Verwaltung von Sozialeinrichtungen, deren Wirkungsbereich auf den Betrieb, das Unternehmen oder den Konzern beschränkt ist;
9. Zuweisung und Kündigung von Wohnräumen, die den Arbeitnehmern mit Rücksicht auf das Bestehen eines Arbeitsverhältnisses vermietet werden, sowie die allgemeine Festlegung der Nutzungsbedingungen;
10. Fragen der betrieblichen Lohngestaltung, insbesondere die Aufstellung von Entlohnungsgrundsätzen und die Einführung und Anwendung von neuen Entlohnungsmethoden sowie deren Änderung;
11. Festsetzung der Akkord- und Prämiensätze und vergleichbarer leistungsbezogener Entgelte, einschließlich der Geldfaktoren;
12. Grundsätze über das betriebliche Vorschlagswesen;
13. Grundsätze über die Durchführung von Gruppenarbeit; Gruppenarbeit im Sinne dieser Vorschrift liegt vor, wenn im Rahmen des betrieblichen Arbeitsablaufs eine Gruppe von Arbeitnehmern eine ihr übertragene Gesamtaufgabe im Wesentlichen eigenverantwortlich erledigt.

(2) [1]Kommt eine Einigung über eine Angelegenheit nach Absatz 1 nicht zustande, so entscheidet die Einigungsstelle. [2]Der Spruch der Einigungsstelle ersetzt die Einigung zwischen Arbeitgeber und Betriebsrat.

§ 88 Freiwillige Betriebsvereinbarungen

Durch Betriebsvereinbarung können insbesondere geregelt werden

1. zusätzliche Maßnahmen zur Verhütung von Arbeitsunfällen und Gesundheitsschädigungen;

1a. Maßnahmen des betrieblichen Umweltschutzes;
2. die Errichtung von Sozialeinrichtungen, deren Wirkungsbereich auf den Betrieb, das Unternehmen oder den Konzern beschränkt ist;
3. Maßnahmen zur Förderung der Vermögensbildung;
4. Maßnahmen zur Integration ausländischer Arbeitnehmer sowie zur Bekämpfung von Rassismus und Fremdenfeindlichkeit im Betrieb;
5. Maßnahmen zur Eingliederung schwerbehinderter Menschen.

§ 89 Arbeits- und betrieblicher Umweltschutz

(1) [1]Der Betriebsrat hat sich dafür einzusetzen, dass die Vorschriften über den Arbeitsschutz und die Unfallverhütung im Betrieb sowie über den betrieblichen Umweltschutz durchgeführt werden. [2]Er hat bei der Bekämpfung von Unfall- und Gesundheitsgefahren die für den Arbeitsschutz zuständigen Behörden, die Träger der gesetzlichen Unfallversicherung und die sonstigen in Betracht kommenden Stellen durch Anregung, Beratung und Auskunft zu unterstützen.

(2) [1]Der Arbeitgeber und die in Absatz 1 Satz 2 genannten Stellen sind verpflichtet, den Betriebsrat oder die von ihm bestimmten Mitglieder des Betriebsrats bei allen im Zusammenhang mit dem Arbeitsschutz oder der Unfallverhütung stehenden Besichtigungen und Fragen und bei Unfalluntersuchungen hinzuzuziehen. [2]Der Arbeitgeber hat dem Betriebsrat auch bei allen im Zusammenhang mit dem betrieblichen Umweltschutz stehenden Besichtigungen und Fragen hinzuzuziehen und ihm unverzüglich die den Arbeitsschutz, die Unfallverhütung und den betrieblichen Umweltschutz betreffenden Auflagen und Anordnungen der zuständigen Stellen mitzuteilen.

(3) Als betrieblicher Umweltschutz im Sinne dieses Gesetzes sind alle personellen und organisatorischen Maßnahmen sowie alle die betrieblichen Bauten, Räume, technische Anlagen, Arbeitsverfahren, Arbeitsabläufe und Arbeitsplätze betreffenden Maßnahmen zu verstehen, die dem Umweltschutz dienen.

(4) An Besprechungen des Arbeitgebers mit den Sicherheitsbeauftragten im Rahmen des § 22 Abs. 2 des Siebten Buches Sozialgesetzbuch nehmen vom Betriebsrat beauftragte Betriebsratsmitglieder teil.

(5) Der Betriebsrat erhält vom Arbeitgeber die Niederschriften über Untersuchungen, Besichtigungen und Besprechungen, zu denen er nach den Absätzen 2 und 4 hinzuzuziehen ist.

(6) Der Arbeitgeber hat dem Betriebsrat eine Durchschrift der nach § 193 Abs. 5 des Siebten Buches Sozialgesetzbuch vom Betriebsrat zu unterschreibenden Unfallanzeige auszuhändigen.

Vierter Abschnitt: Gestaltung von Arbeitsplatz, Arbeitsablauf und Arbeitsumgebung

§ 90 Unterrichtungs- und Beratungsrechte

(1) Der Arbeitgeber hat den Betriebsrat über die Planung
1. von Neu-, Um- und Erweiterungsbauten von Fabrikations-, Verwaltungs- und sonstigen betrieblichen Räumen,
2. von technischen Anlagen,
3. von Arbeitsverfahren und Arbeitsabläufen oder
4. der Arbeitsplätze

rechtzeitig unter Vorlage der erforderlichen Unterlagen zu unterrichten.

(2) [1]Der Arbeitgeber hat mit dem Betriebsrat die vorgesehenen Maßnahmen und ihre Auswirkungen auf die Arbeitnehmer, insbesondere auf die Art ihrer Arbeit sowie die sich daraus ergebenden Anforderungen an die Arbeitnehmer so rechtzeitig zu beraten, dass Vorschläge und Bedenken des Betriebsrats bei der Planung berücksichtigt werden können. [2]Arbeitgeber und Betriebsrat sollen dabei auch die gesicherten arbeitswissenschaftlichen Erkenntnisse über die menschengerechte Gestaltung der Arbeit berücksichtigen.

§ 91 Mitbestimmungsrecht

[1]Werden die Arbeitnehmer durch Änderungen der Arbeitsplätze, des Arbeitsablaufs oder der Arbeitsumgebung, die den gesicherten arbeitswissenschaftlichen Erkenntnissen über die menschengerechte Gestaltung der Arbeit offensichtlich widersprechen, in besonderer Weise belastet, so kann der Betriebsrat angemessene Maßnahmen zur Abwendung, Milderung oder zum Ausgleich der Belastung verlangen. [2]Kommt eine Einigung nicht zustande, so entscheidet die Einigungsstelle. [3]Der Spruch der Einigungsstelle ersetzt die Einigung zwischen Arbeitgeber und Betriebsrat.

Fünfter Abschnitt: Personelle Angelegenheiten

Erster Unterabschnitt: Allgemeine personelle Angelegenheiten

§ 92 Personalplanung

(1) [1]Der Arbeitgeber hat den Betriebsrat über die Personalplanung, insbesondere über den gegenwärtigen und künftigen Personalbedarf sowie über die sich daraus ergebenden personellen Maßnahmen einschließlich der geplanten Beschäftigung von Personen, die nicht in einem Arbeitsverhältnis zum Arbeitgeber stehen, und Maßnahmen der Berufsbildung anhand von Unterlagen rechtzeitig und umfassend zu unterrichten. [2]Er hat mit dem Betriebsrat über Art und Umfang der erforderlichen Maßnahmen und über die Vermeidung von Härten zu beraten.

(2) Der Betriebsrat kann dem Arbeitgeber Vorschläge für die Einführung einer Personalplanung und ihre Durchführung machen.

(3) [1]Die Absätze 1 und 2 gelten entsprechend für Maßnahmen im Sinne des § 80 Abs. 1 Nr. 2a und 2b, insbesondere für die Aufstellung und Durchführung von Maßnahmen zur Förderung der Gleichstellung von Frauen und Männern. [2]Gleiches gilt für die Eingliederung schwerbehinderter Menschen nach § 80 Absatz 1 Nummer 4.

§ 92a Beschäftigungssicherung

(1) [1]Der Betriebsrat kann dem Arbeitgeber Vorschläge zur Sicherung und Förderung der Beschäftigung machen. [2]Diese können insbesondere eine flexible Gestaltung der Arbeitszeit, die Förderung von Teilzeitarbeit und Altersteilzeit, neue Formen der Arbeitsorganisation, Änderungen der Arbeitsverfahren und Arbeitsabläufe, die Qualifizierung der Arbeitnehmer, Alternativen zur Ausgliederung von Arbeit oder ihrer Vergabe an andere Unternehmen sowie zum Produktions- und Investitionsprogramm zum Gegenstand haben.

(2) [1]Der Arbeitgeber hat die Vorschläge mit dem Betriebsrat zu beraten. [2]Hält der Arbeitgeber die Vorschläge des Betriebsrats für ungeeignet, hat er dies zu begründen; in Betrieben mit mehr als 100 Arbeitnehmern erfolgt die Begründung schriftlich. [3]Zu den Beratungen kann der Arbeitgeber oder der Betriebsrat einen Vertreter der Bundesagentur für Arbeit hinzuziehen.

§ 93 Ausschreibung von Arbeitsplätzen

Der Betriebsrat kann verlangen, dass Arbeitsplätze, die besetzt werden sollen, allgemein oder für bestimmte Arten von Tätigkeiten vor ihrer Besetzung innerhalb des Betriebs ausgeschrieben werden.

§ 94 Personalfragebogen, Beurteilungsgrundsätze

(1) [1]Personalfragebogen bedürfen der Zustimmung des Betriebsrats. [2]Kommt eine Einigung über ihren Inhalt nicht zustande, so entscheidet die Einigungsstelle. [3]Der Spruch der Einigungsstelle ersetzt die Einigung zwischen Arbeitgeber und Betriebsrat.

(2) Absatz 1 gilt entsprechend für persönliche Angaben in schriftlichen Arbeitsverträgen, die allgemein für den Betrieb verwendet werden sollen, sowie für die Aufstellung allgemeiner Beurteilungsgrundsätze.

§ 95 Auswahlrichtlinien

(1) [1]Richtlinien über die personelle Auswahl bei Einstellungen, Versetzungen, Umgruppierungen und Kündigungen bedürfen der Zustimmung des Betriebsrats. [2]Kommt eine Einigung über die Richtlinien oder ihren Inhalt nicht zustande, so entscheidet auf Antrag des Arbeitgebers die Einigungsstelle. [3]Der Spruch der Einigungsstelle ersetzt die Einigung zwischen Arbeitgeber und Betriebsrat.

(2) [1]In Betrieben mit mehr als 500 Arbeitnehmern kann der Betriebsrat die Aufstellung von Richtlinien über die bei Maßnahmen des Absatzes 1 Satz 1 zu beachtenden fachlichen und persönlichen Voraussetzungen und sozialen Gesichtspunkte verlangen. [2]Kommt eine Einigung über die Richtlinien oder ihren Inhalt nicht zustande, so entscheidet die Einigungsstelle. [3]Der Spruch der Einigungsstelle ersetzt die Einigung zwischen Arbeitgeber und Betriebsrat.

(3) [1]Versetzung im Sinne dieses Gesetzes ist die Zuweisung eines anderen Arbeitsbereichs, die voraussichtlich die Dauer von einem Monat überschreitet, oder die mit einer erheblichen Änderung der Umstände verbunden ist, unter denen die Arbeit zu leisten ist. [2]Werden Arbeitnehmer nach der Eigenart ihres Arbeitsverhältnisses üblicherweise nicht ständig an einem bestimmten Arbeitsplatz beschäftigt, so gilt die Bestimmung des jeweiligen Arbeitsplatzes nicht als Versetzung.

Zweiter Unterabschnitt: Berufsbildung

§ 96 Förderung der Berufsbildung

(1) [1]Arbeitgeber und Betriebsrat haben im Rahmen der betrieblichen Personalplanung und in Zusammenarbeit mit den für die Berufsbildung und den für die Förderung der Berufsbildung zuständigen Stellen die Berufsbildung der Arbeitnehmer zu fördern. [2]Der Arbeitgeber hat auf Verlangen des Betriebsrats den Berufsbildungsbedarf zu ermitteln und mit ihm Fragen der Berufsbildung der Arbeitnehmer des Betriebs zu beraten. [3]Hierzu kann der Betriebsrat Vorschläge machen.

(2) [1]Arbeitgeber und Betriebsrat haben darauf zu achten, dass unter Berücksichtigung der betrieblichen Notwendigkeiten den Arbeitnehmern die Teilnahme an betrieblichen oder außerbetrieblichen Maßnahmen der Berufsbildung ermöglicht wird. [2]Sie haben dabei auch die Belange älterer Arbeitnehmer, Teilzeitbeschäftigter und von Arbeitnehmern mit Familienpflichten zu berücksichtigen.

§ 97 Einrichtungen und Maßnahmen der Berufsbildung

(1) Der Arbeitgeber hat mit dem Betriebsrat über die Errichtung und Ausstattung betrieblicher Einrichtungen zur Berufsbildung, die Einführung betrieblicher Berufsbildungsmaßnahmen und die Teilnahme an außerbetrieblichen Berufsbildungsmaßnahmen zu beraten.

(2) [1]Hat der Arbeitgeber Maßnahmen geplant oder durchgeführt, die dazu führen, dass sich die Tätigkeit der betroffenen Arbeitnehmer ändert und ihre beruflichen Kenntnisse und Fähigkeiten zur Erfüllen ihrer Aufgaben nicht mehr ausreichen, so hat der Betriebsrat bei der Einführung von Maßnahmen der betrieblichen Berufsbildung mitzubestimmen. [2]Kommt eine Einigung nicht zustande, so entscheidet die Einigungsstelle. [3]Der Spruch der Einigungsstelle ersetzt die Einigung zwischen Arbeitgeber und Betriebsrat.

§ 98 Durchführung betrieblicher Bildungsmaßnahmen

(1) Der Betriebsrat hat bei der Durchführung von Maßnahmen der betrieblichen Berufsbildung mitzubestimmen.

(2) Der Betriebsrat kann der Bestellung einer mit der Durchführung der betrieblichen Berufsbildung beauftragten Person widersprechen oder ihre Abberufung verlangen, wenn diese die persönliche oder fachliche, insbesondere die berufs- und arbeitspädagogische Eignung im Sinne des Berufsbildungsgesetzes nicht besitzt oder ihre Aufgaben vernachlässigt.

(3) Führt der Arbeitgeber betriebliche Maßnahmen der Berufsbildung durch oder stellt er für außerbetriebliche Maßnahmen der Berufsbildung Arbeitnehmer frei oder trägt er die durch die Teilnahme von Arbeitnehmern an solchen Maßnahmen entstehenden Kosten ganz oder teilweise, so kann der Betriebsrat Vorschläge für die Teilnahme von Arbeitnehmern oder Gruppen von Arbeitnehmern des Betriebs an diesen Maßnahmen der beruflichen Bildung machen.

(4) [1]Kommt im Fall des Absatzes 1 oder über die nach Absatz 3 vom Betriebsrat vorgeschlagenen Teilnehmer eine Einigung nicht zustande, so entscheidet die Einigungsstelle. [2]Der Spruch der Einigungsstelle ersetzt die Einigung zwischen Arbeitgeber und Betriebsrat.

(5) [1]Kommt im Fall des Absatzes 2 eine Einigung nicht zustande, so kann der Betriebsrat beim Arbeitsgericht beantragen, dem Arbeitgeber aufzugeben, die Bestellung zu unterlassen oder die Abberufung durchzuführen. [2]Führt der Arbeitgeber die Bestellung einer rechtskräftigen gerichtlichen Entscheidung zuwider durch, so ist er auf Antrag des Betriebsrats vom Arbeitsgericht wegen der Bestellung nach vorheriger Androhung zu einem Ordnungsgeld zu verurteilen; das Höchstmaß des Ordnungsgeldes beträgt 10.000 Euro. [3]Führt der Arbeitgeber die Abberufung einer rechtskräftigen gerichtlichen Entscheidung zuwider nicht durch, so ist auf Antrag des Betriebsrats vom Arbeitsgericht zu erkennen, dass der Arbeitgeber zur Abberufung durch Zwangsgeld anzuhalten sei; das Höchstmaß des Zwangsgeldes beträgt für jeden Tag der Zuwiderhandlung 250 Euro. [4]Die Vorschriften des Berufsbildungsgesetzes über die Ordnung der Berufsbildung bleiben unberührt.

(6) Die Absätze 1 bis 5 gelten entsprechend, wenn der Arbeitgeber sonstige Bildungsmaßnahmen im Betrieb durchführt.

Dritter Unterabschnitt: Personelle Einzelmaßnahmen

§ 99 Mitbestimmung bei personellen Einzelmaßnahmen

(1) [1]In Unternehmen mit in der Regel mehr als zwanzig wahlberechtigten Arbeitnehmern hat der Arbeitgeber den Betriebsrat vor jeder Einstellung, Eingruppierung, Umgruppierung und Versetzung zu unterrichten, ihm die erforderlichen Bewerbungsunterlagen vorzulegen und Auskunft über die Person der Beteiligten zu geben; er hat dem Betriebsrat unter Vorlage der erforderlichen Unterlagen Auskunft über die Auswirkungen der geplanten Maßnahme zu geben und die Zustimmung des Betriebsrats zu der geplanten Maßnahme einzuholen. [2]Bei Einstellungen und Versetzungen hat der Arbeitgeber insbesondere den in Aussicht genommenen Arbeitsplatz und die vorgesehene Eingruppierung mitzuteilen. [3]Die Mitglieder des Betriebsrats sind verpflichtet, über die ihnen im Rahmen der personellen Maßnahmen nach den Sätzen 1 und 2 bekanntgewordenen persönlichen Verhältnisse und Angelegenheiten der Arbeitnehmer, die ihrer Bedeutung oder ihrem Inhalt nach einer vertraulichen Behandlung bedürfen, Stillschweigen zu bewahren; § 79 Abs. 1 Satz 2 bis 4 gilt entsprechend.

(2) Der Betriebsrat kann die Zustimmung verweigern, wenn

1. die personelle Maßnahme gegen ein Gesetz, eine Verordnung, eine Unfallverhütungsvorschrift oder gegen eine Bestimmung in einem Tarifvertrag oder in einer Betriebsvereinbarung oder gegen eine gerichtliche Entscheidung oder eine behördliche Anordnung verstoßen würde,
2. die personelle Maßnahme gegen eine Richtlinie nach § 95 verstoßen würde,
3. die durch Tatsachen begründete Besorgnis besteht, dass infolge der personellen Maßnahme im Betrieb beschäftigte Arbeitnehmer gekündigt werden oder sonstige Nachteile erleiden, ohne dass dies aus betrieblichen oder persönlichen Gründen gerechtfertigt ist; als Nachteil gilt bei unbefristeter Einstellung auch die Nichtberücksichtigung eines gleich geeigneten befristet Beschäftigten,
4. der betroffene Arbeitnehmer durch die personelle Maßnahme benachteiligt wird, ohne dass dies aus betrieblichen oder in der Person des Arbeitnehmers liegenden Gründen gerechtfertigt ist,
5. eine nach § 93 erforderliche Ausschreibung im Betrieb unterblieben ist oder
6. die durch Tatsachen begründete Besorgnis besteht, dass der für die personelle Maßnahme in Aussicht genommene Bewerber oder Arbeitnehmer den Betriebsfrieden durch gesetzwidriges Verhalten oder durch grobe Verletzung der in § 75 Abs. 1 enthaltenen Grundsätze, insbesondere durch rassistische oder fremdenfeindliche Betätigung, stören werde.

(3) [1]Verweigert der Betriebsrat seine Zustimmung, so hat er dies unter Angabe von Gründen innerhalb einer Woche nach Unterrichtung durch den Arbeitgeber diesem schriftlich mitzuteilen. [2]Teilt der Betriebsrat dem Arbeitgeber die Verweigerung seiner Zustimmung nicht innerhalb der Frist schriftlich mit, so gilt die Zustimmung als erteilt.

(4) Verweigert der Betriebsrat seine Zustimmung, so kann der Arbeitgeber beim Arbeitsgericht beantragen, die Zustimmung zu ersetzen.

§ 100 Vorläufige personelle Maßnahmen

(1) [1]Der Arbeitgeber kann, wenn dies aus sachlichen Gründen dringend erforderlich ist, die personelle Maßnahme im Sinne des § 99 Abs. 1 Satz 1 vorläufig durchführen, bevor der Betriebsrat sich geäußert oder wenn er die Zustimmung verweigert hat. [2]Der Arbeitgeber hat den Arbeitnehmer über die Sach- und Rechtslage aufzuklären.

(2) [1]Der Arbeitgeber hat den Betriebsrat unverzüglich von der vorläufigen personellen Maßnahme zu unterrichten. [2]Bestreitet der Betriebsrat, dass die Maßnahme aus sachlichen Gründen dringend erforderlich ist, so hat er dies dem Arbeitgeber unverzüglich mitzuteilen. [3]In diesem Fall darf der Arbeitgeber die vorläufige personelle Maßnahme nur aufrechterhalten, wenn er innerhalb von drei Tagen beim Arbeitsgericht die Ersetzung der Zustimmung des Betriebsrats und die Feststellung beantragt, dass die Maßnahme aus sachlichen Gründen dringend erforderlich war.

(3) [1]Lehnt das Gericht durch rechtskräftige Entscheidung die Ersetzung der Zustimmung des Betriebsrats ab oder stellt es rechtskräftig fest, dass offensichtlich die Maßnahme aus sachlichen Gründen nicht dringend erforderlich war, so endet die vorläufige personelle Maßnahme mit Ablauf von zwei Wochen nach Rechtskraft der Entscheidung. [2]Von diesem Zeitpunkt an darf die personelle Maßnahme nicht aufrechterhalten werden.

§ 101 Zwangsgeld

[1]Führt der Arbeitgeber eine personelle Maßnahme im Sinne des § 99 Abs. 1 Satz 1 ohne Zustimmung des Betriebsrats durch oder hält er eine vorläufige personelle Maßnahme entgegen § 100 Abs. 2 Satz 3 oder Abs. 3 aufrecht, so kann der Betriebsrat beim Arbeitsgericht

beantragen, dem Arbeitgeber aufzugeben, die personelle Maßnahme aufzuheben. [2]Hebt der Arbeitgeber entgegen einer rechtskräftigen gerichtlichen Entscheidung die personelle Maßnahme nicht auf, so ist auf Antrag des Betriebsrats vom Arbeitsgericht zu erkennen, dass der Arbeitgeber zur Aufhebung der Maßnahme durch Zwangsgeld anzuhalten sei. [3]Das Höchstmaß des Zwangsgeldes beträgt für jeden Tag der Zuwiderhandlung 250 Euro.

§ 102 Mitbestimmung bei Kündigungen

(1) [1]Der Betriebsrat ist vor jeder Kündigung zu hören. [2]Der Arbeitgeber hat ihm die Gründe für die Kündigung mitzuteilen. [3]Eine ohne Anhörung des Betriebsrats ausgesprochene Kündigung ist unwirksam.

(2) [1]Hat der Betriebsrat gegen eine ordentliche Kündigung Bedenken, so hat er diese unter Angabe der Gründe dem Arbeitgeber spätestens innerhalb einer Woche schriftlich mitzuteilen. [2]Äußert er sich innerhalb dieser Frist nicht, gilt seine Zustimmung zur Kündigung als erteilt. [3]Hat der Betriebsrat gegen eine außerordentliche Kündigung Bedenken, so hat er diese unter Angabe der Gründe dem Arbeitgeber unverzüglich, spätestens jedoch innerhalb von drei Tagen, schriftlich mitzuteilen. [4]Der Betriebsrat soll, soweit dies erforderlich erscheint, vor seiner Stellungnahme den betroffenen Arbeitnehmer hören. [5]§ 99 Abs. 1 Satz 3 gilt entsprechend.

(3) Der Betriebsrat kann innerhalb der Frist des Absatzes 2 Satz 1 der ordentlichen Kündigung widersprechen, wenn

1. der Arbeitgeber bei der Auswahl des zu kündigenden Arbeitnehmers soziale Gesichtspunkte nicht oder nicht ausreichend berücksichtigt hat,
2. die Kündigung gegen eine Richtlinie nach § 95 verstößt,
3. der zu kündigende Arbeitnehmer an einem anderen Arbeitsplatz im selben Betrieb oder in einem anderen Betrieb des Unternehmens weiterbeschäftigt werden kann,
4. die Weiterbeschäftigung des Arbeitnehmers nach zumutbaren Umschulungs- oder Fortbildungsmaßnahmen möglich ist oder
5. eine Weiterbeschäftigung des Arbeitnehmers unter geänderten Vertragsbedingungen möglich ist und der Arbeitnehmer sein Einverständnis hiermit erklärt hat.

(4) Kündigt der Arbeitgeber, obwohl der Betriebsrat nach Absatz 3 der Kündigung widersprochen hat, so hat er dem Arbeitnehmer mit der Kündigung eine Abschrift der Stellungnahme des Betriebsrats zuzuleiten.

(5) [1]Hat der Betriebsrat einer ordentlichen Kündigung frist- und ordnungsgemäß widersprochen, und hat der Arbeitnehmer nach dem Kündigungsschutzgesetz Klage auf Feststellung erhoben, dass das Arbeitsverhältnis durch die Kündigung nicht aufgelöst ist, so muss der Arbeitgeber auf Verlangen des Arbeitnehmers diesen nach Ablauf der Kündigungsfrist bis zum rechtskräftigen Abschluss des Rechtsstreits bei unveränderten Arbeitsbedingungen weiterbeschäftigen. [2]Auf Antrag des Arbeitgebers kann das Gericht ihn durch einstweilige Verfügung von der Verpflichtung zur Weiterbeschäftigung nach Satz 1 entbinden, wenn

1. die Klage des Arbeitnehmers keine hinreichende Aussicht auf Erfolg bietet oder mutwillig erscheint oder
2. die Weiterbeschäftigung des Arbeitnehmers zu einer unzumutbaren wirtschaftlichen Belastung des Arbeitgebers führen würde oder
3. der Widerspruch des Betriebsrats offensichtlich unbegründet war.

(6) Arbeitgeber und Betriebsrat können vereinbaren, dass Kündigungen der Zustimmung des Betriebsrats bedürfen und dass bei Meinungsverschiedenheiten über die Berechtigung der Nichterteilung der Zustimmung die Einigungsstelle entscheidet.

(7) Die Vorschriften über die Beteiligung des Betriebsrats nach dem Kündigungsschutzgesetz bleiben unberührt.

§ 103 Außerordentliche Kündigung und Versetzung in besonderen Fällen

(1) Die außerordentliche Kündigung von Mitgliedern des Betriebsrats, der Jugend- und Auszubildendenvertretung, der Bordvertretung und des Seebetriebsrats, des Wahlvorstands sowie von Wahlbewerbern bedarf der Zustimmung des Betriebsrats.

(2) [1]Verweigert der Betriebsrat seine Zustimmung, so kann das Arbeitsgericht sie auf Antrag des Arbeitgebers ersetzen, wenn die außerordentliche Kündigung unter Berücksichtigung aller Umstände gerechtfertigt ist. [2]In dem Verfahren vor dem Arbeitsgericht ist der betroffene Arbeitnehmer Beteiligter.

(3) [1]Die Versetzung der in Absatz 1 genannten Personen, die zu einem Verlust des Amtes oder der Wählbarkeit führen würde, bedarf der Zustimmung des Betriebsrats; dies gilt nicht, wenn der betroffene Arbeitnehmer mit der Versetzung einverstanden ist. [2]Absatz 2 gilt entsprechend mit der Maßgabe, dass das Arbeitsgericht die Zustimmung zu der Versetzung ersetzen kann, wenn diese auch unter Berücksichtigung der betriebsverfassungsrechtlichen Stellung des betroffenen Arbeitnehmers aus dringenden betrieblichen Gründen notwendig ist.

§ 104 Entfernung betriebsstörender Arbeitnehmer

[1]Hat ein Arbeitnehmer durch gesetzwidriges Verhalten oder durch grobe Verletzung der in § 75 Abs. 1 enthaltenen Grundsätze, insbesondere durch rassistische oder fremdenfeindliche Betätigungen, den Betriebsfrieden wiederholt ernstlich gestört, so kann der Betriebsrat vom Arbeitgeber die Entlassung oder Versetzung verlangen. [2]Gibt das Arbeitsgericht einem Antrag des Betriebsrats statt, dem Arbeitgeber aufzugeben, die Entlassung oder Versetzung durchzuführen, und führt der Arbeitgeber die Entlassung oder Versetzung einer rechtskräftigen gerichtlichen Entscheidung zuwider nicht durch, so ist auf Antrag des Betriebsrats vom Arbeitsgericht zu erkennen, dass er zur Vornahme der Entlassung oder Versetzung durch Zwangsgeld anzuhalten sei. [3]Das Höchstmaß des Zwangsgeldes beträgt für jeden Tag der Zuwiderhandlung 250 Euro.

§ 105 Leitende Angestellte

Eine beabsichtigte Einstellung oder personelle Veränderung eines in § 5 Abs. 3 genannten leitenden Angestellten ist dem Betriebsrat rechtzeitig mitzuteilen.

Sechster Abschnitt: Wirtschaftliche Angelegenheiten

Erster Unterabschnitt: Unterrichtung in wirtschaftlichen Angelegenheiten

§ 106 Wirtschaftsausschuss

(1) [1]In allen Unternehmen mit in der Regel mehr als einhundert ständig beschäftigten Arbeitnehmern ist ein Wirtschaftsausschuss zu bilden. [2]Der Wirtschaftsausschuss hat die Aufgabe, wirtschaftliche Angelegenheiten mit dem Unternehmer zu beraten und den Betriebsrat zu unterrichten.

(2) [1]Der Unternehmer hat den Wirtschaftsausschuss rechtzeitig und umfassend über die wirtschaftlichen Angelegenheiten des Unternehmens unter Vorlage der erforderlichen Unterlagen zu unterrichten, soweit dadurch nicht die Betriebs- und Geschäftsgeheimnisse des Unternehmens gefährdet werden, sowie die sich daraus ergebenden Auswirkungen auf die Personalplanung darzustellen. [2]Zu den erforderlichen Unterlagen gehört in den Fällen des Absatzes 3 Nr. 9a insbesondere die Angabe über den potentiellen Erwerber und dessen Absichten im Hinblick auf die künftige Geschäftstätigkeit des Unternehmens sowie die sich daraus ergebenden Auswirkungen auf die Arbeitnehmer; Gleiches gilt, wenn im Vorfeld der Übernahme des Unternehmens ein Bieterverfahren durchgeführt wird.

(3) Zu den wirtschaftlichen Angelegenheiten im Sinne dieser Vorschrift gehören insbesondere

1. die wirtschaftliche und finanzielle Lage des Unternehmens;
2. die Produktions- und Absatzlage;
3. das Produktions- und Investitionsprogramm;
4. Rationalisierungsvorhaben;
5. Fabrikations- und Arbeitsmethoden, insbesondere die Einführung neuer Arbeitsmethoden;

5a. Fragen des betrieblichen Umweltschutzes;

6. die Einschränkung oder Stillegung von Betrieben oder von Betriebsteilen;
7. die Verlegung von Betrieben oder Betriebsteilen;
8. der Zusammenschluss oder die Spaltung von Unternehmen oder Betrieben;
9. die Änderung der Betriebsorganisation oder des Betriebszwecks;

9a. die Übernahme des Unternehmens, wenn hiermit der Erwerb der Kontrolle verbunden ist, sowie

10. sonstige Vorgänge und Vorhaben, welche die Interessen der Arbeitnehmer des Unternehmens wesentlich berühren können.

§ 107 Bestellung und Zusammensetzung des Wirtschaftsausschusses

(1) [1]Der Wirtschaftsausschuss besteht aus mindestens drei und höchstens sieben Mitgliedern, die dem Unternehmen angehören müssen, darunter mindestens einem Betriebsratsmitglied. [2]Zu Mitgliedern des Wirtschaftsausschusses können auch die in § 5 Abs. 3 genannten Angestellten bestimmt werden. [3]Die Mitglieder sollen die zur Erfüllung ihrer Aufgaben erforderliche fachliche und persönliche Eignung besitzen.

(2) [1]Die Mitglieder des Wirtschaftsausschusses werden vom Betriebsrat für die Dauer seiner Amtszeit bestimmt. [2]Besteht ein Gesamtbetriebsrat, so bestimmt dieser die Mitglieder des Wirtschaftsausschusses; die Amtszeit der Mitglieder endet in diesem Fall in dem Zeitpunkt, in dem die Amtszeit der Mehrheit der Mitglieder des Gesamtbetriebsrats, die an der Bestimmung mitzuwirken berechtigt waren, abgelaufen ist. [3]Die Mitglieder des Wirtschaftsausschusses können jederzeit abberufen werden; auf die Abberufung sind die Sätze 1 und 2 entsprechend anzuwenden.

(3) [1]Der Betriebsrat kann mit der Mehrheit der Stimmen seiner Mitglieder beschließen, die Aufgaben des Wirtschaftsausschusses einem Ausschuss des Betriebsrats zu übertragen. [2]Die Zahl der Mitglieder des Ausschusses darf die Zahl der Mitglieder des Betriebsausschusses nicht überschreiten. [3]Der Betriebsrat kann jedoch weitere Arbeitnehmer einschließlich der in § 5 Abs. 3 genannten leitenden Angestellten bis zur selben Zahl, wie der Ausschuss Mitglieder hat, in den Ausschuß berufen; für die Beschlussfassung gilt Satz 1. [4]Für die Verschwiegenheitspflicht der in Satz 3 bezeichneten weiteren Arbeitnehmer gilt § 79 entsprechend. [5]Für die Abänderung und den Widerruf der Beschlüsse nach den Sätzen 1 bis 3 sind die gleichen Stimmenmehrheiten erforderlich wie für die Beschlüsse nach den Sätzen 1 bis 3. [6]Ist in einem Unternehmen ein Gesamtbetriebsrat errichtet, so beschließt dieser über die anderweitige Wahrnehmung der Aufgaben des Wirtschaftsausschusses; die Sätze 1 bis 5 gelten entsprechend.

§ 108 Sitzungen

(1) Der Wirtschaftsausschuss soll monatlich einmal zusammentreten.

(2) [1]An den Sitzungen des Wirtschaftsausschusses hat der Unternehmer oder sein Vertreter teilzunehmen. [2]Er kann sachkundige Arbeitnehmer des Unternehmens einschließlich der in § 5 Abs. 3 genannten Angestellten hinzuziehen. [3]Für die Hinzuziehung und die Verschwiegenheitspflicht von Sachverständigen gilt § 80 Abs. 3 und 4 entsprechend.

(3) Die Mitglieder des Wirtschaftsausschusses sind berechtigt, in die nach § 106 Abs. 2 vorzulegenden Unterlagen Einsicht zu nehmen.

(4) Der Wirtschaftsausschuss hat über jede Sitzung dem Betriebsrat unverzüglich und vollständig zu berichten.

(5) Der Jahresabschluss ist dem Wirtschaftsausschuss unter Beteiligung des Betriebsrats zu erläutern.

(6) Hat der Betriebsrat oder der Gesamtbetriebsrat eine anderweitige Wahrnehmung der Aufgaben des Wirtschaftsausschusses beschlossen, so gelten die Absätze 1 bis 5 entsprechend.

§ 109 Beilegung von Meinungsverschiedenheiten

[1]Wird eine Auskunft über wirtschaftliche Angelegenheiten des Unternehmens im Sinn des § 106 entgegen dem Verlangen des Wirtschaftsausschusses nicht, nicht rechtzeitig oder nur ungenügend erteilt und kommt hierüber zwischen Unternehmer und Betriebsrat eine

Einigung nicht zustande, so entscheidet die Einigungsstelle. [2]Der Spruch der Einigungsstelle ersetzt die Einigung zwischen Arbeitgeber und Betriebsrat. [3]Die Einigungsstelle kann, wenn dies für ihre Entscheidung erforderlich ist, Sachverständige anhören; § 80 Abs. 4 gilt entsprechend. [4]Hat der Betriebsrat oder der Gesamtbetriebsrat eine anderweitige Wahrnehmung der Aufgaben des Wirtschaftsausschusses beschlossen, so gilt Satz 1 entsprechend.

§ 109a Unternehmensübernahme

In Unternehmen, in denen kein Wirtschaftsausschuss besteht, ist im Fall des § 106 Abs. 3 Nr. 9a der Betriebsrat entsprechend § 106 Abs. 1 und 2 zu beteiligen; § 109 gilt entsprechend.

§ 110 Unterrichtung der Arbeitnehmer

(1) In Unternehmen mit in der Regel mehr als 1.000 ständig beschäftigten Arbeitnehmern hat der Unternehmer mindestens einmal in jedem Kalendervierteljahr nach vorheriger Abstimmung mit dem Wirtschaftsausschuss oder den in § 107 Abs. 3 genannten Stellen und dem Betriebsrat die Arbeitnehmer schriftlich über die wirtschaftliche Lage und Entwicklung des Unternehmens zu unterrichten.

(2) [1]In Unternehmen, die die Voraussetzungen des Absatzes 1 nicht erfüllen, aber in der Regel mehr als zwanzig wahlberechtigte ständige Arbeitnehmer beschäftigen, gilt Absatz 1 mit der Maßgabe, dass die Unterrichtung der Arbeitnehmer mündlich erfolgen kann. [2]Ist in diesen Unternehmen ein Wirtschaftsausschuss nicht zu errichten, so erfolgt die Unterrichtung nach vorheriger Abstimmung mit dem Betriebsrat.

Zweiter Unterabschnitt: Betriebsänderungen

§ 111 Betriebsänderungen

[1]In Unternehmen mit in der Regel mehr als zwanzig wahlberechtigten Arbeitnehmern hat der Unternehmer den Betriebsrat über geplante Betriebsänderungen, die wesentliche Nachteile für die Belegschaft oder erhebliche Teile der Belegschaft zur Folge haben können, rechtzeitig und umfassend zu unterrichten und die geplanten Betriebsänderungen mit dem Betriebsrat zu beraten. [2]Der Betriebsrat kann in Unternehmen mit mehr als 300 Arbeitnehmern zu seiner Unterstützung einen Berater hinzuziehen; § 80 Abs. 4 gilt entsprechend; im Übrigen bleibt § 80 Abs. 3 unberührt. [3]Als Betriebsänderungen im Sinne des Satzes 1 gelten

1. Einschränkung und Stillegung des ganzen Betriebs oder von wesentlichen Betriebsteilen,
2. Verlegung des ganzen Betriebs oder von wesentlichen Betriebsteilen,
3. Zusammenschluss mit anderen Betrieben oder die Spaltung von Betrieben,
4. grundlegende Änderungen der Betriebsorganisation, des Betriebszwecks oder der Betriebsanlagen,
5. Einführung grundlegend neuer Arbeitsmethoden und Fertigungsverfahren.

§ 112 Interessenausgleich über die Betriebsänderung, Sozialplan

(1) [1]Kommt zwischen Unternehmer und Betriebsrat ein Interessenausgleich über die geplante Betriebsänderung zustande, so ist dieser schriftlich niederzulegen und vom Unternehmer und Betriebsrat zu unterschreiben. [2]Das Gleiche gilt für eine Einigung über den Ausgleich oder die Milderung der wirtschaftlichen Nachteile, die den Arbeitnehmern infolge der geplanten Betriebsänderung entstehen (Sozialplan). [3]Der Sozialplan hat die Wirkung einer Betriebsvereinbarung. [4]§ 77 Abs. 3 ist auf den Sozialplan nicht anzuwenden.

(2) [1]Kommt ein Interessenausgleich über die geplante Betriebsänderung oder eine Einigung über den Sozialplan nicht zustande, so können der Unternehmer oder der Betriebsrat den Vorstand der Bundesagentur für Arbeit um Vermittlung ersuchen, der Vorstand kann die Aufgabe auf andere Bedienstete der Bundesagentur für Arbeit übertragen. [2]Erfolgt kein Vermittlungsersuchen oder bleibt der Vermittlungsversuch ergebnislos, so können der Unternehmer oder der Betriebsrat die Einigungsstelle anrufen. [3]Auf Ersuchen des Vorsitzenden der Einigungsstelle nimmt ein Mitglied des Vorstands der Bundesagentur für Arbeit oder ein vom Vorstand der Bundesagentur für Arbeit benannter Bediensteter der Bundesagentur für Arbeit an der Verhandlung teil.

(3) [1]Unternehmer und Betriebsrat sollen der Einigungsstelle Vorschläge zur Beilegung der Meinungsverschiedenheiten über den Interessenausgleich und den Sozialplan machen. [2]Die Einigungsstelle hat eine Einigung der Parteien zu versuchen. [3]Kommt eine Einigung zustande, so ist sie schriftlich niederzulegen und von den Parteien und vom Vorsitzenden zu unterschreiben.

(4) [1]Kommt eine Einigung über den Sozialplan nicht zustande, so entscheidet die Einigungsstelle über die Aufstellung eines Sozialplans. [2]Der Spruch der Einigungsstelle ersetzt die Einigung zwischen Arbeitgeber und Betriebsrat.

(5) [1]Die Einigungsstelle hat bei ihrer Entscheidung nach Absatz 4 sowohl die sozialen Belange der betroffenen Arbeitnehmer zu berücksichtigen als auch auf die wirtschaftliche Vertretbarkeit ihrer Entscheidung für das Unternehmen zu achten. [2]Dabei hat die Einigungsstelle sich im Rahmen billigen Ermessens insbesondere von folgenden Grundsätzen leiten zu lassen:

1. Sie soll beim Ausgleich oder bei der Milderung wirtschaftlicher Nachteile, insbesondere durch Einkommensminderung, Wegfall von Sonderleistungen oder Verlust von Anwartschaften auf betriebliche Altersversorgung, Umzugskosten oder erhöhte Fahrtkosten, Leistungen vorsehen, die in der Regel den Gegebenheiten des Einzelfalles Rechnung tragen.
2. Sie hat die Aussichten der betroffenen Arbeitnehmer auf dem Arbeitsmarkt zu berücksichtigen. Sie soll Arbeitnehmer von Leistungen ausschließen, die in einem zumutbaren Arbeitsverhältnis im selben Betrieb oder in einem anderen Betrieb des Unternehmens oder eines zum Konzern gehörenden Unternehmens weiterbeschäftigt werden können und die Weiterbeschäftigung ablehnen; die mögliche Weiterbeschäftigung an einem anderen Ort begründet für sich allein nicht die Unzumutbarkeit.

2a. Sie soll insbesondere die im Dritten Buch des Sozialgesetzbuches vorgesehenen Förderungsmöglichkeiten zur Vermeidung von Arbeitslosigkeit berücksichtigen.

3. Sie hat bei der Bemessung des Gesamtbetrages der Sozialplanleistungen darauf zu achten, dass der Fortbestand des Unternehmens oder die nach Durchführung der Betriebsänderung verbleibenden Arbeitsplätze nicht gefährdet werden.

§ 112a Erzwingbarer Sozialplan bei Personalabbau, Neugründungen

(1) [1]Besteht eine geplante Betriebsänderung im Sinne des § 111 Satz 3 Nr. 1 allein in der Entlassung von Arbeitnehmern, so findet § 112 Abs. 4 und 5 nur Anwendung, wenn

1. in Betrieben mit in der Regel weniger als 60 Arbeitnehmern 20 vom Hundert der regelmäßig beschäftigten Arbeitnehmer, aber mindestens 6 Arbeitnehmer,
2. in Betrieben mit in der Regel mindestens 60 und weniger als 250 Arbeitnehmern 20 vom Hundert der regelmäßig beschäftigten Arbeitnehmer oder mindestens 37 Arbeitnehmer,
3. in Betrieben mit in der Regel mindestens 250 und weniger als 500 Arbeitnehmern 15 vom Hundert der regelmäßig beschäftigten Arbeitnehmer oder mindestens 60 Arbeitnehmer,
4. in Betrieben mit in der Regel mindestens 500 Arbeitnehmern 10 vom Hundert der regelmäßig beschäftigten Arbeitnehmer, aber mindestens 60 Arbeitnehmer

aus betriebsbedingten Gründen entlassen werden sollen. [2]Als Entlassung gilt auch das vom Arbeitgeber aus Gründen der Betriebsänderung veranlasste Ausscheiden von Arbeitnehmern auf Grund von Aufhebungsverträgen.

(2) [1]§ 112 Abs. 4 und 5 findet keine Anwendung auf Betriebe eines Unternehmens in den ersten vier Jahren nach seiner Gründung. [2]Dies gilt nicht für Neugründungen im Zusammenhang mit der rechtlichen Umstrukturierung von Unternehmen und Konzernen. [3]Maßgebend für den Zeitpunkt der Gründung ist die Aufnahme einer Erwerbstätigkeit, die nach § 138 der Abgabenordnung dem Finanzamt mitzuteilen ist.

§ 113 Nachteilsausgleich

(1) Weicht der Unternehmer von einem Interessenausgleich über die geplante Betriebsänderung ohne zwingenden Grund ab, so können Arbeitnehmer, die infolge dieser Abweichung entlassen werden, beim Arbeitsgericht Klage erheben mit dem Antrag, den Arbeitgeber zur Zahlung von Abfindungen zu verurteilen; § 10 des Kündigungsschutzgesetzes gilt entsprechend.

(2) Erleiden Arbeitnehmer infolge einer Abweichung nach Absatz 1 andere wirtschaftliche Nachteile, so hat der Unternehmer diese Nachteile bis zu einem Zeitraum von zwölf Monaten auszugleichen.

(3) Die Absätze 1 und 2 gelten entsprechend, wenn der Unternehmer eine geplante Betriebsänderung nach § 111 durchführt, ohne über sie einen Interessenausgleich mit dem Betriebsrat versucht zu haben, und infolge der Maßnahme Arbeitnehmer entlassen werden oder andere wirtschaftliche Nachteile erleiden.

Fünfter Teil: Besondere Vorschriften für einzelne Betriebsarten

Erster Abschnitt: Seeschifffahrt

§ 114 Grundsätze

(1) Auf Seeschifffahrtsunternehmen und ihre Betriebe ist dieses Gesetz anzuwenden, soweit sich aus den Vorschriften dieses Abschnitts nichts anderes ergibt.

(2) [1]Seeschifffahrtsunternehmen im Sinne dieses Gesetzes ist ein Unternehmen, das Handelsschifffahrt betreibt und seinen Sitz im Geltungsbereich dieses Gesetzes hat. [2]Ein Seeschifffahrtsunternehmen im Sinne dieses Abschnitts betreibt auch, wer als Korrespondenzreeder, Vertragsreeder, Ausrüster oder aufgrund eines ähnlichen Rechtsverhältnisses Schiffe zum Erwerb durch die Seeschifffahrt verwendet, wenn er Arbeitgeber des Kapitäns und der Besatzungsmitglieder ist oder überwiegend die Befugnisse des Arbeitgebers ausübt.

(3) Als Seebetrieb im Sinne dieses Gesetzes gilt die Gesamtheit der Schiffe eines Seeschifffahrtsunternehmens einschließlich der in Absatz 2 Satz 2 genannten Schiffe.

(4) Schiffe im Sinne dieses Gesetzes sind Kauffahrteischiffe, die nach dem Flaggenrechtsgesetz die Bundesflagge führen. Schiffe, die in der Regel binnen 24 Stunden nach dem Auslaufen an den Sitz eines Landbetriebs zurückkehren, gelten als Teil dieses Landbetriebs des Seeschifffahrtsunternehmens.

(5) Jugend- und Auszubildendenvertretungen werden nur für die Landbetriebe von Seeschifffahrtsunternehmen gebildet.

(6) [1]Besatzungsmitglieder im Sinne dieses Gesetzes sind die in einem Heuer- oder Berufsausbildungsverhältnis zu einem Seeschifffahrtsunternehmen stehenden im Seebetrieb beschäftigten Personen mit Ausnahme des Kapitäns. [2]Leitende Angestellte im Sinne des § 5 Abs. 3 dieses Gesetzes sind nur die Kapitäne.

§ 115 Bordvertretung

(1) [1]Auf Schiffen, die mit in der Regel mindestens fünf wahlberechtigten Besatzungsmitgliedern besetzt sind, von denen drei wählbar sind, wird eine Bordvertretung gewählt. [2]Auf die Bordvertretung finden, soweit sich aus diesem Gesetz oder aus anderen gesetzlichen Vorschriften nicht etwas anderes ergibt, die Vorschriften über die Rechte und Pflichten des Betriebsrats und die Rechtsstellung seiner Mitglieder Anwendung.

(2) Die Vorschriften über die Wahl und Zusammensetzung des Betriebsrats finden mit folgender Maßgabe Anwendung:

1. Wahlberechtigt sind alle Besatzungsmitglieder des Schiffes.
2. Wählbar sind die Besatzungsmitglieder des Schiffes, die am Wahltag das 18. Lebensjahr vollendet haben und ein Jahr Besatzungsmitglied eines Schiffes waren, das nach dem Flaggenrechtsgesetz die Bundesflagge führt. § 8 Abs. 1 Satz 3 bleibt unberührt.

3. Die Bordvertretung besteht auf Schiffen mit in der Regel
   5 bis 20 wahlberechtigten Besatzungsmitgliedern aus einer Person,
   21 bis 75 wahlberechtigten Besatzungsmitgliedern aus drei Mitgliedern,
   über 75 wahlberechtigten Besatzungsmitgliedern aus fünf Mitgliedern.
4. (weggefallen)
5. § 13 Abs. 1 und 3 findet keine Anwendung. Die Bordvertretung ist vor Ablauf ihrer Amtszeit unter den in § 13 Abs. 2 Nr. 2 bis 5 genannten Voraussetzungen neu zu wählen.
6. Die wahlberechtigten Besatzungsmitglieder können mit der Mehrheit aller Stimmen beschließen, die Wahl der Bordvertretung binnen 24 Stunden durchzuführen.
7. Die in § 16 Abs. 1 Satz 1 genannte Frist wird auf zwei Wochen, die in § 16 Abs. 2 Satz 1 genannte Frist wird auf eine Woche verkürzt.
8. Bestellt die im Amt befindliche Bordvertretung nicht rechtzeitig einen Wahlvorstand oder besteht keine Bordvertretung, wird der Wahlvorstand in einer Bordversammlung von der Mehrheit der anwesenden Besatzungsmitglieder gewählt; § 17 Abs. 3 gilt entsprechend. Kann aus Gründen der Aufrechterhaltung des ordnungsgemäßen Schiffsbetriebs eine Bordversammlung nicht stattfinden, so kann der Kapitän auf Antrag von drei Wahlberechtigten den Wahlvorstand bestellen. Bestellt der Kapitän den Wahlvorstand nicht, so ist der Seebetriebsrat berechtigt, den Wahlvorstand zu bestellen. Die Vorschriften über die Bestellung des Wahlvorstands durch das Arbeitsgericht bleiben unberührt.
9. Die Frist für die Wahlanfechtung beginnt für Besatzungsmitglieder an Bord, wenn das Schiff nach Bekanntgabe des Wahlergebnisses erstmalig einen Hafen im Geltungsbereich dieses Gesetzes oder einen Hafen, in dem ein Seemannsamt seinen Sitz hat, anläuft. Die Wahlanfechtung kann auch zu Protokoll des Seemannsamtes erklärt werden. Wird die Wahl zur Bordvertretung angefochten, zieht das Seemannsamt die an Bord befindlichen Wahlunterlagen ein. Die Anfechtungserklärung und die eingezogenen Wahlunterlagen sind vom Seemannsamt unverzüglich an das für die Anfechtung zuständige Arbeitsgericht weiterzuleiten.

(3) Auf die Amtszeit der Bordvertretung finden die §§ 21, 22 bis 25 mit der Maßgabe Anwendung, dass
1. die Amtszeit ein Jahr beträgt,
2. die Mitgliedschaft in der Bordvertretung auch endet, wenn das Besatzungsmitglied den Dienst an Bord beendet, es sei denn, dass es den Dienst an Bord vor Ablauf der Amtszeit nach Nummer 1 wieder antritt.

(4) [1]Für die Geschäftsführung der Bordvertretung gelten die §§ 26 bis 36, § 37 Abs. 1 bis 3 sowie die §§ 39 bis 41 entsprechend. [2]§ 40 Abs. 2 ist mit der Maßgabe anzuwenden, dass die Bordvertretung in dem für ihre Tätigkeit erforderlichen Umfang auch die für die Verbindung des Schiffes zur Reederei eingerichteten Mittel zur beschleunigten Übermittlung von Nachrichten in Anspruch nehmen kann.

(5) [1]Die §§ 42 bis 46 über die Betriebsversammlung finden für die Versammlung der Besatzungsmitglieder eines Schiffes (Bordversammlung) entsprechende Anwendung. [2]Auf Verlangen der Bordvertretung hat der Kapitän der Bordversammlung einen Bericht über die Schiffsreise und die damit zusammenhängenden Angelegenheiten zu erstatten. [3]Er hat Fragen, die den Schiffsbetrieb, die Schiffsreise und die Schiffssicherheit betreffen, zu beantworten.

(6) Die §§ 47 bis 59 über den Gesamtbetriebsrat und den Konzernbetriebsrat finden für die Bordvertretung keine Anwendung.

(7) Die §§ 74 bis 105 über die Mitwirkung und Mitbestimmung der Arbeitnehmer finden auf die Bordvertretung mit folgender Maßgabe Anwendung:
1. Die Bordvertretung ist zuständig für die Behandlung derjenigen nach diesem Gesetz der Mitwirkung und Mitbestimmung des Betriebsrats unterliegenden Angelegenheiten, die den Bordbetrieb oder die Besatzungsmitglieder des Schiffes betreffen und deren Regelung dem Kapitän auf Grund gesetzlicher Vorschriften oder der ihm von der Reederei übertragenen Befugnisse obliegt.
2. Kommt es zwischen Kapitän und Bordvertretung in einer der Mitwirkung oder Mitbestimmung der Bordvertretung unterliegenden Angelegenheit nicht zu einer Einigung, so kann die Angelegenheit von der Bordvertretung an den Seebetriebsrat abgegeben werden. Der Seebetriebsrat hat die Bordvertretung über die weitere Behandlung der Angelegenheit zu unterrichten. Bordvertretung und Kapitän dürfen die Einigungsstelle oder das Arbeitsgericht nur anrufen, wenn ein Seebetriebsrat nicht gewählt ist.
3. Bordvertretung und Kapitän können im Rahmen ihrer Zuständigkeiten Bordvereinbarungen abschließen. Die Vorschriften über Betriebsvereinbarungen gelten für Bordvereinbarungen entsprechend. Bordvereinbarungen sind unzulässig, soweit eine Angelegenheit durch eine Betriebsvereinbarung zwischen Seebetriebsrat und Arbeitgeber geregelt ist.
4. In Angelegenheiten, die der Mitbestimmung der Bordvertretung unterliegen, kann der Kapitän, auch wenn eine Einigung mit der Bordvertretung noch nicht erzielt ist, vorläufige Regelungen treffen, wenn dies zur Aufrechterhaltung des ordnungsgemäßen Schiffsbetriebs dringend erforderlich ist. Den von der Anordnung betroffenen Besatzungsmitgliedern ist die Vorläufigkeit der Regelung bekannt zu geben. Soweit die vorläufige Regelung der endgültigen Regelung nicht entspricht, hat das Schifffahrtsunternehmen Nachteile auszugleichen, die den Besatzungsmitgliedern durch die vorläufige Regelung entstanden sind.
5. Die Bordvertretung hat das Recht auf regelmäßige und umfassende Unterrichtung über den Schiffsbetrieb. Die erforderlichen Unterlagen sind der Bordvertretung vorzulegen. Zum Schiffsbetrieb gehören insbesondere die Schiffssicherheit, die Reiserouten, die voraussichtlichen Ankunfts- und Abfahrtszeiten sowie die zu befördernde Ladung.
6. Auf Verlangen der Bordvertretung hat der Kapitän ihr Einsicht in die an Bord befindlichen Schiffstagebücher zu gewähren. In den Fällen, in denen der Kapitän eine Eintragung über Angelegenheiten macht, die der Mitwirkung oder Mitbestimmung der Bordvertretung unterliegen, kann diese eine Abschrift der Eintragung verlangen und Erklärungen zum Schiffstagebuch abgeben. In den Fällen, in denen über eine der Mitwirkung oder Mitbestimmung der Bordvertretung unterliegenden Angelegenheit eine Einigung

zwischen Kapitän und Bordvertretung nicht erzielt wird, kann die Bordvertretung dies zum Schiffstagebuch erklären und eine Abschrift dieser Eintragung verlangen.

7. Die Zuständigkeit der Bordvertretung im Rahmen des Arbeitsschutzes bezieht sich auch auf die Schiffssicherheit und die Zusammenarbeit mit den insoweit zuständigen Behörden und sonstigen in Betracht kommenden Stellen.

§ 116 Seebetriebsrat

(1) [1]In Seebetrieben werden Seebetriebsräte gewählt. [2]Auf die Seebetriebsräte finden, soweit sich aus diesem Gesetz oder aus anderen gesetzlichen Vorschriften nicht etwas anderes ergibt, die Vorschriften über die Rechte und Pflichten des Betriebsrats und die Rechtsstellung seiner Mitglieder Anwendung.

(2) Die Vorschriften über die Wahl, Zusammensetzung und Amtszeit des Betriebsrats finden mit folgender Maßgabe Anwendung:

1. Wahlberechtigt zum Seebetriebsrat sind alle zum Seeschifffahrtsunternehmen gehörenden Besatzungsmitglieder.
2. Für die Wählbarkeit zum Seebetriebsrat gilt § 8 mit der Maßgabe, dass
   a) in Seeschifffahrtsunternehmen, zu denen mehr als acht Schiffe gehören oder in denen in der Regel mehr als 250 Besatzungsmitglieder beschäftigt sind, nur nach § 115 Abs. 2 Nr. 2 wählbare Besatzungsmitglieder wählbar sind;
   b) in den Fällen, in denen die Voraussetzungen des Buchstabens a nicht vorliegen, nur Arbeitnehmer wählbar sind, die nach § 8 die Wählbarkeit im Landbetrieb des Seeschifffahrtsunternehmens besitzen, es sei denn, dass der Arbeitgeber mit der Wahl von Besatzungsmitgliedern einverstanden ist.
3. Der Seebetriebsrat besteht in Seebetrieben mit in der Regel
   5 bis 400 wahlberechtigten Besatzungsmitgliedern aus einer Person,
   401 bis 800 wahlberechtigten Besatzungsmitgliedern aus drei Mitgliedern,
   über 800 wahlberechtigten Besatzungsmitgliedern aus fünf Mitgliedern.
4. Ein Wahlvorschlag ist gültig, wenn er im Fall des § 14 Abs. 4 Satz 1 erster Halbsatz und Satz 2 mindestens von drei wahlberechtigten Besatzungsmitgliedern unterschrieben ist.
5. § 14a findet keine Anwendung.
6. Die in § 16 Abs. 1 Satz 1 genannte Frist wird auf drei Monate, die in § 16 Abs. 2 Satz 1 genannte Frist auf zwei Monate verlängert.
7. Zu Mitgliedern des Wahlvorstands können auch im Landbetrieb des Seeschifffahrtsunternehmens beschäftigte Arbeitnehmer bestellt werden. § 17 Abs. 2 bis 4 findet keine Anwendung. Besteht kein Seebetriebsrat, so bestellt der Gesamtbetriebsrat oder, falls ein solcher nicht besteht, der Konzernbetriebsrat den Wahlvorstand. Besteht weder ein Gesamtbetriebsrat noch ein Konzernbetriebsrat wird der Wahlvorstand gemeinsam vom Arbeitgeber und den im Seebetrieb vertretenen Gewerkschaften bestellt; Gleiches gilt, wenn der Gesamtbetriebsrat oder der Konzernbetriebsrat die Bestellung des Wahlvorstands nach Satz 3 unterlässt. Einigen sich Arbeitgeber und Gewerkschaften nicht, so bestellt ihn das Arbeitsgericht auf Antrag des Arbeitgebers, einer im Seebetrieb vertretenen Gewerkschaft oder von mindestens drei wahlberechtigten Besatzungsmitgliedern. § 16 Abs. 2 Satz 2 und 3 gilt entsprechend.
8. Die Frist für die Wahlanfechtung nach § 19 Abs. 2 beginnt für Besatzungsmitglieder an Bord, wenn das Schiff nach Bekanntgabe des Wahlergebnisses erstmalig einen Hafen im Geltungsbereich dieses Gesetzes oder einen Hafen, in dem ein Seemannsamt seinen Sitz hat, anläuft. Nach Ablauf von drei Monaten seit Bekanntgabe des Wahlergebnisses ist eine Wahlanfechtung unzulässig. Die Wahlanfechtung kann auch zu Protokoll des Seemannsamtes erklärt werden. Die Anfechtungserklärung ist vom Seemannsamt unverzüglich an das für die Anfechtung zuständige Arbeitsgericht weiterzuleiten.
9. Die Mitgliedschaft im Seebetriebsrat endet, wenn der Seebetriebsrat aus Besatzungsmitgliedern besteht, auch, wenn das Mitglied des Seebetriebsrats nicht mehr Besatzungsmitglied ist. Die Eigenschaft als Besatzungsmitglied wird durch die Tätigkeit im Seebetriebsrat oder durch eine Beschäftigung gemäß Absatz 3 Nr. 2 nicht berührt.

(3) Die §§ 26 bis 41 über die Geschäftsführung des Betriebsrats finden auf den Seebetriebsrat mit folgender Maßgabe Anwendung:

1. In Angelegenheiten, in denen der Seebetriebsrat nach diesem Gesetz innerhalb einer bestimmten Frist Stellung zu nehmen hat, kann er, abweichend von § 33 Abs. 2, ohne Rücksicht auf die Zahl der zur Sitzung erschienenen Mitglieder einen Beschluss fassen, wenn die Mitglieder ordnungsgemäß geladen worden sind.
2. Soweit die Mitglieder des Seebetriebsrats nicht freizustellen sind, sind sie so zu beschäftigen, dass sie durch ihre Tätigkeit nicht gehindert sind, die Aufgaben des Seebetriebsrats wahrzunehmen. Der Arbeitsplatz soll den Fähigkeiten und Kenntnissen des Mitglieds des Seebetriebsrats und seiner bisherigen beruflichen Stellung entsprechen. Der Arbeitsplatz ist im Einvernehmen mit dem Seebetriebsrat zu bestimmen. Kommt eine Einigung über die Bestimmung des Arbeitsplatzes nicht zustande, so entscheidet die Einigungsstelle. Der Spruch der Einigungsstelle ersetzt die Einigung zwischen Arbeitgeber und Seebetriebsrat.
3. Den Mitgliedern des Seebetriebsrats, die Besatzungsmitglieder sind, ist die Heuer auch dann fortzuzahlen, wenn sie im Landbetrieb beschäftigt werden. Sachbezüge sind angemessen abzugelten. Ist der neue Arbeitsplatz höherwertig, so ist das diesem Arbeitsplatz entsprechende Arbeitsentgelt zu zahlen.
4. Unter Berücksichtigung der örtlichen Verhältnisse ist über die Unterkunft der in den Seebetriebsrat gewählten Besatzungsmitglieder eine Regelung zwischen dem Seebetriebsrat und dem Arbeitgeber zu treffen, wenn der Arbeitsplatz sich nicht am Wohnort befindet. Kommt eine Einigung nicht zustande, so entscheidet die Einigungsstelle. Der Spruch der Einigungsstelle ersetzt die Einigung zwischen Arbeitgeber und Seebetriebsrat.
5. Der Seebetriebsrat hat das Recht, jedes zum Seebetrieb gehörende Schiff zu betreten, dort im Rahmen seiner Aufgaben tätig zu werden sowie an den Sitzungen der Bordvertretung teilzunehmen. § 115 Abs. 7 Nr. 5 Satz 1 gilt entsprechend.
6. Liegt ein Schiff in einem Hafen innerhalb des Geltungsbereichs dieses Gesetzes, so kann der Seebetriebsrat nach Unterrichtung des Kapitäns Sprechstunden an Bord abhalten und Bordversammlungen der Besatzungsmitglieder durchführen.

7. Läuft ein Schiff innerhalb eines Kalenderjahres keinen Hafen im Geltungsbereich dieses Gesetzes an, so gelten die Nummern 5 und 6 für europäische Häfen. Die Schleusen des Nordostseekanals gelten nicht als Häfen.
8. Im Einvernehmen mit dem Arbeitgeber können Sprechstunden und Bordversammlungen, abweichend von den Nummern 6 und 7, auch in anderen Liegehäfen des Schiffes durchgeführt werden, wenn ein dringendes Bedürfnis hierfür besteht. Kommt eine Einigung nicht zustande, so entscheidet die Einigungsstelle. Der Spruch der Einigungsstelle ersetzt die Einigung zwischen Arbeitgeber und Seebetriebsrat.

(4) Die §§ 42 bis 46 über die Betriebsversammlung finden auf den Seebetrieb keine Anwendung.

(5) Für den Seebetrieb nimmt der Seebetriebsrat die in den §§ 47 bis 59 dem Betriebsrat übertragenen Aufgaben, Befugnisse und Pflichten wahr.

(6) Die §§ 74 bis 113 über die Mitwirkung und Mitbestimmung der Arbeitnehmer finden auf den Seebetriebsrat mit folgender Maßgabe Anwendung:

1. Der Seebetriebsrat ist zuständig für die Behandlung derjenigen nach diesem Gesetz der Mitwirkung oder Mitbestimmung des Betriebsrats unterliegenden Angelegenheiten,
   a) die alle oder mehrere Schiffe des Seebetriebs oder die Besatzungsmitglieder aller oder mehrerer Schiffe des Seebetriebs betreffen,
   b) die nach § 115 Abs. 7 Nr. 2 von der Bordvertretung abgegeben worden sind oder
   c) für die nicht die Zuständigkeit der Bordvertretung nach § 115 Abs. 7 Nr. 1 gegeben ist.
2. Der Seebetriebsrat ist regelmäßig und umfassend über den Schiffsbetrieb des Seeschifffahrtsunternehmens zu unterrichten. Die erforderlichen Unterlagen sind ihm vorzulegen.

Zweiter Abschnitt: Luftfahrt

§ 117 Geltung für die Luftfahrt

(1) [1]Auf Landbetriebe von Luftfahrtunternehmen ist dieses Gesetz anzuwenden. [2]Auf im Flugbetrieb beschäftigte Arbeitnehmer von Luftfahrtunternehmen ist dieses Gesetz anzuwenden, wenn keine Vertretung durch Tarifvertrag nach Absatz 2 Satz 1 errichtet ist.

(2) [1]Für im Flugbetrieb beschäftigte Arbeitnehmer von Luftfahrtunternehmen kann durch Tarifvertrag eine Vertretung errichtet werden. [2]Über die Zusammenarbeit dieser Vertretung mit der nach diesem Gesetz zu errichtenden Vertretungen der Arbeitnehmer der Landbetriebe des Luftfahrtunternehmens kann der Tarifvertrag von diesem Gesetz abweichende Regelungen vorsehen. [3]Auf einen Tarifvertrag nach den Sätzen 1 und 2 ist § 4 Absatz 5 des Tarifvertragsgesetzes anzuwenden.

Dritter Abschnitt: Tendenzbetriebe und Religionsgemeinschaften

§ 118 Geltung für Tendenzbetriebe und Religionsgemeinschaften

(1) [1]Auf Unternehmen und Betriebe, die unmittelbar und überwiegend

1. politischen, koalitionspolitischen, konfessionellen, karitativen, erzieherischen, wissenschaftlichen oder künstlerischen Bestimmungen oder
2. Zwecken der Berichterstattung oder Meinungsäußerung, auf die Artikel 5 Abs. 1 Satz 2 des Grundgesetzes Anwendung findet,

dienen, finden die Vorschriften dieses Gesetzes keine Anwendung, soweit die Eigenart des Unternehmens oder des Betriebs dem entgegensteht. [2]Die §§ 106 bis 110 sind nicht, die §§ 111 bis 113 nur insoweit anzuwenden, als sie den Ausgleich oder die Milderung wirtschaftlicher Nachteile für die Arbeitnehmer infolge von Betriebsänderungen regeln.

(2) Dieses Gesetz findet keine Anwendung auf Religionsgemeinschaften und ihre karitativen und erzieherischen Einrichtungen unbeschadet deren Rechtsform.

Sechster Teil: Straf- und Bußgeldvorschriften

§ 119 Straftaten gegen Betriebsverfassungsorgane und ihre Mitglieder

(1) Mit Freiheitsstrafe bis zu einem Jahr oder mit Geldstrafe wird bestraft, wer

1. eine Wahl des Betriebsrats, der Jugend- und Auszubildendenvertretung, der Bordvertretung, des Seebetriebsrats oder der in § 3 Abs. 1 Nr. 1 bis 3 oder 5 bezeichneten Vertretungen der Arbeitnehmer behindert oder durch Zufügung oder Androhung von Nachteilen oder durch Gewährung oder Versprechen von Vorteilen beeinflusst,
2. die Tätigkeit des Betriebsrats, des Gesamtbetriebsrats, des Konzernbetriebsrats, der Jugend- und Auszubildendenvertretung, der Gesamt-Jugend- und Auszubildendenvertretung, der Konzern- Jugend- und Auszubildendenvertretung, der Bordvertretung, des Seebetriebsrats, der in § 3 Abs. 1 bezeichneten Vertretungen der Arbeitnehmer, der Einigungsstelle, der in § 76 Abs. 8 bezeichneten tariflichen Schlichtungsstelle, der in § 86 bezeichneten betrieblichen Beschwerdestelle oder des Wirtschaftsausschusses behindert oder stört, oder
3. ein Mitglied oder ein Ersatzmitglied des Betriebsrats, des Gesamtbetriebsrats, des Konzernbetriebsrats, der Jugend- und Auszubildendenvertretung, der Gesamt-Jugend- und Auszubildendenvertretung, der Konzern-Jugend- und Auszubildendenvertretung, der Bordvertretung, des Seebetriebsrats, der in § 3 Abs. 1 bezeichneten Vertretungen der Arbeitnehmer, der Einigungsstelle, der in § 76 Abs. 8 bezeichneten Schlichtungsstelle, der in § 86 bezeichneten betrieblichen Beschwerdestelle oder des Wirtschaftsausschusses um seiner Tätigkeit willen oder eine Auskunftsperson nach § 80 Absatz 2 Satz 4 um ihrer Tätigkeit willen benachteiligt oder begünstigt.

(2) Die Tat wird nur auf Antrag des Betriebsrats, des Gesamtbetriebsrats, des Konzernbetriebsrats, der Bordvertretung, des Seebetriebsrats, einer der in § 3 Abs. 1 bezeichneten Vertretungen der Arbeitnehmer, des Wahlvorstands, des Unternehmers oder einer im Betrieb vertretenen Gewerkschaft verfolgt.

§ 120 Verletzung von Geheimnissen

(1) Wer unbefugt ein fremdes Betriebs- oder Geschäftsgeheimnis offenbart, das ihm in seiner Eigenschaft als

1. Mitglied oder Ersatzmitglied des Betriebsrats oder einer der in § 79 Abs. 2 bezeichneten Stellen,
2. Vertreter einer Gewerkschaft oder Arbeitgebervereinigung,
3. Sachverständiger, der vom Betriebsrat nach § 80 Abs. 3 hinzugezogen oder von der Einigungsstelle nach § 109 Satz 3 angehört worden ist,

3a. Berater, der vom Betriebsrat nach § 111 Satz 2 hinzugezogen worden ist,

3b. Auskunftsperson, die dem Betriebsrat nach § 80 Absatz 2 Satz 4 zur Verfügung gestellt worden ist, oder

4. Arbeitnehmer, der vom Betriebsrat nach § 107 Abs. 3 Satz 3 oder vom Wirtschaftsausschuss nach § 108 Abs. 2 Satz 2 hinzugezogen worden ist,

bekannt geworden und das vom Arbeitgeber ausdrücklich als geheimhaltungsbedürftig bezeichnet worden ist, wird mit Freiheitsstrafe bis zu einem Jahr oder mit Geldstrafe bestraft.

(2) Ebenso wird bestraft, wer unbefugt ein fremdes Geheimnis eines Arbeitnehmers, namentlich ein zu dessen persönlichen Lebensbereich gehörendes Geheimnis, offenbart, das ihm in seiner Eigenschaft als Mitglied oder Ersatzmitglied des Betriebsrats oder einer der in § 79 Abs. 2 bezeichneten Stellen bekannt geworden ist und über das nach den Vorschriften dieses Gesetzes Stillschweigen zu bewahren ist.

(3) [1]Handelt der Täter gegen Entgelt oder in der Absicht, sich oder einen anderen zu bereichern oder einen anderen zu schädigen, so ist die Strafe Freiheitsstrafe bis zu zwei Jahren oder Geldstrafe. [2]Ebenso wird bestraft, wer unbefugt ein fremdes Geheimnis, namentlich ein Betriebs- oder Geschäftsgeheimnis, zu dessen Geheimhaltung er nach den Absätzen 1 oder 2 verpflichtet ist, verwertet.

(4) Die Absätze 1 bis 3 sind auch anzuwenden, wenn der Täter das fremde Geheimnis nach dem Tode des Betroffenen unbefugt offenbart oder verwertet.

(5) [1]Die Tat wird nur auf Antrag des Verletzten verfolgt. [2]Stirbt der Verletzte, so geht das Antragsrecht nach § 77 Abs. 2 des Strafgesetzbuches auf die Angehörigen über, wenn das Geheimnis zum persönlichen Lebensbereich des Verletzten gehört; in anderen Fällen geht es auf die Erben über. [3]Offenbart der Täter das Geheimnis nach dem Tode des Betroffenen, so gilt Satz 2 sinngemäß.

§ 121 Bußgeldvorschriften

(1) Ordnungswidrig handelt, wer eine der in § 90 Abs. 1, 2 Satz 1, § 92 Abs. 1 Satz 1 auch in Verbindung mit Absatz 3, § 99 Abs. 1, § 106 Abs. 2, § 108 Abs. 5, § 110 oder § 111 bezeichneten Aufklärungs- oder Auskunftspflichten nicht, wahrheitswidrig, unvollständig oder verspätet erfüllt.

(2) Die Ordnungswidrigkeit kann mit einer Geldbuße bis zu zehntausend Euro geahndet werden.

Siebenter Teil: Änderung von Gesetzen

§ 122

(Änderung des Bürgerlichen Gesetzbuchs) (gegenstandslos)

§ 123

(Änderung des Kündigungsschutzgesetzes) (gegenstandslos)

§ 124

(Änderung des Arbeitsgerichtsgesetzes) (gegenstandslos)

Achter Teil: Übergangs- und Schlussvorschriften

§ 125 Erstmalige Wahlen nach diesem Gesetz

(1) Die erstmaligen Betriebsratswahlen nach § 13 Abs. 1 finden im Jahre 1972 statt.

(2) [1]Die erstmaligen Wahlen der Jugend- und Auszubildendenvertretung nach § 64 Abs. 1 Satz 1 finden im Jahre 1988 statt. [2]Die Amtszeit der Jugendvertretung endet mit der Bekanntgabe des Wahlergebnisses der neu gewählten Jugend- und Auszubildendenvertretung, spätestens am 30. November 1988.

(3) Auf Wahlen des Betriebsrats, der Bordvertretung, des Seebetriebsrats und der Jugend- und Auszubildendenvertretung, die nach dem 28. Juli 2001 eingeleitet werden, finden die Erste Verordnung zur Durchführung des Betriebsverfassungsgesetzes vom 16. Januar 1972 (BGBl. I S. 49), zuletzt geändert durch die Verordnung vom 16. Januar 1995 (BGBl. I S. 43), die Zweite Verordnung zur Durchführung des Betriebsverfassungsgesetzes vom 24. Oktober 1972 (BGBl. I S. 2029), zuletzt geändert durch die Verordnung vom 28. September 1989 (BGBl. I S. 1795) und die Verordnung zur Durchführung der Betriebsratswahlen bei den Postunternehmen vom 26. Juni 1995 (BGBl. I S. 871) bis zu deren Änderung entsprechende Anwendung.

(4) Ergänzend findet für das vereinfachte Wahlverfahren nach § 14a die Erste Verordnung zur Durchführung des Betriebsverfassungsgesetzes bis zu deren Änderung mit folgenden Maßgaben entsprechende Anwendung:

1. Die Frist für die Einladung zur Wahlversammlung zur Wahl des Wahlvorstands nach § 14a Abs. 1 des Gesetzes beträgt mindestens sieben Tage. Die Einladung muss Ort, Tag und Zeit der Wahlversammlung sowie den Hinweis enthalten, dass bis zum Ende dieser Wahlversammlung Wahlvorschläge zur Wahl des Betriebsrats gemacht werden können (§ 14a Abs. 2 des Gesetzes).
2. § 3 findet wie folgt Anwendung:
   a) Im Fall des § 14a Abs. 1 des Gesetzes erlässt der Wahlvorstand auf der Wahlversammlung das Wahlausschreiben. Die Einspruchsfrist nach § 3 Abs. 2 Nr. 3 verkürzt sich auf drei Tage. Die Angabe nach § 3 Abs. 2 Nr. 4 muss die Zahl der Mindestsitze des Geschlechts in der Minderheit (§ 15 Abs. 2 des Gesetzes) enthalten. Die Wahlvorschläge sind abweichend von § 3 Abs. 2 Nr. 7 bis zum Abschluss der Wahlversammlung zur Wahl des Wahlvorstands bei diesem einzureichen. Ergänzend zu § 3 Abs. 2 Nr. 10 gibt der Wahlvorstand den Ort, Tag und Zeit der nachträglichen Stimmabgabe an (§ 14a Abs. 4 des Gesetzes).
   b) Im Fall des § 14a Abs. 3 des Gesetzes erlässt der Wahlvorstand unverzüglich das Wahlausschreiben mit den unter Buchstabe a genannten Maßgaben zu § 3 Abs. 2 Nr. 3, 4 und 10. Abweichend von § 3 Abs. 2 Nr. 7 sind die Wahlvorschläge spätestens eine Woche vor der Wahlversammlung zur Wahl des Betriebsrats (§ 14a Abs. 3 Satz 2 des Gesetzes) beim Wahlvorstand einzureichen.
3. Die Einspruchsfrist des § 4 Abs. 1 verkürzt sich auf drei Tage.
4. Die §§ 6 bis 8 und § 10 Abs. 2 finden entsprechende Anwendung mit der Maßgabe, dass die Wahl aufgrund von Wahlvorschlägen erfolgt. Im Fall des § 14a Abs. 1 des Gesetzes sind die Wahlvorschläge bis zum Abschluss der Wahlversammlung zur Wahl des Wahlvorstands bei diesem einzureichen; im Fall des § 14a Abs. 3 des Gesetzes sind die Wahlvorschläge spätestens eine Woche vor der Wahlversammlung zur Wahl des Betriebsrats (§ 14a Abs. 3 Satz 2 des Gesetzes) beim Wahlvorstand einzureichen.
5. § 9 findet keine Anwendung.
6. Auf das Wahlverfahren finden die §§ 21ff. entsprechende Anwendung. Auf den Stimmzetteln sind die Bewerber in alphabetischer Reihenfolge unter Angabe von Familienname, Vorname und Art der Beschäftigung im Betrieb aufzuführen.
7. § 25 Abs. 5 bis 8 findet keine Anwendung.
8. § 26 Abs. 1 findet mit der Maßgabe Anwendung, dass der Wahlberechtigte sein Verlangen auf schriftliche Stimmabgabe spätestens drei Tage vor dem Tag der Wahlversammlung zur Wahl des Betriebsrats dem Wahlvorstand mitgeteilt haben muss.
9. § 31 findet entsprechende Anwendung mit der Maßgabe, dass die Wahl der Jugend- und Auszubildendenvertretung aufgrund von Wahlvorschlägen erfolgt.

§ 126 Ermächtigung zum Erlass von Wahlordnungen

Das Bundesministerium für Arbeit und Soziales wird ermächtigt, mit Zustimmung des Bundesrates Rechtsverordnungen zu erlassen zur Regelung der in den §§ 7 bis 20, 60 bis 63, 115 und 116 bezeichneten Wahlen über

1. die Vorbereitung der Wahl, insbesondere die Aufstellung der Wählerlisten und die Errechnung der Vertreterzahl;
2. die Frist für die Einsichtnahme in die Wählerlisten und die Erhebung von Einsprüchen gegen sie;
3. die Vorschlagslisten und die Frist für ihre Einreichung;
4. das Wahlausschreiben und die Fristen für seine Bekanntmachung;
5. die Stimmabgabe;

5a. die Verteilung der Sitze im Betriebsrat, in der Bordvertretung, im Seebetriebsrat sowie in der Jugend- und Auszubildendenvertretung auf die Geschlechter, auch soweit die Sitze nicht gemäß § 15 Abs. 2 und § 62 Abs. 3 besetzt werden können;

6. die Feststellung des Wahlergebnisses und die Fristen für seine Bekanntmachung;
7. die Aufbewahrung der Wahlakten.

§ 127 Verweisungen

Soweit in anderen Vorschriften auf Vorschriften verwiesen wird oder Bezeichnungen verwendet werden, die durch dieses Gesetz aufgehoben oder geändert werden, treten an ihre Stelle die entsprechenden Vorschriften oder Bezeichnungen dieses Gesetzes.

§ 128 Bestehende abweichende Tarifverträge

Die im Zeitpunkt des Inkrafttretens dieses Gesetzes nach § 20 Abs. 3 des Betriebsverfassungsgesetzes vom 11. Oktober 1952 geltenden Tarifverträge über die Errichtung einer anderen Vertretung der Arbeitnehmer für Betriebe, in denen wegen ihrer Eigenart der Errichtung von Betriebsräten besondere Schwierigkeiten entgegenstehen, werden durch dieses Gesetz nicht berührt.

§ 129 (weggefallen)

§ 130 Öffentlicher Dienst

Dieses Gesetz findet keine Anwendung auf Verwaltungen und Betriebe des Bundes, der Länder, der Gemeinden und sonstiger Körperschaften, Anstalten und Stiftungen des öffentlichen Rechts.

§ 131 (Berlin-Klausel) (gegenstandslos)

§ 132 (Inkrafttreten)

Wahlordnung (WO)

Erste Verordnung zur Durchführung des Betriebsverfassungsgesetzes

Rechtsstand: Januar 2020

Letzte Änderung: 23.06.2004 (BGBl. I S. 1393)

Erster Teil: Wahl des Betriebsrats (§ 14 des Gesetzes)

Erster Abschnitt: Allgemeine Vorschriften

§ 1 Wahlvorstand

(1) Die Leitung der Wahl obliegt dem Wahlvorstand.

(2) [1]Der Wahlvorstand kann sich eine schriftliche Geschäftsordnung geben. [2]Er kann Wahlberechtigte als Wahlhelferinnen und Wahlhelfer zu seiner Unterstützung bei der Durchführung der Stimmabgabe und bei der Stimmenzählung heranziehen.

(3) [1]Die Beschlüsse des Wahlvorstands werden mit einfacher Stimmenmehrheit seiner stimmberechtigten Mitglieder gefasst. [2]Über jede Sitzung des Wahlvorstands ist eine Niederschrift aufzunehmen, die mindestens den Wortlaut der gefassten Beschlüsse enthält. [3]Die Niederschrift ist von der oder dem Vorsitzenden und einem weiteren stimmberechtigten Mitglied des Wahlvorstands zu unterzeichnen.

§ 2 Wählerliste

(1) [1]Der Wahlvorstand hat für jede Betriebsratswahl eine Liste der Wahlberechtigten (Wählerliste), getrennt nach den Geschlechtern, aufzustellen. [2]Die Wahlberechtigten sollen mit Familienname, Vorname und Geburtsdatum in alphabetischer Reihenfolge aufgeführt werden. [3]Die nach § 14 Abs. 2 Satz 1 des Arbeitnehmerüberlassungsgesetzes nicht passiv Wahlberechtigten sind in der Wählerliste auszuweisen.

(2) [1]Der Arbeitgeber hat dem Wahlvorstand alle für die Anfertigung der Wählerliste erforderlichen Auskünfte zu erteilen und die erforderlichen Unterlagen zur Verfügung zu stellen. [2]Er hat den Wahlvorstand insbesondere bei Feststellung der in § 5 Abs. 3 des Gesetzes genannten Personen zu unterstützen.

(3) [1]Das aktive und passive Wahlrecht steht nur Arbeitnehmerinnen und Arbeitnehmern zu, die in die Wählerliste eingetragen sind. [2]Wahlberechtigten Leiharbeitnehmerinnen und Leiharbeitnehmern im Sinne des Arbeitnehmerüberlassungsgesetzes steht nur das aktive Wahlrecht zu (§ 14 Abs. 2 Satz 1 des Arbeitnehmerüberlassungsgesetzes).

(4) [1]Ein Abdruck der Wählerliste und ein Abdruck dieser Verordnung sind vom Tage der Einleitung der Wahl (§ 3 Abs. 1) bis zum Abschluss der Stimmabgabe an geeigneter Stelle im Betrieb zur Einsichtnahme auszulegen. [2]Der Abdruck der Wählerliste soll die Geburtsdaten der Wahlberechtigten nicht enthalten. [3]Ergänzend können der Abdruck der Wählerliste und die Verordnung mittels der im Betrieb vorhandenen Informations- und Kommunikationstechnik bekannt gemacht werden. [4]Die Bekanntmachung ausschließlich in elektronischer Form ist nur zulässig, wenn alle Arbeitnehmerinnen und Arbeitnehmer von der Bekanntmachung Kenntnis erlangen können und Vorkehrungen getroffen werden, dass Änderungen der Bekanntmachung nur vom Wahlvorstand vorgenommen werden können.

(5) Der Wahlvorstand soll dafür sorgen, dass ausländische Arbeitnehmerinnen und Arbeitnehmer, die der deutschen Sprache nicht mächtig sind, vor Einleitung der Betriebsratswahl über Wahlverfahren, Aufstellung der Wähler- und Vorschlagslisten, Wahlvorgang und Stimmabgabe in geeigneter Weise unterrichtet werden.

§ 3 Wahlausschreiben

(1) [1]Spätestens sechs Wochen vor dem ersten Tag der Stimmabgabe erlässt der Wahlvorstand ein Wahlausschreiben, das von der oder dem Vorsitzenden und von mindestens einem weiteren stimmberechtigten Mitglied des Wahlvorstands zu unterschreiben ist. [2]Mit Erlass des Wahlausschreibens ist die Betriebsratswahl eingeleitet. [3]Der erste Tag der Stimmabgabe soll spätestens eine Woche vor dem Tag liegen, an dem die Amtszeit des Betriebsrats abläuft.

(2) Das Wahlausschreiben muss folgende Angaben enthalten:

1. das Datum seines Erlasses;
2. die Bestimmung des Orts, an dem die Wählerliste und diese Verordnung ausliegen, sowie im Fall der Bekanntmachung in elektronischer Form (§ 2 Abs. 4 Satz 3 und 4) wo und wie von der Wählerliste und der Verordnung Kenntnis genommen werden kann;
3. dass nur Arbeitnehmerinnen und Arbeitnehmer wählen oder gewählt werden können, die in die Wählerliste eingetragen sind, und dass Einsprüche gegen die Wählerliste (§ 4) nur vor Ablauf von zwei Wochen seit dem Erlass des Wahlausschreibens schriftlich beim Wahlvorstand eingelegt werden können; der letzte Tag der Frist ist anzugeben;
4. den Anteil der Geschlechter und den Hinweis, dass das Geschlecht in der Minderheit im Betriebsrat mindestens entsprechend seinem zahlenmäßigen Verhältnis vertreten sein muss, wenn der Betriebsrat aus mindestens drei Mitgliedern besteht (§ 15 Abs. 2 des Gesetzes);
5. die Zahl der zu wählenden Betriebsratsmitglieder (§ 9 des Gesetzes) sowie die auf das Geschlecht in der Minderheit entfallenden Mindestsitze im Betriebsrat (§ 15 Abs. 2 des Gesetzes);
6. die Mindestzahl von Wahlberechtigten, von denen ein Wahlvorschlag unterzeichnet sein muss (§ 14 Abs. 4 des Gesetzes);
7. dass der Wahlvorschlag einer im Betrieb vertretenen Gewerkschaft von zwei Beauftragten unterzeichnet sein muss (§ 14 Abs. 5 des Gesetzes);
8. dass Wahlvorschläge vor Ablauf von zwei Wochen seit dem Erlass des Wahlausschreibens beim Wahlvorstand in Form von Vorschlagslisten einzureichen sind, wenn mehr als drei Betriebsratsmitglieder zu wählen sind; der letzte Tag der Frist ist anzugeben;

9. dass die Stimmabgabe an die Wahlvorschläge gebunden ist und dass nur solche Wahlvorschläge berücksichtigt werden dürfen, die fristgerecht (Nr. 8) eingereicht sind;
10. die Bestimmung des Orts, an dem die Wahlvorschläge bis zum Abschluss der Stimmabgabe aushängen;
11. Ort, Tag und Zeit der Stimmabgabe sowie die Betriebsteile und Kleinstbetriebe, für die schriftliche Stimmabgabe (§ 24 Abs. 3) beschlossen ist;
12. den Ort, an dem Einsprüche, Wahlvorschläge und sonstige Erklärungen gegenüber dem Wahlvorstand abzugeben sind (Betriebsadresse des Wahlvorstands);
13. Ort, Tag und Zeit der öffentlichen Stimmauszählung.

(3) Sofern es nach Größe, Eigenart oder Zusammensetzung der Arbeitnehmerschaft des Betriebs zweckmäßig ist, soll der Wahlvorstand im Wahlausschreiben darauf hinweisen, dass bei der Aufstellung von Wahlvorschlägen die einzelnen Organisationsbereiche und die verschiedenen Beschäftigungsarten berücksichtigt werden sollen.

(4) [1]Ein Abdruck des Wahlausschreibens ist vom Tage seines Erlasses bis zum letzten Tage der Stimmabgabe an einer oder mehreren geeigneten, den Wahlberechtigten zugänglichen Stellen vom Wahlvorstand auszuhängen und in gut lesbarem Zustand zu erhalten. [2]Ergänzend kann das Wahlausschreiben mittels der im Betrieb vorhandenen Informations- und Kommunikationstechnik bekannt gemacht werden. [3]§ 2 Abs. 4 Satz 4 gilt entsprechend.

§ 4 Einspruch gegen die Wählerliste

(1) Einsprüche gegen die Richtigkeit der Wählerliste können mit Wirksamkeit für die Betriebsratswahl nur vor Ablauf von zwei Wochen seit Erlass des Wahlausschreibens beim Wahlvorstand schriftlich eingelegt werden.

(2) [1]Über Einsprüche nach Absatz 1 hat der Wahlvorstand unverzüglich zu entscheiden. [2]Der Einspruch ist ausgeschlossen, soweit er darauf gestützt wird, dass die Zuordnung nach § 18a des Gesetzes fehlerhaft erfolgt sei. [3]Satz 2 gilt nicht, soweit die nach § 18a Abs. 1 oder 4 Satz 1 und 2 des Gesetzes am Zuordnungsverfahren Beteiligten die Zuordnung übereinstimmend für offensichtlich fehlerhaft halten. [4]Wird der Einspruch für begründet erachtet, so ist die Wählerliste zu berichtigen. [5]Die Entscheidung des Wahlvorstands ist der Arbeitnehmerin oder dem Arbeitnehmer, die oder der den Einspruch eingelegt hat, unverzüglich schriftlich mitzuteilen; die Entscheidung muss der Arbeitnehmerin oder dem Arbeitnehmer spätestens am Tage vor dem Beginn der Stimmabgabe zugehen.

(3) [1]Nach Ablauf der Einspruchsfrist soll der Wahlvorstand die Wählerliste nochmals auf ihre Vollständigkeit hin überprüfen. [2]Im Übrigen kann nach Ablauf der Einspruchsfrist die Wählerliste nur bei Schreibfehlern, offenbaren Unrichtigkeiten, in Erledigung rechtzeitig eingelegter Einsprüche oder bei Eintritt von Wahlberechtigten in den Betrieb oder bei Ausscheiden aus dem Betrieb bis zum Tage vor dem Beginn der Stimmabgabe berichtigt oder ergänzt werden.

§ 5 Bestimmung der Mindestsitze für das Geschlecht in der Minderheit

(1) [1]Der Wahlvorstand stellt fest, welches Geschlecht von seinem zahlenmäßigen Verhältnis im Betrieb in der Minderheit ist. [2]Sodann errechnet der Wahlvorstand den Mindestanteil der Betriebsratssitze für das Geschlecht in der Minderheit (§ 15 Abs. 2 des Gesetzes) nach den Grundsätzen der Verhältniswahl. [3]Zu diesem Zweck werden die Zahlen der am Tage des Erlasses des Wahlausschreibens im Betrieb beschäftigten Frauen und Männer in einer Reihe nebeneinander gestellt und beide durch 1, 2, 3, 4 usw. geteilt. [4]Die ermittelten Teilzahlen sind nacheinander reihenweise unter den Zahlen der ersten Reihe aufzuführen, bis höhere Teilzahlen für die Zuweisung der zu verteilenden Sitze nicht mehr in Betracht kommen.

(2) [1]Unter den so gefundenen Teilzahlen werden so viele Höchstzahlen ausgesondert und der Größe nach geordnet, wie Betriebsratsmitglieder zu wählen sind. [2]Das Geschlecht in der Minderheit erhält so viele Mitgliedersitze zugeteilt, wie Höchstzahlen auf es entfallen. [3]Wenn die niedrigste in Betracht kommende Höchstzahl auf beide Geschlechter zugleich entfällt, so entscheidet das Los darüber, welchem Geschlecht dieser Sitz zufällt.

Zweiter Abschnitt: Wahl von mehr als drei Betriebsratsmitgliedern (aufgrund von Vorschlagslisten)

Erster Unterabschnitt: Einreichung und Bekanntmachung von Vorschlagslisten

§ 6 Vorschlagslisten

(1) [1]Sind mehr als drei Betriebsratsmitglieder zu wählen, so erfolgt die Wahl aufgrund von Vorschlagslisten. [2]Die Vorschlagslisten sind von den Wahlberechtigten vor Ablauf von zwei Wochen seit Erlass des Wahlausschreibens beim Wahlvorstand einzureichen.

(2) Jede Vorschlagsliste soll mindestens doppelt so viele Bewerberinnen oder Bewerber aufweisen, wie Betriebsratsmitglieder zu wählen sind.

(3) [1]In jeder Vorschlagsliste sind die einzelnen Bewerberinnen oder Bewerber in erkennbarer Reihenfolge unter fortlaufender Nummer und unter Angabe von Familienname, Vorname, Geburtsdatum und Art der Beschäftigung im Betrieb aufzuführen. [2]Die schriftliche Zustimmung der Bewerberinnen oder der Bewerber zur Aufnahme in die Liste ist beizufügen.

(4) [1]Wenn kein anderer Unterzeichner der Vorschlagsliste ausdrücklich als Listenvertreter bezeichnet ist, wird die oder der an erster Stelle Unterzeichnete als Listenvertreterin oder Listenvertreter angesehen. [2]Diese Person ist berechtigt und verpflichtet, dem Wahlvorstand die zur Beseitigung von Beanstandungen erforderlichen Erklärungen abzugeben sowie Erklärungen und Entscheidungen des Wahlvorstands entgegenzunehmen.

(5) [1]Die Unterschrift eines Wahlberechtigten zählt nur auf einer Vorschlagsliste. [2]Hat ein Wahlberechtigter mehrere Vorschlagslisten unterzeichnet, so hat er auf Aufforderung des Wahlvorstands binnen einer ihm gesetzten angemessenen Frist, spätestens jedoch vor Ablauf von drei Arbeitstagen, zu erklären, welche Unterschrift er aufrechterhält. [3]Unterbleibt die fristgerechte Erklärung, so wird sein Name auf der zuerst eingereichten Vorschlagsliste gezählt und auf den übrigen Listen gestrichen; sind mehrere Vorschlagslisten, die

von demselben Wahlberechtigten unterschrieben sind, gleichzeitig eingereicht worden, so entscheidet das Los darüber, auf welcher Vorschlagsliste die Unterschrift gilt.

(6) Eine Verbindung von Vorschlagslisten ist unzulässig.

(7) [1]Eine Bewerberin oder ein Bewerber kann nur auf einer Vorschlagsliste vorgeschlagen werden. [2]Ist der Name dieser Person mit ihrer schriftlichen Zustimmung auf mehreren Vorschlagslisten aufgeführt, so hat sie auf Aufforderung des Wahlvorstands vor Ablauf von drei Arbeitstagen zu erklären, welche Bewerbung sie aufrechterhält. [3]Unterbleibt die fristgerechte Erklärung, so ist die Bewerberin oder der Bewerber auf sämtlichen Listen zu streichen.

§ 7 Prüfung der Vorschlagslisten

(1) Der Wahlvorstand hat bei Überbringen der Vorschlagsliste oder, falls die Vorschlagsliste auf eine andere Weise eingereicht wird, der Listenvertreterin oder dem Listenvertreter den Zeitpunkt der Einreichung schriftlich zu bestätigen.

(2) [1]Der Wahlvorstand hat die eingereichten Vorschlagslisten, wenn die Liste nicht mit einem Kennwort versehen ist, mit Familienname und Vorname der beiden in der Liste an erster Stelle Benannten zu bezeichnen. [2]Er hat die Vorschlagsliste unverzüglich, möglichst binnen einer Frist von zwei Arbeitstagen nach ihrem Eingang, zu prüfen und bei Ungültigkeit oder Beanstandung einer Liste die Listenvertreterin oder den Listenvertreter unverzüglich schriftlich unter Angabe der Gründe zu unterrichten.

§ 8 Ungültige Vorschlagslisten

(1) Ungültig sind Vorschlagslisten,

1. die nicht fristgerecht eingereicht worden sind,
2. auf denen die Bewerberinnen oder Bewerber nicht in erkennbarer Reihenfolge aufgeführt sind,
3. die bei der Einreichung nicht die erforderliche Zahl von Unterschriften (§ 14 Abs. 4 des Gesetzes) aufweisen. Die Rücknahme von Unterschriften auf einer eingereichten Vorschlagsliste beeinträchtigt deren Gültigkeit nicht; § 6 Abs. 5 bleibt unberührt.

(2) Ungültig sind auch Vorschlagslisten,

1. auf denen die Bewerberinnen oder Bewerber nicht in der in § 6 Abs. 3 bestimmten Weise bezeichnet sind,
2. wenn die schriftliche Zustimmung der Bewerberinnen oder der Bewerber zur Aufnahme in die Vorschlagsliste nicht vorliegt,
3. wenn die Vorschlagsliste infolge von Streichung gemäß § 6 Abs. 5 nicht mehr die erforderliche Zahl von Unterschriften aufweist,

falls diese Mängel trotz Beanstandung nicht binnen einer Frist von drei Arbeitstagen beseitigt werden.

§ 9 Nachfrist für Vorschlagslisten

(1) [1]Ist nach Ablauf der in § 6 Abs. 1 genannten Frist keine gültige Vorschlagsliste eingereicht, so hat dies der Wahlvorstand sofort in der gleichen Weise bekannt zu machen wie das Wahlausschreiben und eine Nachfrist von einer Woche für die Einreichung von Vorschlagslisten zu setzen. [2]In der Bekanntmachung ist darauf hinzuweisen, dass die Wahl nur stattfinden kann, wenn innerhalb der Nachfrist mindestens eine gültige Vorschlagsliste eingereicht wird.

(2) Wird trotz Bekanntmachung nach Absatz 1 eine gültige Vorschlagsliste nicht eingereicht, so hat der Wahlvorstand sofort bekannt zu machen, dass die Wahl nicht stattfindet.

§ 10 Bekanntmachung der Vorschlagslisten

(1) [1]Nach Ablauf der in § 6 Abs. 1, § 8 Abs. 2 und § 9 Abs. 1 genannten Fristen ermittelt der Wahlvorstand durch das Los die Reihenfolge der Ordnungsnummern, die den eingereichten Vorschlagslisten zugeteilt werden (Liste 1 usw.). [2]Die Listenvertreterin oder der Listenvertreter sind zu der Losentscheidung rechtzeitig einzuladen.

(2) Spätestens eine Woche vor Beginn der Stimmabgabe hat der Wahlvorstand die als gültig anerkannten Vorschlagslisten bis zum Abschluss der Stimmabgabe in gleicher Weise bekannt zu machen wie das Wahlausschreiben (§ 3 Abs. 4).

Zweiter Unterabschnitt: Wahlverfahren bei mehreren Vorschlagslisten (§ 14 Abs. 2 Satz 1 des Gesetzes)

§ 11 Stimmabgabe

(1) [1]Die Wählerin oder der Wähler kann ihre oder seine Stimme nur für eine der als gültig anerkannten Vorschlagslisten abgeben. [2]Die Stimmabgabe erfolgt durch Abgabe von Stimmzetteln in den hierfür bestimmten Umschlägen (Wahlumschlägen).

(2) [1]Auf den Stimmzetteln sind die Vorschlagslisten nach der Reihenfolge der Ordnungsnummern sowie unter Angabe der beiden an erster Stelle benannten Bewerberinnen oder Bewerber mit Familienname, Vorname und Art der Beschäftigung im Betrieb untereinander aufzuführen; bei Listen, die mit Kennworten versehen sind, ist auch das Kennwort anzugeben. [2]Die Stimmzettel für die Betriebsratswahl müssen sämtlich die gleiche Größe, Farbe, Beschaffenheit und Beschriftung haben. [3]Das Gleiche gilt für die Wahlumschläge.

(3) Die Wählerin oder der Wähler kennzeichnet die von ihr oder ihm gewählte Vorschlagsliste durch Ankreuzen an der im Stimmzettel hierfür vorgesehenen Stelle.

(4) Stimmzettel, die mit einem besonderen Merkmal versehen sind oder aus denen sich der Wille der Wählerin oder des Wählers nicht unzweifelhaft ergibt oder die andere Angaben als die in Absatz 1 genannten Vorschlagslisten, einen Zusatz oder sonstige Änderungen enthalten, sind ungültig.

§ 12 Wahlvorgang

(1) [1]Der Wahlvorstand hat geeignete Vorkehrungen für die unbeobachtete Bezeichnung der Stimmzettel im Wahlraum zu treffen und für die Bereitstellung einer Wahlurne oder mehrerer Wahlurnen zu sorgen. [2]Die Wahlurne muss vom Wahlvorstand verschlossen und so eingerichtet sein, dass die eingeworfenen Wahlumschläge nicht herausgenommen werden können, ohne dass die Urne geöffnet wird.

(2) Während der Wahl müssen immer mindestens zwei stimmberechtigte Mitglieder des Wahlvorstands im Wahlraum anwesend sein; sind Wahlhelferinnen oder Wahlhelfer bestellt (§ 1 Abs. 2), so genügt die Anwesenheit eines stimmberechtigten Mitglieds des Wahlvorstands und einer Wahlhelferin oder eines Wahlhelfers.

(3) Die Wählerin oder der Wähler gibt ihren oder seinen Namen an und wirft den Wahlumschlag, in den der Stimmzettel eingelegt ist, in die Wahlurne ein, nachdem die Stimmabgabe in der Wählerliste vermerkt worden ist.

(4) [1]Wer infolge seiner Behinderung bei der Stimmabgabe beeinträchtigt ist, kann eine Person seines Vertrauens bestimmen, die ihm bei der Stimmabgabe behilflich sein soll, und teilt dies dem Wahlvorstand mit. [2]Wahlbewerberinnen oder Wahlbewerber, Mitglieder des Wahlvorstands sowie Wahlhelferinnen und Wahlhelfer dürfen nicht zur Hilfeleistung herangezogen werden. [3]Die Hilfeleistung beschränkt sich auf die Erfüllung der Wünsche der Wählerin oder des Wählers zur Stimmabgabe; die Person des Vertrauens darf gemeinsam mit der Wählerin oder dem Wähler die Wahlzelle aufsuchen. [4]Sie ist zur Geheimhaltung der Kenntnisse verpflichtet, die sie bei der Hilfeleistung zur Stimmabgabe erlangt hat. [5]Die Sätze 1 bis 4 gelten entsprechend für des Lesens unkundige Wählerinnen und Wähler.

(5) [1]Nach Abschluss der Stimmabgabe ist die Wahlurne zu versiegeln, wenn die Stimmenzählung nicht unmittelbar nach Beendigung der Wahl durchgeführt wird. [2]Gleiches gilt, wenn die Stimmabgabe unterbrochen wird, insbesondere wenn sie an mehreren Tagen erfolgt.

§ 13 Öffentliche Stimmauszählung

Unverzüglich nach Abschluss der Wahl nimmt der Wahlvorstand öffentlich die Auszählung der Stimmen vor und gibt das aufgrund der Auszählung sich ergebende Wahlergebnis bekannt.

§ 14 Verfahren bei der Stimmauszählung

(1) [1]Nach Öffnung der Wahlurne entnimmt der Wahlvorstand die Stimmzettel den Wahlumschlägen und zählt die auf jede Vorschlagsliste entfallenden Stimmen zusammen. [2]Dabei ist die Gültigkeit der Stimmzettel zu prüfen.

(2) Befinden sich in einem Wahlumschlag mehrere gekennzeichnete Stimmzettel (§ 11 Abs. 3), so werden sie, wenn sie vollständig übereinstimmen, nur einfach gezählt, andernfalls als ungültig angesehen.

§ 15 Verteilung der Betriebsratssitze auf die Vorschlagslisten

(1) [1]Die Betriebsratssitze werden auf die Vorschlagslisten verteilt. [2]Dazu werden die den einzelnen Vorschlagslisten zugefallenen Stimmenzahlen in einer Reihe nebeneinander gestellt und sämtlich durch 1, 2, 3, 4 usw. geteilt. [3]Die ermittelten Teilzahlen sind nacheinander reihenweise unter den Zahlen der ersten Reihe aufzuführen, bis höhere Teilzahlen für die Zuweisung der zu verteilenden Sitze nicht mehr in Betracht kommen.

(2) [1]Unter den so gefundenen Teilzahlen werden so viele Höchstzahlen ausgesondert und der Größe nach geordnet, wie Betriebsratsmitglieder zu wählen sind. [2]Jede Vorschlagsliste erhält so viele Mitgliedersitze zugeteilt, wie Höchstzahlen auf sie entfallen. [3]Entfällt die niedrigste in Betracht kommende Höchstzahl auf mehrere Vorschlagslisten zugleich, so entscheidet das Los darüber, welcher Vorschlagsliste dieser Sitz zufällt.

(3) Wenn eine Vorschlagsliste weniger Bewerberinnen oder Bewerber enthält, als Höchstzahlen auf sie entfallen, so gehen die überschüssigen Mitgliedersitze auf die folgenden Höchstzahlen der anderen Vorschlagslisten über.

(4) Die Reihenfolge der Bewerberinnen oder Bewerber innerhalb der einzelnen Vorschlagslisten bestimmt sich nach der Reihenfolge ihrer Benennung.

(5) Befindet sich unter den auf die Vorschlagslisten entfallenden Höchstzahlen nicht die erforderliche Mindestzahl von Angehörigen des Geschlechts in der Minderheit nach § 15 Abs. 2 des Gesetzes, so gilt Folgendes:

1. An die Stelle der auf der Vorschlagsliste mit der niedrigsten Höchstzahl benannten Person, die nicht dem Geschlecht in der Minderheit angehört, tritt die in derselben Vorschlagsliste in der Reihenfolge nach ihr benannte, nicht berücksichtigte Person des Geschlechts in der Minderheit.
2. Enthält diese Vorschlagsliste keine Person des Geschlechts in der Minderheit, so geht dieser Sitz auf die Vorschlagsliste mit der folgenden, noch nicht berücksichtigten Höchstzahl und mit Angehörigen des Geschlechts in der Minderheit über. Entfällt die folgende Höchstzahl auf mehrere Vorschlagslisten zugleich, so entscheidet das Los darüber, welcher Vorschlagsliste dieser Sitz zufällt.
3. Das Verfahren nach den Nummern 1 und 2 ist so lange fortzusetzen, bis der Mindestanteil der Sitze des Geschlechts in der Minderheit nach § 15 Abs. 2 des Gesetzes erreicht ist.
4. Bei der Verteilung der Sitze des Geschlechts in der Minderheit sind auf den einzelnen Vorschlagslisten nur die Angehörigen dieses Geschlechts in der Reihenfolge ihrer Benennung zu berücksichtigen.
5. Verfügt keine andere Vorschlagsliste über Angehörige des Geschlechts in der Minderheit, verbleibt der Sitz bei der Vorschlagsliste, die zuletzt ihren Sitz zu Gunsten des Geschlechts in der Minderheit nach Nummer 1 hätte abgeben müssen.

§ 16 Wahlniederschrift

(1) Nachdem ermittelt ist, welche Arbeitnehmerinnen und Arbeitnehmer als Betriebsratsmitglieder gewählt sind, hat der Wahlvorstand in einer Niederschrift festzustellen:

1. die Gesamtzahl der abgegebenen Wahlumschläge und die Zahl der abgegebenen gültigen Stimmen;
2. die jeder Liste zugefallenen Stimmenzahlen;
3. die berechneten Höchstzahlen;
4. die Verteilung der berechneten Höchstzahlen auf die Listen;

5. die Zahl der ungültigen Stimmen;
6. die Namen der in den Betriebsrat gewählten Bewerberinnen und Bewerber;
7. gegebenenfalls besondere während der Betriebsratswahl eingetretene Zwischenfälle oder sonstige Ereignisse.

(2) Die Niederschrift ist von der oder dem Vorsitzenden und von mindestens einem weiteren stimmberechtigten Mitglied des Wahlvorstands zu unterschreiben.

§ 17 Benachrichtigung der Gewählten

(1) [1]Der Wahlvorstand hat die als Betriebsratsmitglieder gewählten Arbeitnehmerinnen und Arbeitnehmer unverzüglich schriftlich von ihrer Wahl zu benachrichtigen. [2]Erklärt die gewählte Person nicht binnen drei Arbeitstagen nach Zugang der Benachrichtigung dem Wahlvorstand, dass sie die Wahl ablehne, so gilt die Wahl als angenommen.

(2) [1]Lehnt eine gewählte Person die Wahl ab, so tritt an ihre Stelle die in derselben Vorschlagsliste in der Reihenfolge nach ihr benannte, nicht gewählte Person. [2]Gehört die gewählte Person dem Geschlecht in der Minderheit an, so tritt an ihre Stelle die in derselben Vorschlagsliste in der Reihenfolge nach ihr benannte, nicht gewählte Person desselben Geschlechts, wenn ansonsten das Geschlecht in der Minderheit nicht die ihm nach § 15 Abs. 2 des Gesetzes zustehenden Mindestsitze erhält. [3]§ 15 Abs. 5 Nr. 2 bis 5 gilt entsprechend.

§ 18 Bekanntmachung der Gewählten

[1]Sobald die Namen der Betriebsratsmitglieder endgültig feststehen, hat der Wahlvorstand sie durch zweiwöchigen Aushang in gleicher Weise bekannt zu machen wie das Wahlausschreiben (§ 3 Abs. 4). [2]Je eine Abschrift der Wahlniederschrift (§ 16) ist dem Arbeitgeber und den im Betrieb vertretenen Gewerkschaften unverzüglich zu übersenden.

§ 19 Aufbewahrung der Wahlakten

Der Betriebsrat hat die Wahlakten mindestens bis zur Beendigung seiner Amtszeit aufzubewahren.

Dritter Unterabschnitt: Wahlverfahren bei nur einer Vorschlagsliste (§ 14 Abs. 2 Satz 2 erster Halbsatz des Gesetzes)

§ 20 Stimmabgabe

(1) Ist nur eine gültige Vorschlagsliste eingereicht, so kann die Wählerin oder der Wähler ihre oder seine Stimme nur für solche Bewerberinnen oder Bewerber abgeben, die in der Vorschlagsliste aufgeführt sind.

(2) Auf den Stimmzetteln sind die Bewerberinnen oder Bewerber unter Angabe von Familienname, Vorname und Art der Beschäftigung im Betrieb in der Reihenfolge aufzuführen, in der sie auf der Vorschlagsliste benannt sind.

(3) [1]Die Wählerin oder der Wähler kennzeichnet die von ihr oder ihm gewählten Bewerberinnen oder Bewerber durch Ankreuzen an der hierfür im Stimmzettel vorgesehenen Stelle; es dürfen nicht mehr Bewerberinnen oder Bewerber angekreuzt werden, als Betriebsratsmitglieder zu wählen sind. [2]§ 11 Abs. 1 Satz 2, Abs. 2 Satz 2 und 3, Abs. 4, §§ 12 und 13 gelten entsprechend.

§ 21 Stimmauszählung

Nach Öffnung der Wahlurne entnimmt der Wahlvorstand die Stimmzettel den Wahlumschlägen und zählt die auf jede Bewerberin und jeden Bewerber entfallenden Stimmen zusammen; § 14 Abs. 1 Satz 2 und Abs. 2 gilt entsprechend.

§ 22 Ermittlung der Gewählten

(1) [1]Zunächst werden die dem Geschlecht in der Minderheit zustehenden Mindestsitze (§ 15 Abs. 2 des Gesetzes) verteilt. [2]Dazu werden die dem Geschlecht in der Minderheit zustehenden Mindestsitze mit Angehörigen dieses Geschlechts in der Reihenfolge der jeweils höchsten auf sie entfallenden Stimmenzahlen besetzt.

(2) [1]Nach der Verteilung der Mindestsitze des Geschlechts in der Minderheit nach Absatz 1 erfolgt die Verteilung der weiteren Sitze. [2]Die weiteren Sitze werden mit Bewerberinnen und Bewerbern, unabhängig von ihrem Geschlecht, in der Reihenfolge der jeweils höchsten auf sie entfallenden Stimmenzahlen besetzt.

(3) Haben in den Fällen des Absatzes 1 oder 2 für den zuletzt zu vergebenden Betriebsratssitz mehrere Bewerberinnen oder Bewerber die gleiche Stimmenzahl erhalten, so entscheidet das Los darüber, wer gewählt ist.

(4) Haben sich weniger Angehörige des Geschlechts in der Minderheit zur Wahl gestellt oder sind weniger Angehörige dieses Geschlechts gewählt worden als ihm nach § 15 Abs. 2 des Gesetzes Mindestsitze zustehen, so sind die insoweit überschüssigen Mitgliedersitze des Geschlechts in der Minderheit bei der Sitzverteilung nach Absatz 2 Satz 2 zu berücksichtigen.

§ 23 Wahlniederschrift, Bekanntmachung

(1) [1]Nachdem ermittelt ist, welche Arbeitnehmerinnen und Arbeitnehmer als Betriebsratsmitglieder gewählt sind, hat der Wahlvorstand eine Niederschrift anzufertigen, in der außer den Angaben nach § 16 Abs. 1 Nr. 1, 5 bis 7 die jeder Bewerberin und jedem Bewerber zugefallenen Stimmenzahlen festzustellen sind. [2]§ 16 Abs. 2, § 17 Abs. 1, §§ 18 und 19 gelten entsprechend.

(2) [1]Lehnt eine gewählte Person die Wahl ab, so tritt an ihre Stelle die nicht gewählte Person mit der nächsthöchsten Stimmenzahl. [2]Gehört die gewählte Person dem Geschlecht in der Minderheit an, so tritt an ihre Stelle die nicht gewählte Person dieses Geschlechts mit der nächsthöchsten Stimmenzahl, wenn ansonsten das Geschlecht in der Minderheit nicht die ihm nach § 15 Abs. 2 des Gesetzes zustehenden Mindestsitze erhalten würde. [3]Gibt es keine weiteren Angehörigen dieses Geschlechts, auf die Stimmen entfallen sind, geht dieser Sitz auf die nicht gewählte Person des anderen Geschlechts mit der nächsthöchsten Stimmenzahl über.

Dritter Abschnitt: Schriftliche Stimmabgabe

§ 24 Voraussetzungen

(1) [1]Wahlberechtigten, die im Zeitpunkt der Wahl wegen Abwesenheit vom Betrieb verhindert sind, ihre Stimme persönlich abzugeben, hat der Wahlvorstand auf ihr Verlangen

1. das Wahlausschreiben,
2. die Vorschlagslisten,
3. den Stimmzettel und den Wahlumschlag,
4. eine vorgedruckte von der Wählerin oder dem Wähler abzugebende Erklärung, in der gegenüber dem Wahlvorstand zu versichern ist, dass der Stimmzettel persönlich gekennzeichnet worden ist, sowie
5. einen größeren Freiumschlag, der die Anschrift des Wahlvorstands und als Absender den Namen und die Anschrift der oder des Wahlberechtigten sowie den Vermerk "Schriftliche Stimmabgabe" trägt,

auszuhändigen oder zu übersenden. [2]Der Wahlvorstand soll der Wählerin oder dem Wähler ferner ein Merkblatt über die Art und Weise der schriftlichen Stimmabgabe (§ 25) aushändigen oder übersenden. [3]Der Wahlvorstand hat die Aushändigung oder die Übersendung der Unterlagen in der Wählerliste zu vermerken.

(2) Wahlberechtigte, von denen dem Wahlvorstand bekannt ist, dass sie im Zeitpunkt der Wahl nach der Eigenart ihres Beschäftigungsverhältnisses voraussichtlich nicht im Betrieb anwesend sein werden (insbesondere im Außendienst oder mit Telearbeit Beschäftigte und in Heimarbeit Beschäftigte), erhalten die in Absatz 1 bezeichneten Unterlagen, ohne dass es eines Verlangens der Wahlberechtigten bedarf.

(3) [1]Für Betriebsteile und Kleinstbetriebe, die räumlich weit vom Hauptbetrieb entfernt sind, kann der Wahlvorstand die schriftliche Stimmabgabe beschließen. [2]Absatz 2 gilt entsprechend.

§ 25 Stimmabgabe

[1]Die Stimmabgabe erfolgt in der Weise, dass die Wählerin oder der Wähler

1. den Stimmzettel unbeobachtet persönlich kennzeichnet und in dem Wahlumschlag verschließt,
2. die vorgedruckte Erklärung unter Angabe des Orts und des Datums unterschreibt und
3. den Wahlumschlag und die unterschriebene vorgedruckte Erklärung in dem Freiumschlag verschließt und diesen so rechtzeitig an den Wahlvorstand absendet oder übergibt, dass er vor Abschluss der Stimmabgabe vorliegt.

[2]Die Wählerin oder der Wähler kann unter den Voraussetzungen des § 12 Abs. 4 die in den Nummern 1 bis 3 bezeichneten Tätigkeiten durch eine Person des Vertrauens verrichten lassen.

§ 26 Verfahren bei der Stimmabgabe

(1) [1]Unmittelbar vor Abschluss der Stimmabgabe öffnet der Wahlvorstand in öffentlicher Sitzung die bis zu diesem Zeitpunkt eingegangenen Freiumschläge und entnimmt ihnen die Wahlumschläge sowie die vorgedruckten Erklärungen. [2]Ist die schriftliche Stimmabgabe ordnungsgemäß erfolgt (§ 25), so legt der Wahlvorstand den Wahlumschlag nach Vermerk der Stimmabgabe in der Wählerliste ungeöffnet in die Wahlurne.

(2) [1]Verspätet eingehende Briefumschläge hat der Wahlvorstand mit einem Vermerk über den Zeitpunkt des Eingangs ungeöffnet zu den Wahlunterlagen zu nehmen. [2]Die Briefumschläge sind einen Monat nach Bekanntgabe des Wahlergebnisses ungeöffnet zu vernichten, wenn die Wahl nicht angefochten worden ist.

Vierter Abschnitt: Wahlvorschläge der Gewerkschaften

§ 27 Voraussetzungen, Verfahren

(1) Für den Wahlvorschlag einer im Betrieb vertretenen Gewerkschaft (§ 14 Abs. 3 des Gesetzes) gelten die §§ 6 bis 26 entsprechend.

(2) Der Wahlvorschlag einer Gewerkschaft ist ungültig, wenn er nicht von zwei Beauftragten der Gewerkschaft unterzeichnet ist (§ 14 Abs. 5 des Gesetzes).

(3) [1]Die oder der an erster Stelle unterzeichnete Beauftragte gilt als Listenvertreterin oder Listenvertreter. [2]Die Gewerkschaft kann hierfür eine Arbeitnehmerin oder einen Arbeitnehmer des Betriebs, die oder der Mitglied der Gewerkschaft ist, benennen.

Zweiter Teil: Wahl des Betriebsrats im vereinfachten Wahlverfahren (§ 14a des Gesetzes)

Erster Abschnitt: Wahl des Betriebsrats im zweistufigen Verfahren (§ 14a Abs. 1 des Gesetzes)

Erster Unterabschnitt: Wahl des Wahlvorstands

§ 28 Einladung zur Wahlversammlung

(1) [1]Zu der Wahlversammlung, in der der Wahlvorstand nach § 17a Nr. 3 des Gesetzes (§ 14a Abs. 1 des Gesetzes) gewählt wird, können drei Wahlberechtigte des Betriebs oder eine im Betrieb vertretene Gewerkschaft einladen (einladende Stelle) und Vorschläge für die Zusammensetzung des Wahlvorstands machen. [2]Die Einladung muss mindestens sieben Tage vor dem Tag der Wahlversammlung erfolgen. [3]Sie ist durch Aushang an geeigneten Stellen im Betrieb bekannt zu machen. [4]Ergänzend kann die Einladung mittels der im Betrieb vorhandenen Informations- und Kommunikationstechnik bekannt gemacht werden; § 2 Abs. 4 Satz 4 gilt entsprechend. [5]Die Einladung muss folgende Hinweise enthalten:

a) Ort, Tag und Zeit der Wahlversammlung zur Wahl des Wahlvorstands;
b) dass Wahlvorschläge zur Wahl des Betriebsrats bis zum Ende der Wahlversammlung zur Wahl des Wahlvorstands gemacht werden können (§ 14a Abs. 2 des Gesetzes);

c) dass Wahlvorschläge der Arbeitnehmerinnen und Arbeitnehmer zur Wahl des Betriebsrats mindestens von einem Zwanzigstel der Wahlberechtigten, mindestens jedoch von drei Wahlberechtigten unterzeichnet sein müssen; in Betrieben mit in der Regel bis zu zwanzig Wahlberechtigten reicht die Unterzeichnung durch zwei Wahlberechtigte;
d) dass Wahlvorschläge zur Wahl des Betriebsrats, die erst in der Wahlversammlung zur Wahl des Wahlvorstands gemacht werden, nicht der Schriftform bedürfen.

(2) Der Arbeitgeber hat unverzüglich nach Aushang der Einladung zur Wahlversammlung nach Absatz 1 der einladenden Stelle alle für die Anfertigung der Wählerliste erforderlichen Unterlagen (§ 2) in einem versiegelten Umschlag auszuhändigen.

§ 29 Wahl des Wahlvorstands

[1]Der Wahlvorstand wird in der Wahlversammlung zur Wahl des Wahlvorstands von der Mehrheit der anwesenden Arbeitnehmerinnen und Arbeitnehmer gewählt (§ 17a Nr. 3 Satz 1 des Gesetzes). [2]Er besteht aus drei Mitgliedern (§ 17a Nr. 2 des Gesetzes). [3]Für die Wahl der oder des Vorsitzenden des Wahlvorstands gilt Satz 1 entsprechend.

Zweiter Unterabschnitt: Wahl des Betriebsrats

§ 30 Wahlvorstand, Wählerliste

(1) [1]Unmittelbar nach seiner Wahl hat der Wahlvorstand in der Wahlversammlung zur Wahl des Wahlvorstands die Wahl des Betriebsrats einzuleiten. [2]§ 1 gilt entsprechend. [3]Er hat unverzüglich in der Wahlversammlung eine Liste der Wahlberechtigten (Wählerliste), getrennt nach den Geschlechtern, aufzustellen. [4]Die einladende Stelle hat dem Wahlvorstand den ihr nach § 28 Abs. 2 ausgehändigten versiegelten Umschlag zu übergeben. [5]Die Wahlberechtigten sollen in der Wählerliste mit Familienname, Vorname und Geburtsdatum in alphabetischer Reihenfolge aufgeführt werden. [6]§ 2 Abs. 1 Satz 3, Abs. 2 bis 4 gilt entsprechend.

(2) [1]Einsprüche gegen die Richtigkeit der Wählerliste können mit Wirksamkeit für die Betriebsratswahl nur vor Ablauf von drei Tagen seit Erlass des Wahlausschreibens beim Wahlvorstand schriftlich eingelegt werden. [2]§ 4 Abs. 2 und 3 gilt entsprechend.

§ 31 Wahlausschreiben

(1) [1]Im Anschluss an die Aufstellung der Wählerliste erlässt der Wahlvorstand in der Wahlversammlung das Wahlausschreiben, das von der oder dem Vorsitzenden und von mindestens einem weiteren stimmberechtigten Mitglied des Wahlvorstands zu unterschreiben ist. [2]Mit Erlass des Wahlausschreibens ist die Betriebsratswahl eingeleitet. [3]Das Wahlausschreiben muss folgende Angaben enthalten:

1. das Datum seines Erlasses;
2. die Bestimmung des Orts, an dem die Wählerliste und diese Verordnung ausliegen sowie im Fall der Bekanntmachung in elektronischer Form (§ 2 Abs. 4 Satz 3 und 4) wo und wie von der Wählerliste und der Verordnung Kenntnis genommen werden kann;
3. dass nur Arbeitnehmerinnen und Arbeitnehmer wählen oder gewählt werden können, die in die Wählerliste eingetragen sind, und dass Einsprüche gegen die Wählerliste (§ 4) nur vor Ablauf von drei Tagen seit dem Erlass des Wahlausschreibens schriftlich beim Wahlvorstand eingelegt werden können; der letzte Tag der Frist ist anzugeben;
4. den Anteil der Geschlechter und den Hinweis, dass das Geschlecht in der Minderheit im Betriebsrat mindestens entsprechend seinem zahlenmäßigen Verhältnis vertreten sein muss, wenn der Betriebsrat aus mindestens drei Mitgliedern besteht (§ 15 Abs. 2 des Gesetzes);
5. die Zahl der zu wählenden Betriebsratsmitglieder (§ 9 des Gesetzes) sowie die auf das Geschlecht in der Minderheit entfallenden Mindestsitze im Betriebsrat (§ 15 Abs. 2 des Gesetzes);
6. die Mindestzahl von Wahlberechtigten, von denen ein Wahlvorschlag unterzeichnet sein muss (§ 14 Abs. 4 des Gesetzes) und den Hinweis, dass Wahlvorschläge, die erst in der Wahlversammlung zur Wahl des Wahlvorstands gemacht werden, nicht der Schriftform bedürfen (§ 14a Abs. 2 zweiter Halbsatz des Gesetzes);
7. dass der Wahlvorschlag einer im Betrieb vertretenen Gewerkschaft von zwei Beauftragten unterzeichnet sein muss (§ 14 Abs. 5 des Gesetzes);
8. dass Wahlvorschläge bis zum Abschluss der Wahlversammlung zur Wahl des Wahlvorstands bei diesem einzureichen sind (§ 14a Abs. 2 erster Halbsatz des Gesetzes);
9. dass die Stimmabgabe an die Wahlvorschläge gebunden ist und dass nur solche Wahlvorschläge berücksichtigt werden dürfen, die fristgerecht (Nr. 8) eingereicht sind;
10. die Bestimmung des Orts, an dem die Wahlvorschläge bis zum Abschluss der Stimmabgabe aushängen;
11. Ort, Tag und Zeit der Wahlversammlung zur Wahl des Betriebsrats (Tag der Stimmabgabe - § 14a Abs. 1 Satz 3 und 4 des Gesetzes);
12. dass Wahlberechtigten, die an der Wahlversammlung zur Wahl des Betriebsrats nicht teilnehmen können, Gelegenheit zur nachträglichen schriftlichen Stimmabgabe gegeben wird (§ 14a Abs. 4 des Gesetzes); das Verlangen auf nachträgliche schriftliche Stimmabgabe muss spätestens drei Tage vor dem Tag der Wahlversammlung zur Wahl des Betriebsrats dem Wahlvorstand mitgeteilt werden;
13. Ort, Tag und Zeit der nachträglichen schriftlichen Stimmabgabe (§ 14a Abs. 4 des Gesetzes) sowie die Betriebsteile und Kleinstbetriebe, für die nachträgliche schriftliche Stimmabgabe entsprechend § 24 Abs. 3 beschlossen ist;
14. den Ort, an dem Einsprüche, Wahlvorschläge und sonstige Erklärungen gegenüber dem Wahlvorstand abzugeben sind (Betriebsadresse des Wahlvorstands);
15. Ort, Tag und Zeit der öffentlichen Stimmauszählung.

(2) [1]Ein Abdruck des Wahlausschreibens ist vom Tage seines Erlasses bis zum letzten Tage der Stimmabgabe an einer oder mehreren geeigneten, den Wahlberechtigten zugänglichen Stellen vom Wahlvorstand auszuhängen und in gut lesbarem Zustand zu erhalten. [2]Ergänzend kann das Wahlausschreiben mittels der im Betrieb vorhandenen Informations- und Kommunikationstechnik bekannt gemacht werden. [3]§ 2 Abs. 4 Satz 4 gilt entsprechend.

§ 32 Bestimmung der Mindestsitze für das Geschlecht in der Minderheit

Besteht der zu wählende Betriebsrat aus mindestens drei Mitgliedern, so hat der Wahlvorstand den Mindestanteil der Betriebsratssitze für das Geschlecht in der Minderheit (§ 15 Abs. 2 des Gesetzes) gemäß § 5 zu errechnen.

§ 33 Wahlvorschläge

(1) [1]Die Wahl des Betriebsrats erfolgt aufgrund von Wahlvorschlägen. [2]Die Wahlvorschläge sind von den Wahlberechtigten und den im Betrieb vertretenen Gewerkschaften bis zum Ende der Wahlversammlung zur Wahl des Wahlvorstands bei diesem einzureichen. [3]Wahlvorschläge, die erst in dieser Wahlversammlung gemacht werden, bedürfen nicht der Schriftform (§ 14a Abs. 2 des Gesetzes).

(2) [1]Für Wahlvorschläge gilt § 6 Abs. 2 bis 4 entsprechend. [2]§ 6 Abs. 5 gilt entsprechend mit der Maßgabe, dass ein Wahlberechtigter, der mehrere Wahlvorschläge unterstützt, auf Aufforderung des Wahlvorstands in der Wahlversammlung erklären muss, welche Unterstützung er aufrechterhält. [3]Für den Wahlvorschlag einer im Betrieb vertretenen Gewerkschaft gilt § 27 entsprechend.

(3) [1]§ 7 gilt entsprechend. [2]§ 8 gilt entsprechend mit der Maßgabe, dass Mängel der Wahlvorschläge nach § 8 Abs. 2 nur in der Wahlversammlung zur Wahl des Wahlvorstands beseitigt werden können.

(4) Unmittelbar nach Abschluss der Wahlversammlung hat der Wahlvorstand die als gültig anerkannten Wahlvorschläge bis zum Abschluss der Stimmabgabe in gleicher Weise bekannt zu machen, wie das Wahlausschreiben (§ 31 Abs. 2).

(5) [1]Ist in der Wahlversammlung kein Wahlvorschlag zur Wahl des Betriebsrats gemacht worden, hat der Wahlvorstand bekannt zu machen, dass die Wahl nicht stattfindet. [2]Die Bekanntmachung hat in gleicher Weise wie das Wahlausschreiben (§ 31 Abs. 2) zu erfolgen.

§ 34 Wahlverfahren

(1) [1]Die Wählerin oder der Wähler kann ihre oder seine Stimme nur für solche Bewerberinnen oder Bewerber abgeben, die in einem Wahlvorschlag benannt sind. [2]Auf den Stimmzetteln sind die Bewerberinnen oder Bewerber in alphabetischer Reihenfolge unter Angabe von Familienname, Vorname und Art der Beschäftigung im Betrieb aufzuführen. [3]Die Wählerin oder der Wähler kennzeichnet die von ihm Gewählten durch Ankreuzen an der hierfür im Stimmzettel vorgesehenen Stelle; es dürfen nicht mehr Bewerberinnen oder Bewerber angekreuzt werden, als Betriebsratsmitglieder zu wählen sind. [4]§ 11 Abs. 1 Satz 2, Abs. 2 Satz 2 und 3, Abs. 4 und § 12 gelten entsprechend.

(2) Im Fall der nachträglichen schriftlichen Stimmabgabe (§ 35) hat der Wahlvorstand am Ende der Wahlversammlung zur Wahl des Betriebsrats die Wahlurne zu versiegeln und aufzubewahren.

(3) [1]Erfolgt keine nachträgliche schriftliche Stimmabgabe, hat der Wahlvorstand unverzüglich nach Abschluss der Wahl die öffentliche Auszählung der Stimmen vorzunehmen und das sich daraus ergebende Wahlergebnis bekannt zu geben. [2]Die §§ 21, 23 Abs. 1 gelten entsprechend.

(4) [1]Ist nur ein Betriebsratsmitglied zu wählen, so ist die Person gewählt, die die meisten Stimmen erhalten hat. [2]Bei Stimmengleichheit entscheidet das Los. [3]Lehnt eine gewählte Person die Wahl ab, so tritt an ihre Stelle die nicht gewählte Person mit der nächsthöchsten Stimmenzahl.

(5) Sind mehrere Betriebsratsmitglieder zu wählen, gelten für die Ermittlung der Gewählten die §§ 22 und 23 Abs. 2 entsprechend.

§ 35 Nachträgliche schriftliche Stimmabgabe

(1) [1]Können Wahlberechtigte an der Wahlversammlung zur Wahl des Betriebsrats nicht teilnehmen, um ihre Stimme persönlich abzugeben, können sie beim Wahlvorstand die nachträgliche schriftliche Stimmabgabe beantragen (§ 14a Abs. 4 des Gesetzes). [2]Das Verlangen auf nachträgliche schriftliche Stimmabgabe muss die oder der Wahlberechtigte dem Wahlvorstand spätestens drei Tage vor dem Tag der Wahlversammlung zur Wahl des Betriebsrats mitgeteilt haben. [3]Die §§ 24, 25 gelten entsprechend.

(2) Wird die nachträgliche schriftliche Stimmabgabe aufgrund eines Antrags nach Absatz 1 Satz 1 erforderlich, hat dies der Wahlvorstand unter Angabe des Orts, des Tags und der Zeit der öffentlichen Stimmauszählung in gleicher Weise bekannt zu machen wie das Wahlausschreiben (§ 31 Abs. 2).

(3) [1]Unmittelbar nach Ablauf der Frist für die nachträgliche schriftliche Stimmabgabe öffnet der Wahlvorstand in öffentlicher Sitzung die bis zu diesem Zeitpunkt eingegangenen Freiumschläge und entnimmt ihnen die Wahlumschläge sowie die vorgedruckten Erklärungen. [2]Ist die nachträgliche schriftliche Stimmabgabe ordnungsgemäß erfolgt (§ 25), so legt der Wahlvorstand den Wahlumschlag nach Vermerk der Stimmabgabe in der Wählerliste in die bis dahin versiegelte Wahlurne.

(4) [1]Nachdem alle ordnungsgemäß nachträglich abgegebenen Wahlumschläge in die Wahlurne gelegt worden sind, nimmt der Wahlvorstand die Auszählung der Stimmen vor. [2]§ 34 Abs. 3 bis 5 gilt entsprechend.

Zweiter Abschnitt: Wahl des Betriebsrats im einstufigen Verfahren (§ 14a Abs. 3 des Gesetzes)

§ 36 Wahlvorstand, Wahlverfahren

(1) [1]Nach der Bestellung des Wahlvorstands durch den Betriebsrat, Gesamtbetriebsrat, Konzernbetriebsrat oder das Arbeitsgericht (§ 14a Abs. 3, § 17a des Gesetzes) hat der Wahlvorstand die Wahl des Betriebsrats unverzüglich einzuleiten. [2]Die Wahl des Betriebsrats findet auf einer Wahlversammlung statt (§ 14a Abs. 3 des Gesetzes). [3]Die §§ 1, 2 und 30 Abs. 2 gelten entsprechend.

(2) [1]Im Anschluss an die Aufstellung der Wählerliste erlässt der Wahlvorstand das Wahlausschreiben, das von der oder dem Vorsitzenden und von mindestens einem weiteren stimmberechtigten Mitglied des Wahlvorstands zu unterschreiben ist. [2]Mit Erlass des Wahlausschreibens ist die Betriebsratswahl eingeleitet. [3]Besteht im Betrieb ein Betriebsrat, soll der letzte Tag der Stimmabgabe (nachträgliche schriftliche Stimmabgabe) eine Woche vor dem Tag liegen, an dem die Amtszeit des Betriebsrats abläuft.

(3) [1]Das Wahlausschreiben hat die in § 31 Abs. 1 Satz 3 vorgeschriebenen Angaben zu enthalten, soweit nachfolgend nichts anderes bestimmt ist:

1. Abweichend von Nummer 6 ist ausschließlich die Mindestzahl von Wahlberechtigten anzugeben, von denen ein Wahlvorschlag unterzeichnet sein muss (§ 14 Abs. 4 des Gesetzes).
2. Abweichend von Nummer 8 hat der Wahlvorstand anzugeben, dass die Wahlvorschläge spätestens eine Woche vor dem Tag der Wahlversammlung zur Wahl des Betriebsrats beim Wahlvorstand einzureichen sind (§ 14a Abs. 3 Satz 2 des Gesetzes); der letzte Tag der Frist ist anzugeben.

[2]Für die Bekanntmachung des Wahlausschreibens gilt § 31 Abs. 2 entsprechend.

(4) Die Vorschriften über die Bestimmung der Mindestsitze nach § 32, das Wahlverfahren nach § 34 und die nachträgliche Stimmabgabe nach § 35 gelten entsprechend.

(5) [1]Für Wahlvorschläge gilt § 33 Abs. 1 entsprechend mit der Maßgabe, dass die Wahlvorschläge von den Wahlberechtigten und den im Betrieb vertretenen Gewerkschaften spätestens eine Woche vor der Wahlversammlung zur Wahl des Betriebsrats beim Wahlvorstand schriftlich einzureichen sind (§ 14a Abs. 3 Satz 2 zweiter Halbsatz des Gesetzes). [2]§ 6 Abs. 2 bis 5 und die §§ 7 und 8 gelten entsprechend mit der Maßgabe, dass die in § 6 Abs. 5 und § 8 Abs. 2 genannten Fristen nicht die gesetzliche Mindestfrist zur Einreichung der Wahlvorschläge nach § 14a Abs. 3 Satz 2 erster Halbsatz des Gesetzes überschreiten dürfen. [3]Nach Ablauf der gesetzlichen Mindestfrist zur Einreichung der Wahlvorschläge hat der Wahlvorstand die als gültig anerkannten Wahlvorschläge bis zum Abschluss der Stimmabgabe in gleicher Weise bekannt zu machen wie das Wahlausschreiben (Absatz 3).

(6) [1]Ist kein Wahlvorschlag zur Wahl des Betriebsrats gemacht worden, hat der Wahlvorstand bekannt zu machen, dass die Wahl nicht stattfindet. [2]Die Bekanntmachung hat in gleicher Weise wie das Wahlausschreiben (Absatz 3) zu erfolgen.

Dritter Abschnitt: Wahl des Betriebsrats in Betrieben mit in der Regel 51 bis 100 Wahlberechtigten (§ 14a Abs. 5 des Gesetzes)

§ 37 Wahlverfahren

Haben Arbeitgeber und Wahlvorstand in einem Betrieb mit in der Regel 51 bis 100 Wahlberechtigten die Wahl des Betriebsrats im vereinfachten Wahlverfahren vereinbart (§ 14a Abs. 5 des Gesetzes), richtet sich das Wahlverfahren nach § 36.

Dritter Teil: Wahl der Jugend- und Auszubildendenvertretung

§ 38 Wahlvorstand, Wahlvorbereitung

[1]Für die Wahl der Jugend- und Auszubildendenvertretung gelten die Vorschriften der §§ 1 bis 5 über den Wahlvorstand, die Wählerliste, das Wahlausschreiben und die Bestimmung der Mindestsitze für das Geschlecht in der Minderheit entsprechend. [2]Dem Wahlvorstand muss mindestens eine nach § 8 des Gesetzes wählbare Person angehören.

§ 39 Durchführung der Wahl

(1) [1]Sind mehr als drei Mitglieder zur Jugend- und Auszubildendenvertretung zu wählen, so erfolgt die Wahl aufgrund von Vorschlagslisten. [2]§ 6 Abs. 1 Satz 2, Abs. 2 und 4 bis 7, die §§ 7 bis 10 und § 27 gelten entsprechend. [3]§ 6 Abs. 3 gilt entsprechend mit der Maßgabe, dass in jeder Vorschlagsliste auch der Ausbildungsberuf der einzelnen Bewerberinnen oder Bewerber aufzuführen ist.

(2) [1]Sind mehrere gültige Vorschlagslisten eingereicht, so kann die Stimme nur für eine Vorschlagsliste abgegeben werden. [2]§ 11 Abs. 1 Satz 2, Abs. 3 und 4, die §§ 12 bis 19 gelten entsprechend. [3]§ 11 Abs. 2 gilt entsprechend mit der Maßgabe, dass auf den Stimmzetteln auch der Ausbildungsberuf der einzelnen Bewerberinnen oder Bewerber aufzuführen ist.

(3) [1]Ist nur eine gültige Vorschlagsliste eingereicht, so kann die Stimme nur für solche Bewerberinnen oder Bewerber abgegeben werden, die in der Vorschlagsliste aufgeführt sind. [2]§ 20 Abs. 3, die §§ 21 bis 23 gelten entsprechend. [3]§ 20 Abs. 2 gilt entsprechend mit der Maßgabe, dass auf den Stimmzetteln auch der Ausbildungsberuf der einzelnen Bewerber aufzuführen ist.

(4) Für die schriftliche Stimmabgabe gelten die §§ 24 bis 26 entsprechend.

§ 40 Wahl der Jugend- und Auszubildendenvertretung im vereinfachten Wahlverfahren

(1) [1]In Betrieben mit in der Regel fünf bis fünfzig der in § 60 Abs. 1 des Gesetzes genannten Arbeitnehmerinnen und Arbeitnehmern wird die Jugend- und Auszubildendenvertretung im vereinfachten Wahlverfahren gewählt (§ 63 Abs. 4 Satz 1 des Gesetzes). [2]Für das Wahlverfahren gilt § 36 entsprechend mit der Maßgabe, dass in den Wahlvorschlägen und auf den Stimmzetteln auch der Ausbildungsberuf der einzelnen Bewerberinnen oder Bewerber aufzuführen ist. [3]§ 38 Satz 2 gilt entsprechend.

(2) Absatz 1 Satz 2 und 3 gilt entsprechend, wenn in einem Betrieb mit in der Regel 51 bis 100 der in § 60 Abs. 1 des Gesetzes genannten Arbeitnehmerinnen und Arbeitnehmern Arbeitgeber und Wahlvorstand die Anwendung des vereinfachten Wahlverfahrens vereinbart haben (§ 63 Abs. 5 des Gesetzes).

Vierter Teil: Übergangs- und Schlussvorschriften

§ 41 Berechnung der Fristen

Für die Berechnung der in dieser Verordnung festgelegten Fristen finden die §§ 186 bis 193 des Bürgerlichen Gesetzbuchs entsprechende Anwendung.

§ 42 Bereich der Seeschifffahrt

Die Regelung der Wahlen für die Bordvertretung und den Seebetriebsrat (§§ 115 und 116 des Gesetzes) bleibt einer besonderen Rechtsverordnung vorbehalten.

§ 43 Inkrafttreten

(1) Diese Verordnung tritt am Tage nach der Verkündung in Kraft.
(2) (weggefallen)

Europäische Betriebsräte-Gesetz (EBRG)

Rechtsstand: Januar 2020. Letzte Änderung: 10.10.2017 (BGBl. I S. 2509).

Erster Teil: Allgemeine Vorschriften

§ 1 Grenzübergreifende Unterrichtung und Anhörung

(1) [1]Zur Stärkung des Rechts auf grenzübergreifende Unterrichtung und Anhörung der Arbeitnehmer in gemeinschaftsweit tätigen Unternehmen und Unternehmensgruppen werden Europäische Betriebsräte oder Verfahren zur Unterrichtung und Anhörung der Arbeitnehmer vereinbart. [2]Kommt es nicht zu einer Vereinbarung, wird ein Europäischer Betriebsrat kraft Gesetzes errichtet.

(2) [1]Der Europäische Betriebsrat ist zuständig in Angelegenheiten, die das gemeinschaftsweit tätige Unternehmen oder die gemeinschaftsweit tätige Unternehmensgruppe insgesamt oder mindestens zwei Betriebe oder zwei Unternehmen in verschiedenen Mitgliedstaaten betreffen. [2]Bei Unternehmen und Unternehmensgruppen nach § 2 Absatz 2 ist der Europäische Betriebsrat nur in solchen Angelegenheiten zuständig, die sich auf das Hoheitsgebiet der Mitgliedstaaten erstrecken, soweit kein größerer Geltungsbereich vereinbart wird.

(3) Die grenzübergreifende Unterrichtung und Anhörung der Arbeitnehmer erstreckt sich in einem Unternehmen auf alle in einem Mitgliedstaat liegenden Betriebe sowie in einer Unternehmensgruppe auf alle Unternehmen, die ihren Sitz in einem Mitgliedstaat haben, soweit kein größerer Geltungsbereich vereinbart wird.

(4) [1]Unterrichtung im Sinne dieses Gesetzes bezeichnet die Übermittlung von Informationen durch die zentrale Leitung oder eine andere geeignete Leitungsebene an die Arbeitnehmervertreter, um ihnen Gelegenheit zur Kenntnisnahme und Prüfung der behandelten Frage zu geben. [2]Die Unterrichtung erfolgt zu einem Zeitpunkt, in einer Weise und in einer inhaltlichen Ausgestaltung, die dem Zweck angemessen sind und es den Arbeitnehmervertretern ermöglichen, die möglichen Auswirkungen eingehend zu bewerten und gegebenenfalls Anhörungen mit dem zuständigen Organ des gemeinschaftsweit tätigen Unternehmens oder der gemeinschaftsweit tätigen Unternehmensgruppe vorzubereiten.

(5) [1]Anhörung im Sinne dieses Gesetzes bezeichnet den Meinungsaustausch und die Einrichtung eines Dialogs zwischen den Arbeitnehmervertretern und der zentralen Leitung oder einer anderen geeigneten Leitungsebene zu einem Zeitpunkt, in einer Weise und in einer inhaltlichen Ausgestaltung, die es den Arbeitnehmervertretern auf der Grundlage der erhaltenen Informationen ermöglichen, innerhalb einer angemessenen Frist zu den vorgeschlagenen Maßnahmen, die Gegenstand der Anhörung sind, eine Stellungnahme abzugeben, die innerhalb des gemeinschaftsweit tätigen Unternehmens oder der gemeinschaftsweit tätigen Unternehmensgruppe berücksichtigt werden kann. [2]Die Anhörung muss den Arbeitnehmervertretern gestatten, mit der zentralen Leitung zusammenzukommen und eine mit Gründen versehene Antwort auf ihre etwaige Stellungnahme zu erhalten.

(6) Zentrale Leitung im Sinne dieses Gesetzes ist ein gemeinschaftsweit tätiges Unternehmen oder das herrschende Unternehmen einer gemeinschaftsweit tätigen Unternehmensgruppe.

(7) Unterrichtung und Anhörung des Europäischen Betriebsrats sind spätestens gleichzeitig mit der der nationalen Arbeitnehmervertretungen durchzuführen.

§ 2 Geltungsbereich

(1) Dieses Gesetz gilt für gemeinschaftsweit tätige Unternehmen mit Sitz im Inland und für gemeinschaftsweit tätige Unternehmensgruppen mit Sitz des herrschenden Unternehmens im Inland.

(2) [1]Liegt die zentrale Leitung nicht in einem Mitgliedstaat, besteht jedoch eine nachgeordnete Leitung für in Mitgliedstaaten liegende Betriebe oder Unternehmen, findet dieses Gesetz Anwendung, wenn die nachgeordnete Leitung im Inland liegt. [2]Gibt es keine nachgeordnete Leitung, findet das Gesetz Anwendung, wenn die zentrale Leitung einen Betrieb oder ein Unternehmen im Inland als ihren Vertreter benennt. [3]Wird kein Vertreter benannt, findet das Gesetz Anwendung, wenn der Betrieb oder das Unternehmen im Inland liegt, in dem verglichen mit anderen in den Mitgliedstaaten liegenden Betrieben des Unternehmens oder Unternehmen der Unternehmensgruppe die meisten Arbeitnehmer beschäftigt sind. [4]Die vorgenannten Stellen gelten als zentrale Leitung.

(3) Mitgliedstaaten im Sinne dieses Gesetzes sind die Mitgliedstaaten der Europäischen Union sowie die anderen Vertragsstaaten des Abkommens über den Europäischen Wirtschaftsraum.

(4) Für die Berechnung der Anzahl der im Inland beschäftigten Arbeitnehmer (§ 4), den Auskunftsanspruch (§ 5 Absatz 2 und 3), die Bestimmung des herrschenden Unternehmens (§ 6), die Weiterleitung des Antrags (§ 9 Absatz 2 Satz 3), die gesamtschuldnerische Haftung des Arbeitgebers (§ 16 Absatz 2), die Bestellung der auf das Inland entfallenden Arbeitnehmervertreter (§§ 11, 23 Absatz 1 bis 5 und § 18 Absatz 2 in Verbindung mit § 23) und die für sie geltenden Schutzbestimmungen (§ 40) sowie für den Bericht gegenüber den örtlichen Arbeitnehmervertretungen im Inland (§ 36 Absatz 2) gilt dieses Gesetz auch dann, wenn die zentrale Leitung nicht im Inland liegt.

§ 3 Gemeinschaftsweite Tätigkeit

(1) Ein Unternehmen ist gemeinschaftsweit tätig, wenn es mindestens 1 000 Arbeitnehmer in den Mitgliedstaaten und davon jeweils mindestens 150 Arbeitnehmer in mindestens zwei Mitgliedstaaten beschäftigt.

(2) Eine Unternehmensgruppe ist gemeinschaftsweit tätig, wenn sie mindestens 1 000 Arbeitnehmer in den Mitgliedstaaten beschäftigt und ihr mindestens zwei Unternehmen mit Sitz in verschiedenen Mitgliedstaaten angehören, die jeweils mindestens je 150 Arbeitnehmer in verschiedenen Mitgliedstaaten beschäftigen.

§ 4 Berechnung der Arbeitnehmerzahlen

[1]In Betrieben und Unternehmen des Inlands errechnen sich die im Rahmen des § 3 zu berücksichtigenden Arbeitnehmerzahlen nach der Anzahl der im Durchschnitt während der letzten zwei Jahre beschäftigten Arbeitnehmer im Sinne des § 5 Absatz 1 des Betriebsverfassungsgesetzes. [2]Maßgebend für den Beginn der Frist nach Satz 1 ist der Zeitpunkt, in dem die zentrale Leitung die Initiative zur Bildung des besonderen Verhandlungsgremiums ergreift oder der zentralen Leitung ein den Voraussetzungen des § 9 Absatz 2 entsprechender Antrag der Arbeitnehmer oder ihrer Vertreter zugeht.

§ 5 Auskunftsanspruch

(1) [1]Die zentrale Leitung hat auf Verlangen einer Arbeitnehmervertretung die für die Aufnahme von Verhandlungen zur Bildung eines Europäischen Betriebsrats erforderlichen Informationen zu erheben und an die Arbeitnehmervertretung weiterzuleiten. [2]Zu den erforderlichen Informationen gehören insbesondere die durchschnittliche Gesamtzahl der Arbeitnehmer und ihre Verteilung auf die Mitgliedstaaten, die Unternehmen und Betriebe sowie über die Struktur des Unternehmens oder der Unternehmensgruppe.

(2) Ein Betriebsrat oder ein Gesamtbetriebsrat kann den Anspruch nach Absatz 1 gegenüber der örtlichen Betriebs- oder Unternehmensleitung geltend machen; diese ist verpflichtet, die erforderlichen Informationen und Unterlagen bei der zentralen Leitung einzuholen.

(3) Jede Leitung eines Unternehmens einer gemeinschaftsweit tätigen Unternehmensgruppe sowie die zentrale Leitung sind verpflichtet, die Informationen nach Absatz 1 zu erheben und zur Verfügung zu stellen.

§ 6 Herrschendes Unternehmen

(1) Ein Unternehmen, das zu einer gemeinschaftsweit tätigen Unternehmensgruppe gehört, ist herrschendes Unternehmen, wenn es unmittelbar oder mittelbar einen beherrschenden Einfluss auf ein anderes Unternehmen derselben Gruppe (abhängiges Unternehmen) ausüben kann.

(2) [1]Ein beherrschender Einfluss wird vermutet, wenn ein Unternehmen in Bezug auf ein anderes Unternehmen unmittelbar oder mittelbar

1. mehr als die Hälfte der Mitglieder des Verwaltungs-, Leitungs- oder Aufsichtsorgans des anderen Unternehmens bestellen kann oder
2. über die Mehrheit der mit den Anteilen am anderen Unternehmen verbundenen Stimmrechte verfügt oder
3. die Mehrheit des gezeichneten Kapitals dieses Unternehmens besitzt.

[2]Erfüllen mehrere Unternehmen eines der in Satz 1 Nummer 1 bis 3 genannten Kriterien, bestimmt sich das herrschende Unternehmen nach Maßgabe der dort bestimmten Rangfolge.

(3) Bei der Anwendung des Absatzes 2 müssen den Stimm- und Ernennungsrechten eines Unternehmens die Rechte aller von ihm abhängigen Unternehmen sowie aller natürlichen oder juristischen Personen, die zwar im eigenen Namen, aber für Rechnung des Unternehmens oder eines von ihm abhängigen Unternehmens handeln, hinzugerechnet werden.

(4) Investment- und Beteiligungsgesellschaften im Sinne des Artikels 3 Absatz 5 Buchstabe a oder c der Verordnung (EG) Nummer 139/2004 des Rates vom 20. Januar 2004 über die Kontrolle von Unternehmenszusammenschlüssen (ABl. L 24 vom 29.1.2004, S. 1) gelten nicht als herrschendes Unternehmen gegenüber einem anderen Unternehmen, an dem sie Anteile halten, an dessen Leitung sie jedoch nicht beteiligt sind.

§ 7 Europäischer Betriebsrat in Unternehmensgruppen

Gehören einer gemeinschaftsweit tätigen Unternehmensgruppe ein oder mehrere gemeinschaftsweit tätige Unternehmen an, wird ein Europäischer Betriebsrat nur bei dem herrschenden Unternehmen errichtet, sofern nichts anderes vereinbart wird.

Zweiter Teil: Besonderes Verhandlungsgremium

§ 8 Aufgabe

(1) Das besondere Verhandlungsgremium hat die Aufgabe, mit der zentralen Leitung eine Vereinbarung über eine grenzübergreifende Unterrichtung und Anhörung der Arbeitnehmer abzuschließen.

(2) Die zentrale Leitung hat dem besonderen Verhandlungsgremium rechtzeitig alle zur Durchführung seiner Aufgaben erforderlichen Auskünfte zu erteilen und die erforderlichen Unterlagen zur Verfügung zu stellen.

(3) [1]Die zentrale Leitung und das besondere Verhandlungsgremium arbeiten vertrauensvoll zusammen. [2]Zeitpunkt, Häufigkeit und Ort der Verhandlungen werden zwischen der zentralen Leitung und dem besonderen Verhandlungsgremium einvernehmlich festgelegt.

§ 9 Bildung

(1) Die Bildung des besonderen Verhandlungsgremiums ist von den Arbeitnehmern oder ihren Vertretern schriftlich bei der zentralen Leitung zu beantragen oder erfolgt auf Initiative der zentralen Leitung.

(2) [1]Der Antrag ist wirksam gestellt, wenn er von mindestens 100 Arbeitnehmern oder ihren Vertretern aus mindestens zwei Betrieben oder Unternehmen, die in verschiedenen Mitgliedstaaten liegen, unterzeichnet ist und der zentralen Leitung zugeht. [2]Werden mehrere Anträge gestellt, sind die Unterschriften zusammenzuzählen. [3]Wird ein Antrag bei einer im Inland liegenden Betriebs- oder Unternehmensleitung eingereicht, hat diese den Antrag unverzüglich an die zentrale Leitung weiterzuleiten und die Antragsteller darüber zu unterrichten.

(3) Die zentrale Leitung hat die Antragsteller, die örtlichen Betriebs- oder Unternehmensleitungen, die dort bestehenden Arbeitnehmervertretungen sowie die in inländischen Betrieben vertretenen Gewerkschaften über die Bildung eines besonderen Verhandlungsgremiums und seine Zusammensetzung zu unterrichten.

§ 10 Zusammensetzung

(1) Für jeden Anteil der in einem Mitgliedstaat beschäftigten Arbeitnehmer, der 10 Prozent der Gesamtzahl der in allen Mitgliedstaaten beschäftigten Arbeitnehmer der gemeinschaftsweit tätigen Unternehmen oder Unternehmensgruppen oder einen Bruchteil davon beträgt, wird ein Mitglied aus diesem Mitgliedstaat in das besondere Verhandlungsgremium entsandt.

(2) Es können Ersatzmitglieder bestellt werden.

§ 11 Bestellung inländischer Arbeitnehmervertreter

(1) [1]Die nach diesem Gesetz oder dem Gesetz eines anderen Mitgliedstaates auf die im Inland beschäftigten Arbeitnehmer entfallenden Mitglieder des besonderen Verhandlungsgremiums werden in gemeinschaftsweit tätigen Unternehmen vom Gesamtbetriebsrat (§ 47 des Betriebsverfassungsgesetzes) bestellt. [2]Besteht nur ein Betriebsrat, so bestellt dieser die Mitglieder des besonderen Verhandlungsgremiums.

(2) [1]Die in Absatz 1 Satz 1 genannten Mitglieder des besonderen Verhandlungsgremiums werden in gemeinschaftsweit tätigen Unternehmensgruppen vom Konzernbetriebsrat (§ 54 des Betriebsverfassungsgesetzes) bestellt. [2]Besteht neben dem Konzernbetriebsrat noch ein in ihm nicht vertretener Gesamtbetriebsrat oder Betriebsrat, ist der Konzernbetriebsrat um deren Vorsitzende und um deren Stellvertreter zu erweitern; die Vorsitzenden und ihre Stellvertreter gelten insoweit als Konzernbetriebsratsmitglieder.

(3) Besteht kein Konzernbetriebsrat, werden die in Absatz 1 Satz 1 genannten Mitglieder des besonderen Verhandlungsgremiums wie folgt bestellt:

a) Bestehen mehrere Gesamtbetriebsräte, werden die Mitglieder des besonderen Verhandlungsgremiums auf einer gemeinsamen Sitzung der Gesamtbetriebsräte bestellt, zu welcher der Gesamtbetriebsratsvorsitzende des nach der Zahl der wahlberechtigten Arbeitnehmer größten inländischen Unternehmens einzuladen hat. Besteht daneben noch mindestens ein in den Gesamtbetriebsräten nicht vertretener Betriebsrat, sind der Betriebsratsvorsitzende und dessen Stellvertreter zu dieser Sitzung einzuladen; sie gelten insoweit als Gesamtbetriebsratsmitglieder.

b) Besteht neben einem Gesamtbetriebsrat noch mindestens ein in ihm nicht vertretener Betriebsrat, ist der Gesamtbetriebsrat um den Vorsitzenden des Betriebsrats und dessen Stellvertreter zu erweitern; der Betriebsratsvorsitzende und sein Stellvertreter gelten insoweit als Gesamtbetriebsratsmitglieder. Der Gesamtbetriebsrat bestellt die Mitglieder des besonderen Verhandlungsgremiums. Besteht nur ein Gesamtbetriebsrat, so hat dieser die Mitglieder des besonderen Verhandlungsgremiums zu bestellen.

c) Bestehen mehrere Betriebsräte, werden die Mitglieder des besonderen Verhandlungsgremiums auf einer gemeinsamen Sitzung bestellt, zu welcher der Betriebsratsvorsitzende des nach der Zahl der wahlberechtigten Arbeitnehmer größten inländischen Betriebs einzuladen hat. Zur Teilnahme an dieser Sitzung sind die Betriebsratsvorsitzenden und deren Stellvertreter berechtigt; § 47 Absatz 7 des Betriebsverfassungsgesetzes gilt entsprechend.

d) Besteht nur ein Betriebsrat, so hat dieser die Mitglieder des besonderen Verhandlungsgremiums zu bestellen.

(4) Zu Mitgliedern des besonderen Verhandlungsgremiums können auch die in § 5 Absatz 3 des Betriebsverfassungsgesetzes genannten Angestellten bestellt werden.

(5) Frauen und Männer sollen entsprechend ihrem zahlenmäßigen Verhältnis bestellt werden.

§ 12 Unterrichtung über die Mitglieder des besonderen Verhandlungsgremiums

[1]Der zentralen Leitung sind unverzüglich die Namen der Mitglieder des besonderen Verhandlungsgremiums, ihre Anschriften sowie die jeweilige Betriebszugehörigkeit mitzuteilen. [2]Die zentrale Leitung hat die örtlichen Betriebs- oder Unternehmensleitungen, die dort bestehenden Arbeitnehmervertretungen sowie die in inländischen Betrieben vertretenen Gewerkschaften über diese Angaben zu unterrichten.

§ 13 Sitzungen, Geschäftsordnung, Sachverständige

(1) [1]Die zentrale Leitung lädt unverzüglich nach Benennung der Mitglieder zur konstituierenden Sitzung des besonderen Verhandlungsgremiums ein und unterrichtet die örtlichen Betriebs- oder Unternehmensleitungen. [2]Die zentrale Leitung unterrichtet zugleich die zuständigen europäischen Gewerkschaften und Arbeitgeberverbände über den Beginn der Verhandlungen und die Zusammensetzung des besonderen Verhandlungsgremiums nach § 12 Satz 1. [3]Das besondere Verhandlungsgremium wählt aus seiner Mitte einen Vorsitzenden und kann sich eine Geschäftsordnung geben.

(2) Vor und nach jeder Verhandlung mit der zentralen Leitung hat das besondere Verhandlungsgremium das Recht, eine Sitzung durchzuführen und zu dieser einzuladen; § 8 Absatz 3 Satz 2 gilt entsprechend.

(3) Beschlüsse des besonderen Verhandlungsgremiums werden, soweit in diesem Gesetz nichts anderes bestimmt ist, mit der Mehrheit der Stimmen seiner Mitglieder gefasst.

(4) [1]Das besondere Verhandlungsgremium kann sich durch Sachverständige seiner Wahl unterstützen lassen, soweit dies zur ordnungsgemäßen Erfüllung seiner Aufgaben erforderlich ist. [2]Sachverständige können auch Beauftragte von Gewerkschaften sein. [3]Die Sachverständigen und Gewerkschaftsvertreter können auf Wunsch des besonderen Verhandlungsgremiums beratend an den Verhandlungen teilnehmen.

§ 14 Einbeziehung von Arbeitnehmervertretern aus Drittstaaten

Kommen die zentrale Leitung und das besondere Verhandlungsgremium überein, die nach § 17 auszuhandelnde Vereinbarung auf nicht in einem Mitgliedstaat (Drittstaat) liegende Betriebe oder Unternehmen zu erstrecken, können sie vereinbaren, Arbeitnehmervertreter aus diesen Staaten in das besondere Verhandlungsgremium einzubeziehen und die Anzahl der auf den jeweiligen Drittstaat entfallenden Mitglieder sowie deren Rechtsstellung festlegen.

§ 15 Beschluss über Beendigung der Verhandlungen

(1) [1]Das besondere Verhandlungsgremium kann mit mindestens zwei Dritteln der Stimmen seiner Mitglieder beschließen, keine Verhandlungen aufzunehmen oder diese zu beenden. [2]Der Beschluss und das Abstimmungsergebnis sind in eine Niederschrift aufzunehmen, die vom Vorsitzenden und einem weiteren Mitglied zu unterzeichnen ist. [3]Eine Abschrift der Niederschrift ist der zentralen Leitung zuzuleiten.

(2) Ein neuer Antrag auf Bildung eines besonderen Verhandlungsgremiums (§ 9) kann frühestens zwei Jahre nach dem Beschluss gemäß Absatz 1 gestellt werden, sofern das besondere Verhandlungsgremium und die zentrale Leitung nicht schriftlich eine kürzere Frist festlegen.

§ 16 Kosten und Sachaufwand

(1) [1]Die durch die Bildung und Tätigkeit des besonderen Verhandlungsgremiums entstehenden Kosten trägt die zentrale Leitung. [2]Werden Sachverständige nach § 13 Absatz 4 hinzugezogen, beschränkt sich die Kostentragungspflicht auf einen Sachverständigen. [3]Die zentrale Leitung hat für die Sitzungen in erforderlichem Umfang Räume, sachliche Mittel, Dolmetscher und Büropersonal zur Verfügung zu stellen sowie die erforderlichen Reise- und Aufenthaltskosten der Mitglieder des besonderen Verhandlungsgremiums zu tragen.

(2) Der Arbeitgeber eines aus dem Inland entsandten Mitglieds des besonderen Verhandlungsgremiums haftet neben der zentralen Leitung für dessen Anspruch auf Kostenerstattung als Gesamtschuldner.

Dritter Teil: Vereinbarungen über grenzübergreifende Unterrichtung und Anhörung

§ 17 Gestaltungsfreiheit

[1]Die zentrale Leitung und das besondere Verhandlungsgremium können frei vereinbaren, wie die grenzübergreifende Unterrichtung und Anhörung der Arbeitnehmer ausgestaltet wird; sie sind nicht an die Bestimmungen des Vierten Teils dieses Gesetzes gebunden. [2]Die Vereinbarung muss sich auf alle in den Mitgliedstaaten beschäftigten Arbeitnehmer erstrecken, in denen das Unternehmen oder die Unternehmensgruppe einen Betrieb hat. [3]Die Parteien verständigen sich darauf, ob die grenzübergreifende Unterrichtung und Anhörung durch die Errichtung eines Europäischen Betriebsrats oder mehrerer Europäischer Betriebsräte nach § 18 oder durch ein Verfahren zur Unterrichtung und Anhörung der Arbeitnehmer nach § 19 erfolgen soll.

§ 18 Europäischer Betriebsrat kraft Vereinbarung

(1) Soll ein Europäischer Betriebsrat errichtet werden, ist schriftlich zu vereinbaren, wie dieser ausgestaltet werden soll. Dabei soll insbesondere Folgendes geregelt werden:

1. Bezeichnung der erfassten Betriebe und Unternehmen, einschließlich der außerhalb des Hoheitsgebietes der Mitgliedstaaten liegenden Niederlassungen, sofern diese in den Geltungsbereich einbezogen werden,
2. Zusammensetzung des Europäischen Betriebsrats, Anzahl der Mitglieder, Ersatzmitglieder, Sitzverteilung und Mandatsdauer,
3. Aufgaben und Befugnisse des Europäischen Betriebsrats sowie das Verfahren zu seiner Unterrichtung und Anhörung; dieses Verfahren kann auf die Beteiligungsrechte der nationalen Arbeitnehmervertretungen abgestimmt werden, soweit deren Rechte hierdurch nicht beeinträchtigt werden,
4. Ort, Häufigkeit und Dauer der Sitzungen,
5. die Einrichtung eines Ausschusses des Europäischen Betriebsrats einschließlich seiner Zusammensetzung, der Bestellung seiner Mitglieder, seiner Befugnisse und Arbeitsweise,
6. die für den Europäischen Betriebsrat zur Verfügung zu stellenden finanziellen und sachlichen Mittel,
7. Klausel zur Anpassung der Vereinbarung an Strukturänderungen, die Geltungsdauer der Vereinbarung und das bei ihrer Neuverhandlung, Änderung oder Kündigung anzuwendende Verfahren, einschließlich einer Übergangsregelung.

(2) § 23 gilt entsprechend.

§ 19 Verfahren zur Unterrichtung und Anhörung

[1]Soll ein Verfahren zur Unterrichtung und Anhörung der Arbeitnehmer eingeführt werden, ist schriftlich zu vereinbaren, unter welchen Voraussetzungen die Arbeitnehmervertreter das Recht haben, die ihnen übermittelten Informationen gemeinsam zu beraten und wie sie ihre Vorschläge oder Bedenken mit der zentralen Leitung oder einer anderen geeigneten Leitungsebene erörtern können. [2]Die Unterrichtung muss sich insbesondere auf grenzübergreifende Angelegenheiten erstrecken, die erhebliche Auswirkungen auf die Interessen der Arbeitnehmer haben.

§ 20 Übergangsbestimmung

[1]Eine nach § 18 oder § 19 bestehende Vereinbarung gilt fort, wenn vor ihrer Beendigung das Antrags- oder Initiativrecht nach § 9 Absatz 1 ausgeübt worden ist. [2]Das Antragsrecht kann auch ein auf Grund einer Vereinbarung bestehendes Arbeitnehmervertretungsgremium ausüben. [3]Die Fortgeltung endet, wenn die Vereinbarung durch eine neue Vereinbarung ersetzt oder ein Europäischer Be-

triebsrat kraft Gesetzes errichtet worden ist. [4]Die Fortgeltung endet auch dann, wenn das besondere Verhandlungsgremium einen Beschluss nach § 15 Absatz 1 fasst; § 15 Absatz 2 gilt entsprechend. [5]Die Sätze 1 bis 4 finden keine Anwendung, wenn in der bestehenden Vereinbarung eine Übergangsregelung enthalten ist.

Vierter Teil: Europäischer Betriebsrat kraft Gesetzes

Erster Abschnitt: Errichtung des Europäischen Betriebsrats

§ 21 Voraussetzungen

(1) [1]Verweigert die zentrale Leitung die Aufnahme von Verhandlungen innerhalb von sechs Monaten nach Antragstellung (§ 9), ist ein Europäischer Betriebsrat gemäß den §§ 22 und 23 zu errichten. [2]Das gleiche gilt, wenn innerhalb von drei Jahren nach Antragstellung keine Vereinbarung nach § 18 oder § 19 zustande kommt oder die zentrale Leitung und das besondere Verhandlungsgremium das vorzeitige Scheitern der Verhandlungen erklären. [3]Die Sätze 1 und 2 gelten entsprechend, wenn die Bildung des besonderen Verhandlungsgremiums auf Initiative der zentralen Leitung erfolgt.

(2) Ein Europäischer Betriebsrat ist nicht zu errichten, wenn das besondere Verhandlungsgremium vor Ablauf der in Absatz 1 genannten Fristen einen Beschluss nach § 15 Absatz 1 fasst.

§ 22 Zusammensetzung des Europäischen Betriebsrats

(1) [1]Der Europäische Betriebsrat setzt sich aus Arbeitnehmern des gemeinschaftsweit tätigen Unternehmens oder der gemeinschaftsweit tätigen Unternehmensgruppe zusammen. [2]Es können Ersatzmitglieder bestellt werden.

(2) Für jeden Anteil der in einem Mitgliedstaat beschäftigten Arbeitnehmer, der 10 Prozent der Gesamtzahl der in allen Mitgliedstaaten beschäftigten Arbeitnehmer der gemeinschaftsweit tätigen Unternehmen oder Unternehmensgruppen oder einen Bruchteil davon beträgt, wird ein Mitglied aus diesem Mitgliedstaat in den Europäischen Betriebsrat entsandt.

§ 23 Bestellung inländischer Arbeitnehmervertreter

(1) [1]Die nach diesem Gesetz oder dem Gesetz eines anderen Mitgliedstaates auf die im Inland beschäftigten Arbeitnehmer entfallenden Mitglieder des Europäischen Betriebsrats werden in gemeinschaftsweit tätigen Unternehmen vom Gesamtbetriebsrat (§ 47 des Betriebsverfassungsgesetzes) bestellt. [2]Besteht nur ein Betriebsrat, so bestellt dieser die Mitglieder des Europäischen Betriebsrats.

(2) [1]Die in Absatz 1 Satz 1 genannten Mitglieder des Europäischen Betriebsrats werden in gemeinschaftsweit tätigen Unternehmensgruppen vom Konzernbetriebsrat (§ 54 des Betriebsverfassungsgesetzes) bestellt. [2]Besteht neben dem Konzernbetriebsrat noch ein in ihm nicht vertretener Gesamtbetriebsrat oder Betriebsrat, ist der Konzernbetriebsrat um deren Vorsitzende und um deren Stellvertreter zu erweitern; die Vorsitzenden und ihre Stellvertreter gelten insoweit als Konzernbetriebsratsmitglieder.

(3) Besteht kein Konzernbetriebsrat, werden die in Absatz 1 Satz 1 genannten Mitglieder des Europäischen Betriebsrats wie folgt bestellt:

a) Bestehen mehrere Gesamtbetriebsräte, werden die Mitglieder des Europäischen Betriebsrats auf einer gemeinsamen Sitzung der Gesamtbetriebsräte bestellt, zu welcher der Gesamtbetriebsratsvorsitzende des nach der Zahl der wahlberechtigten Arbeitnehmer größten inländischen Unternehmens einzuladen hat. Besteht daneben noch mindestens ein in den Gesamtbetriebsräten nicht vertretener Betriebsrat, sind der Betriebsratsvorsitzende und dessen Stellvertreter zu dieser Sitzung einzuladen; sie gelten insoweit als Gesamtbetriebsratsmitglieder.
b) Besteht neben einem Gesamtbetriebsrat noch mindestens ein in ihm nicht vertretener Betriebsrat, ist der Gesamtbetriebsrat um den Vorsitzenden des Betriebsrats und dessen Stellvertreter zu erweitern; der Betriebsratsvorsitzende und sein Stellvertreter gelten insoweit als Gesamtbetriebsratsmitglieder. Der Gesamtbetriebsrat bestellt die Mitglieder des Europäischen Betriebsrats. Besteht nur ein Gesamtbetriebsrat, so hat dieser die Mitglieder des Europäischen Betriebsrats zu bestellen.
c) Bestehen mehrere Betriebsräte, werden die Mitglieder des Europäischen Betriebsrats auf einer gemeinsamen Sitzung bestellt, zu welcher der Betriebsratsvorsitzende des nach der Zahl der wahlberechtigten Arbeitnehmer größten inländischen Betriebs einzuladen hat. Zur Teilnahme an dieser Sitzung sind die Betriebsratsvorsitzenden und deren Stellvertreter berechtigt; § 47 Absatz 7 des Betriebsverfassungsgesetzes gilt entsprechend.
d) Besteht nur ein Betriebsrat, so hat dieser die Mitglieder des Europäischen Betriebsrats zu bestellen.

(4) Die Absätze 1 bis 3 gelten entsprechend für die Abberufung.

(5) Eine ausgewogene Vertretung der Arbeitnehmer nach ihrer Tätigkeit sollte so weit als möglich berücksichtigt werden; Frauen und Männer sollen entsprechend ihrem zahlenmäßigen Verhältnis bestellt werden.

(6) [1]Das zuständige Sprecherausschussgremium eines gemeinschaftsweit tätigen Unternehmens oder einer gemeinschaftsweit tätigen Unternehmensgruppe mit Sitz der zentralen Leitung im Inland kann einen der in § 5 Absatz 3 des Betriebsverfassungsgesetzes genannten Angestellten bestimmen, der mit Rederecht an den Sitzungen zur Unterrichtung und Anhörung des Europäischen Betriebsrats teilnimmt, sofern nach § 22 Absatz 2 mindestens fünf inländische Vertreter entsandt werden. [2]§ 35 Absatz 2 und § 39 gelten entsprechend.

§ 24 Unterrichtung über die Mitglieder des Europäischen Betriebsrats

[1]Der zentralen Leitung sind unverzüglich die Namen der Mitglieder des Europäischen Betriebsrats, ihre Anschriften sowie die jeweilige Betriebszugehörigkeit mitzuteilen. [2]Die zentrale Leitung hat die örtlichen Betriebs- oder Unternehmensleitungen, die dort bestehenden Arbeitnehmervertretungen sowie die in inländischen Betrieben vertretenen Gewerkschaften über diese Angaben zu unterrichten.

Zweiter Abschnitt: Geschäftsführung des Europäischen Betriebsrats

§ 25 Konstituierende Sitzung, Vorsitzender

(1) [1]Die zentrale Leitung lädt unverzüglich nach Benennung der Mitglieder zur konstituierenden Sitzung des Europäischen Betriebsrats ein. [2]Der Europäische Betriebsrat wählt aus seiner Mitte einen Vorsitzenden und dessen Stellvertreter.

(2) [1]Der Vorsitzende des Europäischen Betriebsrats oder im Falle seiner Verhinderung der Stellvertreter vertritt den Europäischen Betriebsrat im Rahmen der von ihm gefassten Beschlüsse. [2]Zur Entgegennahme von Erklärungen, die dem Europäischen Betriebsrat gegenüber abzugeben sind, ist der Vorsitzende oder im Falle seiner Verhinderung der Stellvertreter berechtigt.

§ 26 Ausschuss

[1]Der Europäische Betriebsrat bildet aus seiner Mitte einen Ausschuss. [2]Der Ausschuss besteht aus dem Vorsitzenden und mindestens zwei, höchstens vier weiteren zu wählenden Ausschussmitgliedern. [3]Die weiteren Ausschussmitglieder sollen in verschiedenen Mitgliedstaaten beschäftigt sein. Der Ausschuss führt die laufenden Geschäfte des Europäischen Betriebsrats.

§ 27 Sitzungen

(1) [1]Der Europäische Betriebsrat hat das Recht, im Zusammenhang mit der Unterrichtung durch die zentrale Leitung nach § 29 eine Sitzung durchzuführen und zu dieser einzuladen. [2]Das gleiche gilt bei einer Unterrichtung über außergewöhnliche Umstände nach § 30. [3]Der Zeitpunkt und der Ort der Sitzungen sind mit der zentralen Leitung abzustimmen. [4]Mit Einverständnis der zentralen Leitung kann der Europäische Betriebsrat weitere Sitzungen durchführen. [5]Die Sitzungen des Europäischen Betriebsrats sind nicht öffentlich.

(2) Absatz 1 gilt entsprechend für die Wahrnehmung der Mitwirkungsrechte des Europäischen Betriebsrats durch den Ausschuss nach § 26.

§ 28 Beschlüsse, Geschäftsordnung

[1]Die Beschlüsse des Europäischen Betriebsrats werden, soweit in diesem Gesetz nichts anderes bestimmt ist, mit der Mehrheit der Stimmen der anwesenden Mitglieder gefasst. [2]Sonstige Bestimmungen über die Geschäftsführung sollen in einer schriftlichen Geschäftsordnung getroffen werden, die der Europäische Betriebsrat mit der Mehrheit der Stimmen seiner Mitglieder beschließt.

Dritter Abschnitt: Mitwirkungsrechte

§ 29 Jährliche Unterrichtung und Anhörung

(1) Die zentrale Leitung hat den Europäischen Betriebsrat einmal im Kalenderjahr über die Entwicklung der Geschäftslage und die Perspektiven des gemeinschaftsweit tätigen Unternehmens oder der gemeinschaftsweit tätigen Unternehmensgruppe unter rechtzeitiger Vorlage der erforderlichen Unterlagen zu unterrichten und ihn anzuhören.

(2) Zu der Entwicklung der Geschäftslage und den Perspektiven im Sinne des Absatzes 1 gehören insbesondere

1. Struktur des Unternehmens oder der Unternehmensgruppe sowie die wirtschaftliche und finanzielle Lage,
2. die voraussichtliche Entwicklung der Geschäfts-, Produktions- und Absatzlage,
3. die Beschäftigungslage und ihre voraussichtliche Entwicklung,
4. Investitionen (Investitionsprogramme),
5. grundlegende Änderungen der Organisation,
6. die Einführung neuer Arbeits- und Fertigungsverfahren,
7. die Verlegung von Unternehmen, Betrieben oder wesentlichen Betriebsteilen sowie Verlagerungen der Produktion,
8. Zusammenschlüsse oder Spaltungen von Unternehmen oder Betrieben,
9. die Einschränkung oder Stilllegung von Unternehmen, Betrieben oder wesentlichen Betriebsteilen,
10. Massenentlassungen.

§ 30 Unterrichtung und Anhörung

(1) [1]Über außergewöhnliche Umstände oder Entscheidungen, die erhebliche Auswirkungen auf die Interessen der Arbeitnehmer haben, hat die zentrale Leitung den Europäischen Betriebsrat rechtzeitig unter Vorlage der erforderlichen Unterlagen zu unterrichten und auf Verlangen anzuhören. [2]Als außergewöhnliche Umstände gelten insbesondere

1. die Verlegung von Unternehmen, Betrieben oder wesentlichen Betriebsteilen,
2. die Stilllegung von Unternehmen, Betrieben oder wesentlichen Betriebsteilen,
3. Massenentlassungen.

(2) [1]Besteht ein Ausschuss nach § 26, so ist dieser anstelle des Europäischen Betriebsrats nach Absatz 1 Satz 1 zu beteiligen. [2]§ 27 Absatz 1 Satz 2 bis 5 gilt entsprechend. [3]Zu den Sitzungen des Ausschusses sind auch diejenigen Mitglieder des Europäischen Betriebsrats zu laden, die für die Betriebe oder Unternehmen bestellt worden sind, die unmittelbar von den geplanten Maßnahmen oder Entscheidungen betroffen sind; sie gelten insoweit als Ausschussmitglieder.

§ 31 Tendenzunternehmen

Auf Unternehmen und herrschende Unternehmen von Unternehmensgruppen, die unmittelbar und überwiegend den in § 118 Absatz 1 Satz 1 Nummer 1 und 2 des Betriebsverfassungsgesetzes genannten Bestimmungen oder Zwecken dienen, finden nur § 29 Absatz 2 Nummer 5 bis 10 und § 30 Anwendung mit der Maßgabe, dass eine Unterrichtung und Anhörung nur über den Ausgleich oder die Milderung der wirtschaftlichen Nachteile erfolgen muss, die den Arbeitnehmern infolge der Unternehmens- oder Betriebsänderungen entstehen.

Vierter Abschnitt: Änderung der Zusammensetzung, Übergang zu einer Vereinbarung

§ 32 Dauer der Mitgliedschaft, Neubestellung von Mitgliedern

(1) [1]Die Dauer der Mitgliedschaft im Europäischen Betriebsrat beträgt vier Jahre, wenn sie nicht durch Abberufung oder aus anderen Gründen vorzeitig endet. [2]Die Mitgliedschaft beginnt mit der Bestellung.

(2) [1]Alle zwei Jahre, vom Tage der konstituierenden Sitzung des Europäischen Betriebsrats (§ 25 Absatz 1) an gerechnet, hat die zentrale Leitung zu prüfen, ob sich die Arbeitnehmerzahlen in den einzelnen Mitgliedstaaten derart geändert haben, dass sich eine andere Zusammensetzung des Europäischen Betriebsrats nach § 22 Absatz 2 errechnet. [2]Sie hat das Ergebnis dem Europäischen Betriebsrat mitzuteilen. [3]Ist danach eine andere Zusammensetzung des Europäischen Betriebsrats erforderlich, veranlasst dieser bei den zuständigen Stellen, dass die Mitglieder des Europäischen Betriebsrats in den Mitgliedstaaten neu bestellt werden, in denen sich eine gegenüber dem vorhergehenden Zeitraum abweichende Anzahl der Arbeitnehmervertreter ergibt; mit der Neubestellung endet die Mitgliedschaft der bisher aus diesen Mitgliedstaaten stammenden Arbeitnehmervertreter im Europäischen Betriebsrat. [4]Die Sätze 1 bis 3 gelten entsprechend bei Berücksichtigung eines bisher im Europäischen Betriebsrat nicht vertretenen Mitgliedstaates.

§ 33 Aufnahme von Verhandlungen

[1]Vier Jahre nach der konstituierenden Sitzung (§ 25 Absatz 1) hat der Europäische Betriebsrat mit der Mehrheit der Stimmen seiner Mitglieder einen Beschluss darüber zu fassen, ob mit der zentralen Leitung eine Vereinbarung nach § 17 ausgehandelt werden soll. [2]Beschließt der Europäische Betriebsrat die Aufnahme von Verhandlungen, hat er die Rechte und Pflichten des besonderen Verhandlungsgremiums; die §§ 8, 13, 14 und 15 Absatz 1 sowie die §§ 16 bis 19 gelten entsprechend. [3]Das Amt des Europäischen Betriebsrats endet, wenn eine Vereinbarung nach § 17 geschlossen worden ist.

Fünfter Teil: Gemeinsame Bestimmungen

§ 34 Vertrauensvolle Zusammenarbeit

[1]Zentrale Leitung und Europäischer Betriebsrat arbeiten vertrauensvoll zum Wohl der Arbeitnehmer und des Unternehmens oder der Unternehmensgruppe zusammen. [2]Satz 1 gilt entsprechend für die Zusammenarbeit zwischen zentraler Leitung und Arbeitnehmervertretern im Rahmen eines Verfahrens zur Unterrichtung und Anhörung.

§ 35 Geheimhaltung, Vertraulichkeit

(1) Die Pflicht der zentralen Leitung, über die im Rahmen der §§ 18 und 19 vereinbarten oder die sich aus den §§ 29 und 30 Absatz 1 ergebenden Angelegenheiten zu unterrichten, besteht nur, soweit dadurch nicht Betriebs- oder Geschäftsgeheimnisse des Unternehmens oder der Unternehmensgruppe gefährdet werden.

(2) [1]Die Mitglieder und Ersatzmitglieder eines Europäischen Betriebsrats sind verpflichtet, Betriebs- oder Geschäftsgeheimnisse, die ihnen wegen ihrer Zugehörigkeit zum Europäischen Betriebsrat bekannt geworden und von der zentralen Leitung ausdrücklich als geheimhaltungsbedürftig bezeichnet worden sind, nicht zu offenbaren und nicht zu verwerten. [2]Dies gilt auch nach dem Ausscheiden aus dem Europäischen Betriebsrat. [3]Die Verpflichtung gilt nicht gegenüber Mitgliedern eines Europäischen Betriebsrats. [4]Sie gilt ferner nicht gegenüber den örtlichen Arbeitnehmervertretern der Betriebe oder Unternehmen, wenn diese auf Grund einer Vereinbarung nach § 18 oder nach § 36 über den Inhalt der Unterrichtungen und die Ergebnisse der Anhörungen zu unterrichten sind, den Arbeitnehmervertretern im Aufsichtsrat sowie gegenüber Dolmetschern und Sachverständigen, die zur Unterstützung herangezogen werden.

(3) Die Pflicht zur Vertraulichkeit nach Absatz 2 Satz 1 und 2 gilt entsprechend für

1. die Mitglieder und Ersatzmitglieder des besonderen Verhandlungsgremiums,
2. die Arbeitnehmervertreter im Rahmen eines Verfahrens zur Unterrichtung und Anhörung (§ 19),
3. die Sachverständigen und Dolmetscher sowie
4. die örtlichen Arbeitnehmervertreter.

(4) Die Ausnahmen von der Pflicht zur Vertraulichkeit nach Absatz 2 Satz 3 und 4 gelten entsprechend für

1. das besondere Verhandlungsgremium gegenüber Sachverständigen und Dolmetschern,
2. die Arbeitnehmervertreter im Rahmen eines Verfahrens zur Unterrichtung und Anhörung gegenüber Dolmetschern und Sachverständigen, die vereinbarungsgemäß zur Unterstützung herangezogen werden, und gegenüber örtlichen Arbeitnehmervertretern, sofern diese nach der Vereinbarung (§ 19) über die Inhalte der Unterrichtungen und die Ergebnisse der Anhörungen zu unterrichten sind.

§ 36 Unterrichtung der örtlichen Arbeitnehmervertreter

(1) Der Europäische Betriebsrat oder der Ausschuss (§ 30 Absatz 2) berichtet den örtlichen Arbeitnehmervertretern oder, wenn es diese nicht gibt, den Arbeitnehmern der Betriebe oder Unternehmen über die Unterrichtung und Anhörung.

(2) [1]Das Mitglied des Europäischen Betriebsrats oder des Ausschusses, das den örtlichen Arbeitnehmervertretungen im Inland berichtet, hat den Bericht in Betrieben oder Unternehmen, in denen Sprecherausschüsse der leitenden Angestellten bestehen, auf einer gemeinsamen Sitzung im Sinne des § 2 Absatz 2 des Sprecherausschussgesetzes zu erstatten. [2]Dies gilt nicht, wenn ein nach § 23 Absatz 6 bestimmter Angestellter an der Sitzung zur Unterrichtung und Anhörung des Europäischen Betriebsrats teilgenommen hat. [3]Wird der Bericht nach Absatz 1 nur schriftlich erstattet, ist er auch dem zuständigen Sprecherausschuss zuzuleiten.

§ 37 Wesentliche Strukturänderung

(1) [1]Ändert sich die Struktur des gemeinschaftsweit tätigen Unternehmens oder der gemeinschaftsweit tätigen Unternehmensgruppe wesentlich und bestehen hierzu keine Regelungen in geltenden Vereinbarungen oder widersprechen sich diese, nimmt die zentrale Leitung von sich aus oder auf Antrag der Arbeitnehmer oder ihrer Vertreter (§ 9 Absatz 1) die Verhandlung über eine Vereinbarung nach § 18 oder § 19 auf. [2]Als wesentliche Strukturänderungen im Sinne des Satzes 1 gelten insbesondere

1. Zusammenschluss von Unternehmen oder Unternehmensgruppen,
2. Spaltung von Unternehmen oder der Unternehmensgruppe,
3. Verlegung von Unternehmen oder der Unternehmensgruppe in einen anderen Mitgliedstaat oder Drittstaat oder Stilllegung von Unternehmen oder der Unternehmensgruppe,
4. Verlegung oder Stilllegung von Betrieben, soweit sie Auswirkungen auf die Zusammensetzung des Europäischen Betriebsrats haben können.

(2) Abweichend von § 10 entsendet jeder von der Strukturänderung betroffene Europäische Betriebsrat aus seiner Mitte drei weitere Mitglieder in das besondere Verhandlungsgremium.

(3) [1]Für die Dauer der Verhandlung bleibt jeder von der Strukturänderung betroffene Europäische Betriebsrat bis zur Errichtung eines neuen Europäischen Betriebsrats im Amt (Übergangsmandat). [2]Mit der zentralen Leitung kann vereinbart werden, nach welchen Bestimmungen und in welcher Zusammensetzung das Übergangsmandat wahrgenommen wird. [3]Kommt es nicht zu einer Vereinbarung mit der zentralen Leitung nach Satz 2, wird das Übergangsmandat durch den jeweiligen Europäischen Betriebsrat entsprechend der für ihn im Unternehmen oder der Unternehmensgruppe geltenden Regelung wahrgenommen. [4]Das Übergangsmandat endet auch, wenn das besondere Verhandlungsgremium einen Beschluss nach § 15 Absatz 1 fasst.

(4) Kommt es nicht zu einer Vereinbarung nach § 18 oder § 19, ist in den Fällen des § 21 Absatz 1 ein Europäischer Betriebsrat nach den §§ 22 und 23 zu errichten.

§ 38 Fortbildung

(1) [1]Der Europäische Betriebsrat kann Mitglieder zur Teilnahme an Schulungs- und Bildungsveranstaltungen bestimmen, soweit diese Kenntnisse vermitteln, die für die Arbeit des Europäischen Betriebsrats erforderlich sind. [2]Der Europäische Betriebsrat hat die Teilnahme und zeitliche Lage rechtzeitig der zentralen Leitung mitzuteilen. [3]Bei der Festlegung der zeitlichen Lage sind die betrieblichen Notwendigkeiten zu berücksichtigen. [4]Der Europäische Betriebsrat kann die Aufgaben nach diesem Absatz auf den Ausschuss nach § 26 übertragen.

(2) Für das besondere Verhandlungsgremium und dessen Mitglieder gilt Absatz 1 Satz 1 bis 3 entsprechend.

§ 39 Kosten, Sachaufwand und Sachverständige

(1) [1]Die durch die Bildung und Tätigkeit des Europäischen Betriebsrats und des Ausschusses entstehenden Kosten trägt die zentrale Leitung. [2]Die zentrale Leitung hat insbesondere für die Sitzungen und die laufende Geschäftsführung in erforderlichem Umfang Räume, sachliche Mittel und Büropersonal, für die Sitzungen außerdem Dolmetscher zur Verfügung zu stellen. [3]Sie trägt die erforderlichen Reise- und Aufenthaltskosten der Mitglieder des Europäischen Betriebsrats und des Ausschusses. [4]§ 16 Absatz 2 gilt entsprechend.

(2) [1]Der Europäische Betriebsrat und der Ausschuss können sich durch Sachverständige ihrer Wahl unterstützen lassen, soweit dies zur ordnungsgemäßen Erfüllung ihrer Aufgaben erforderlich ist. [2]Sachverständige können auch Beauftragte von Gewerkschaften sein. [3]Werden Sachverständige hinzugezogen, beschränkt sich die Kostentragungspflicht auf einen Sachverständigen, es sei denn, eine Vereinbarung nach § 18 oder § 19 sieht etwas anderes vor.

§ 40 Schutz inländischer Arbeitnehmervertreter

(1) [1]Für die Mitglieder eines Europäischen Betriebsrats, die im Inland beschäftigt sind, gelten § 37 Absatz 1 bis 5 und die §§ 78 und 103 des Betriebsverfassungsgesetzes sowie § 15 Absatz 1 und 3 bis 5 des Kündigungsschutzgesetzes entsprechend. [2]Für nach § 38 erforderliche Fortbildungen gilt § 37 Absatz 6 Satz 1 und 2 des Betriebsverfassungsgesetzes entsprechend.

(2) Absatz 1 gilt entsprechend für die Mitglieder des besonderen Verhandlungsgremiums und die Arbeitnehmervertreter im Rahmen eines Verfahrens zur Unterrichtung und Anhörung.

Sechster Teil: Bestehende Vereinbarungen

§ 41 Fortgeltung

(1) [1]Auf die in den §§ 2 und 3 genannten Unternehmen und Unternehmensgruppen, in denen vor dem 22. September 1996 eine Vereinbarung über grenzübergreifende Unterrichtung und Anhörung besteht, sind die Bestimmungen dieses Gesetzes außer in den Fällen des § 37 nicht anwendbar, solange die Vereinbarung wirksam ist. [2]Die Vereinbarung muss sich auf alle in den Mitgliedstaaten beschäftigten Arbeitnehmer erstrecken und den Arbeitnehmern aus denjenigen Mitgliedstaaten eine angemessene Beteiligung an der Unterrichtung und Anhörung ermöglichen, in denen das Unternehmen oder die Unternehmensgruppe einen Betrieb hat.

(2) [1]Der Anwendung des Absatzes 1 steht nicht entgegen, dass die Vereinbarung auf Seiten der Arbeitnehmer nur von einer im Betriebsverfassungsgesetz vorgesehenen Arbeitnehmervertretung geschlossen worden ist. [2]Das gleiche gilt, wenn für ein Unternehmen oder eine Unternehmensgruppe anstelle einer Vereinbarung mehrere Vereinbarungen geschlossen worden sind.

(3) Sind die Voraussetzungen des Absatzes 1 deshalb nicht erfüllt, weil die an dem in Absatz 1 Satz 1 genannten Stichtag bestehende Vereinbarung nicht alle Arbeitnehmer erfasst, können die Parteien deren Einbeziehung innerhalb einer Frist von sechs Monaten nachholen.

(4) Bestehende Vereinbarungen können auch nach dem in Absatz 1 Satz 1 genannten Stichtag an Änderungen der Struktur des Unternehmens oder der Unternehmensgruppe sowie der Zahl der beschäftigten Arbeitnehmer angepasst werden, soweit es sich nicht um wesentliche Strukturänderungen im Sinne des § 37 handelt.

(5) Ist eine Vereinbarung befristet geschlossen worden, können die Parteien ihre Fortgeltung unter Berücksichtigung der Absätze 1, 3 und 4 beschließen.

(6) [1]Eine Vereinbarung gilt fort, wenn vor ihrer Beendigung das Antrags- oder Initiativrecht nach § 9 Absatz 1 ausgeübt worden ist. [2]Das Antragsrecht kann auch ein auf Grund der Vereinbarung bestehendes Arbeitnehmervertretungsgremium ausüben. [3]Die Fortgeltung endet, wenn die Vereinbarung durch eine grenzübergreifende Unterrichtung und Anhörung nach § 18 oder § 19 ersetzt oder ein Europäischer Betriebsrat kraft Gesetzes errichtet worden ist. [4]Die Fortgeltung endet auch dann, wenn das besondere Verhandlungsgremium einen Beschluss nach § 15 Absatz 1 fasst; § 15 Absatz 2 gilt entsprechend.

(7) [1]Auf Unternehmen und Unternehmensgruppen, die auf Grund der Berücksichtigung von im Vereinigten Königreich Großbritannien und Nordirland liegenden Betrieben und Unternehmen erstmalig die in den §§ 2 und 3 genannten Voraussetzungen erfüllen, sind die Bestimmungen dieses Gesetzes außer in den Fällen des § 37 nicht anwendbar, wenn in diesen Unternehmen und Unternehmensgruppen vor dem 15. Dezember 1999 eine Vereinbarung über grenzübergreifende Unterrichtung und Anhörung besteht. [2]Die Absätze 1 bis 6 gelten entsprechend.

(8) [1]Auf die in den §§ 2 und 3 genannten Unternehmen und Unternehmensgruppen, in denen zwischen dem 5. Juni 2009 und dem 5. Juni 2011 eine Vereinbarung über die grenzübergreifende Unterrichtung und Anhörung unterzeichnet oder überarbeitet wurde, sind außer in den Fällen des § 37 die Bestimmungen dieses Gesetzes in der Fassung vom 28. Oktober 1996 (BGBl. I S. 1548, 2022), zuletzt geändert durch Artikel 30 des Gesetzes vom 21. Dezember 2000 (BGBl. I S. 1983), anzuwenden. [2]Ist eine Vereinbarung nach Satz 1 befristet geschlossen worden, können die Parteien ihre Fortgeltung beschließen, solange die Vereinbarung wirksam ist; Absatz 4 gilt entsprechend.

Siebter Teil: Besondere Vorschriften, Straf- und Bußgeldvorschriften

§ 41a Besondere Regelungen für Besatzungsmitglieder von Seeschiffen

(1) Ist ein Mitglied des besonderen Verhandlungsgremiums, eines Europäischen Betriebsrats oder einer Arbeitnehmervertretung im Sinne des § 19 oder dessen Stellvertreter Besatzungsmitglied eines Seeschiffs, so sollen die Sitzungen so angesetzt werden, dass die Teilnahme des Besatzungsmitglieds erleichtert wird.

(2) Befindet sich ein Besatzungsmitglied auf See oder in einem Hafen, der sich in einem anderen Land als dem befindet, in dem die Reederei ihren Geschäftssitz hat, und kann deshalb nicht an einer Sitzung nach Absatz 1 teilnehmen, so kann eine Teilnahme an der Sitzung mittels neuer Informations- und Kommunikationstechnologien erfolgen, wenn

1. dies in der Geschäftsordnung des zuständigen Gremiums vorgesehen ist und
2. sichergestellt ist, dass Dritte vom Inhalt der Sitzung keine Kenntnis nehmen können.

§ 42 Errichtungs- und Tätigkeitsschutz

Niemand darf

1. die Bildung des besonderen Verhandlungsgremiums (§ 9) oder die Errichtung eines Europäischen Betriebsrats (§§ 18, 21 Absatz 1) oder die Einführung eines Verfahrens zur Unterrichtung und Anhörung (§ 19) behindern oder durch Zufügung oder Androhung von Nachteilen oder durch Gewährung oder Versprechen von Vorteilen beeinflussen,
2. die Tätigkeit des besonderen Verhandlungsgremiums, eines Europäischen Betriebsrats oder der Arbeitnehmervertreter im Rahmen eines Verfahrens zur Unterrichtung und Anhörung behindern oder stören oder
3. ein Mitglied oder Ersatzmitglied des besonderen Verhandlungsgremiums oder eines Europäischen Betriebsrats oder einen Arbeitnehmervertreter im Rahmen eines Verfahrens zur Unterrichtung und Anhörung um seiner Tätigkeit willen benachteiligen oder begünstigen.

§ 43 Strafvorschriften

(1) Mit Freiheitsstrafe bis zu zwei Jahren oder mit Geldstrafe wird bestraft, wer entgegen § 35 Absatz 2 Satz 1 oder 2, jeweils auch in Verbindung mit Absatz 3, ein Betriebs- oder Geschäftsgeheimnis verwertet.

(2) Die Tat wird nur auf Antrag verfolgt.

§ 44 Strafvorschriften

(1) Mit Freiheitsstrafe bis zu einem Jahr oder mit Geldstrafe wird bestraft, wer

1. entgegen § 35 Absatz 2 Satz 1 oder 2, jeweils auch in Verbindung mit Absatz 3, ein Betriebs- oder Geschäftsgeheimnis offenbart oder
2. einer Vorschrift des § 42 über die Errichtung der dort genannten Gremien oder die Einführung des dort genannten Verfahrens, die Tätigkeit der dort genannten Gremien oder der Arbeitnehmervertreter oder über die Benachteiligung oder Begünstigung eines Mitglieds oder Ersatzmitglieds der dort genannten Gremien oder eines Arbeitnehmervertreters zuwiderhandelt.

(2) Handelt der Täter in den Fällen des Absatzes 1 Nummer 1 gegen Entgelt oder in der Absicht, sich oder einen anderen zu bereichern oder einen anderen zu schädigen, so ist die Strafe Freiheitsstrafe bis zu zwei Jahren oder Geldstrafe.

(3) [1]Die Tat wird nur auf Antrag verfolgt. [2]In den Fällen des Absatzes 1 Nummer 2 sind das besondere Verhandlungsgremium, der Europäische Betriebsrat, die Mehrheit der Arbeitnehmervertreter im Rahmen eines Verfahrens zur Unterrichtung und Anhörung, die zentrale Leitung oder eine im Betrieb vertretene Gewerkschaft antragsberechtigt.

§ 45 Bußgeldvorschriften

(1) Ordnungswidrig handelt, wer

1. entgegen § 5 Absatz 1 die Informationen nicht, nicht richtig, nicht vollständig oder nicht rechtzeitig erhebt oder weiterleitet oder
2. entgegen § 29 Absatz 1 oder § 30 Absatz 1 Satz 1 oder Absatz 2 Satz 1 den Europäischen Betriebsrat oder den Ausschuss nach § 26 nicht, nicht richtig, nicht vollständig, nicht in der vorgeschriebenen Weise oder nicht rechtzeitig unterrichtet.

(2) Die Ordnungswidrigkeit kann mit einer Geldbuße bis zu fünfzehntausend Euro geahndet werden.

Arbeitsgerichtsgesetz (ArbGG)

Rechtsstand: Januar 2020. Letzte Änderung: 01.01.2020 (BGBl. I S. 2633).

Erster Teil: Allgemeine Vorschriften

§ 1 Gerichte für Arbeitssachen

Die Gerichtsbarkeit in Arbeitssachen - §§ 2 bis 3 - wird ausgeübt durch die Arbeitsgerichte - §§ 14 bis 31 -, die Landesarbeitsgerichte - §§ 33 bis 39 - und das Bundesarbeitsgericht - §§ 40 bis 45 - (Gerichte für Arbeitssachen).

§ 2 Zuständigkeit im Urteilsverfahren

(1) Die Gerichte für Arbeitssachen sind ausschließlich zuständig für

1. bürgerliche Rechtsstreitigkeiten zwischen Tarifvertragsparteien oder zwischen diesen und Dritten aus Tarifverträgen oder über das Bestehen oder Nichtbestehen von Tarifverträgen;
2. bürgerliche Rechtsstreitigkeiten zwischen tariffähigen Parteien oder zwischen diesen und Dritten aus unerlaubten Handlungen, soweit es sich um Maßnahmen zum Zwecke des Arbeitskampfs oder um Fragen der Vereinigungsfreiheit einschließlich des hiermit im Zusammenhang stehenden Betätigungsrechts der Vereinigungen handelt;
3. bürgerliche Rechtsstreitigkeiten zwischen Arbeitnehmern und Arbeitgebern
   a) aus dem Arbeitsverhältnis;
   b) über das Bestehen oder Nichtbestehen eines Arbeitsverhältnisses;
   c) aus Verhandlungen über die Eingehung eines Arbeitsverhältnisses und aus dessen Nachwirkungen;
   d) aus unerlaubten Handlungen, soweit diese mit dem Arbeitsverhältnis im Zusammenhang stehen;
   e) über Arbeitspapiere;
4. bürgerliche Rechtsstreitigkeiten zwischen Arbeitnehmern oder ihren Hinterbliebenen und
   a) Arbeitgebern über Ansprüche, die mit dem Arbeitsverhältnis in rechtlichem oder unmittelbar wirtschaftlichem Zusammenhang stehen;
   b) gemeinsamen Einrichtungen der Tarifvertragsparteien oder Sozialeinrichtungen des privaten Rechts über Ansprüche aus dem Arbeitsverhältnis oder Ansprüche, die mit dem Arbeitsverhältnis in rechtlichem oder unmittelbar wirtschaftlichem Zusammenhang stehen,

   soweit nicht die ausschließliche Zuständigkeit eines anderen Gerichts gegeben ist;
5. bürgerliche Rechtsstreitigkeiten zwischen Arbeitnehmern oder ihren Hinterbliebenen und dem Träger der Insolvenzsicherung über Ansprüche auf Leistungen der Insolvenzsicherung nach dem Vierten Abschnitt des Ersten Teils des Gesetzes zur Verbesserung der betrieblichen Altersversorgung;
6. bürgerliche Rechtsstreitigkeiten zwischen Arbeitgebern und Einrichtungen nach Nummer 4 Buchstabe b und Nummer 5 sowie zwischen diesen Einrichtungen, soweit nicht die ausschließliche Zuständigkeit eines anderen Gerichts gegeben ist;
7. bürgerliche Rechtsstreitigkeiten zwischen Entwicklungshelfern und Trägern des Entwicklungsdienstes nach dem Entwicklungshelfergesetz;
8. bürgerliche Rechtsstreitigkeiten zwischen den Trägern des freiwilligen sozialen oder ökologischen Jahres oder den Einsatzstellen und Freiwilligen nach dem Jugendfreiwilligendienstegesetz;

8a. bürgerliche Rechtsstreitigkeiten zwischen dem Bund oder den Einsatzstellen des Bundesfreiwilligendienstes oder deren Trägern und Freiwilligen nach dem Bundesfreiwilligendienstgesetz;

9. bürgerliche Rechtsstreitigkeiten zwischen Arbeitnehmern aus gemeinsamer Arbeit und aus unerlaubten Handlungen, soweit diese mit dem Arbeitsverhältnis im Zusammenhang stehen;
10. bürgerliche Rechtsstreitigkeiten zwischen behinderten Menschen im Arbeitsbereich von Werkstätten für behinderte Menschen und den Trägern der Werkstätten aus den in § 221 des Neunten Buches Sozialgesetzbuch geregelten arbeitnehmerähnlichen Rechtsverhältnissen.

(2) Die Gerichte für Arbeitssachen sind auch zuständig für bürgerliche Rechtsstreitigkeiten zwischen Arbeitnehmern und Arbeitgebern,

a) die ausschließlich Ansprüche auf Leistung einer festgestellten oder festgesetzten Vergütung für eine Arbeitnehmererfindung oder für einen technischen Verbesserungsvorschlag nach § 20 Abs. 1 des Gesetzes über Arbeitnehmererfindungen zum Gegenstand haben;

b) die als Urheberrechtsstreitsachen aus Arbeitsverhältnissen ausschließlich Ansprüche auf Leistung einer vereinbarten Vergütung zum Gegenstand haben.

(3) Vor die Gerichte für Arbeitssachen können auch nicht unter die Absätze 1 und 2 fallende Rechtsstreitigkeiten gebracht werden, wenn der Anspruch mit einer bei einem Arbeitsgericht anhängigen oder gleichzeitig anhängig werdenden bürgerlichen Rechtsstreitigkeit der in den Absätzen 1 und 2 bezeichneten Art in rechtlichem oder unmittelbar wirtschaftlichem Zusammenhang steht und für seine Geltendmachung nicht die ausschließliche Zuständigkeit eines anderen Gerichts gegeben ist.

(4) Auf Grund einer Vereinbarung können auch bürgerliche Rechtsstreitigkeiten zwischen juristischen Personen des Privatrechts und Personen, die kraft Gesetzes allein oder als Mitglieder des Vertretungsorgans der juristischen Person zu deren Vertretung berufen sind, vor die Gerichte für Arbeitssachen gebracht werden.

(5) In Rechtsstreitigkeiten nach diesen Vorschriften findet das Urteilsverfahren statt.

§ 2a Zuständigkeit im Beschlußverfahren

(1) Die Gerichte für Arbeitssachen sind ferner ausschließlich zuständig für

1. Angelegenheiten aus dem Betriebsverfassungsgesetz, soweit nicht für Maßnahmen nach seinen §§ 119 bis 121 die Zuständigkeit eines anderen Gerichts gegeben ist;
2. Angelegenheiten aus dem Sprecherausschußgesetz, soweit nicht für Maßnahmen nach seinen §§ 34 bis 36 die Zuständigkeit eines anderen Gerichts gegeben ist;
3. Angelegenheiten aus dem Mitbestimmungsgesetz, dem Mitbestimmungsergänzungsgesetz und dem Drittelbeteiligungsgesetz, soweit über die Wahl von Vertretern der Arbeitnehmer in den Aufsichtsrat und über ihre Abberufung mit Ausnahme der Abberufung nach § 103 Abs. 3 des Aktiengesetzes zu entscheiden ist;

3a. Angelegenheiten aus den §§ 177, 178 und 222 des Neunten Buches Sozialgesetzbuch,

3b. Angelegenheiten aus dem Gesetz über Europäische Betriebsräte, soweit nicht für Maßnahmen nach seinen §§ 43 bis 45 die Zuständigkeit eines anderen Gerichts gegeben ist;

3c. Angelegenheiten aus § 51 des Berufsbildungsgesetzes;

3d. Angelegenheiten aus § 10 des Bundesfreiwilligendienstgesetzes;

3e. Angelegenheiten aus dem SE-Beteiligungsgesetz vom 22. Dezember 2004 (BGBl. I S. 3675, 3686) mit Ausnahme der §§ 45 und 46 und nach den §§ 34 bis 39 nur insoweit, als über die Wahl von Vertretern der Arbeitnehmer in das Aufsichts- oder Verwaltungsorgan sowie deren Abberufung mit Ausnahme der Abberufung nach § 103 Abs. 3 des Aktiengesetzes zu entscheiden ist;

3f. Angelegenheiten aus dem SCE-Beteiligungsgesetz vom 14. August 2006 (BGBl. I S. 1911, 1917) mit Ausnahme der §§ 47 und 48 und nach den §§ 34 bis 39 nur insoweit, als über die Wahl von Vertretern der Arbeitnehmer in das Aufsichts- oder Verwaltungsorgan sowie deren Abberufung zu entscheiden ist;

3g. Angelegenheiten aus dem Gesetz über die Mitbestimmung der Arbeitnehmer bei einer grenzüberschreitenden Verschmelzung vom 21. Dezember 2006 (BGBl. I S. 3332) mit Ausnahme der §§ 34 und 35 und nach den §§ 23 bis 28 nur insoweit, als über die Wahl von Vertretern der Arbeitnehmer in das Aufsichts- oder Verwaltungsorgan sowie deren Abberufung mit Ausnahme der Abberufung nach § 103 Abs. 3 des Aktiengesetzes zu entscheiden ist;

4. die Entscheidung über die Tariffähigkeit und die Tarifzuständigkeit einer Vereinigung;
5. die Entscheidung über die Wirksamkeit einer Allgemeinverbindlicherklärung nach § 5 des Tarifvertragsgesetzes, einer Rechtsverordnung nach § 7 oder § 7a des Arbeitnehmer-Entsendegesetzes und einer Rechtsverordnung nach § 3a des Arbeitnehmerüberlassungsgesetzes;
6. die Entscheidung über den nach § 4a Absatz 2 Satz 2 des Tarifvertragsgesetzes im Betrieb anwendbaren Tarifvertrag.

(2) In Streitigkeiten nach diesen Vorschriften findet das Beschlußverfahren statt.

§ 3 Zuständigkeit in sonstigen Fällen

Die in den §§ 2 und 2a begründete Zuständigkeit besteht auch in den Fällen, in denen der Rechtsstreit durch einen Rechtsnachfolger oder durch eine Person geführt wird, die kraft Gesetzes an Stelle des sachlich Berechtigten oder Verpflichteten hierzu befugt ist.

§ 4 Ausschluß der Arbeitsgerichtsbarkeit

In den Fällen des § 2 Abs. 1 und 2 kann die Arbeitsgerichtsbarkeit nach Maßgabe der §§ 101 bis 110 ausgeschlossen werden.

§ 5 Begriff des Arbeitnehmers

(1) [1]Arbeitnehmer im Sinne dieses Gesetzes sind Arbeiter und Angestellte sowie die zu ihrer Berufsausbildung Beschäftigten. [2]Als Arbeitnehmer gelten auch die in Heimarbeit Beschäftigten und die ihnen Gleichgestellten (§ 1 des Heimarbeitsgesetzes vom 14. März 1951 - Bundesgesetzbl. I S. 191 -) sowie sonstige Personen, die wegen ihrer wirtschaftlichen Unselbständigkeit als arbeitnehmerähnliche Personen anzusehen sind. [3]Als Arbeitnehmer gelten nicht in Betrieben einer juristischen Person oder einer Personengesamtheit Personen, die kraft Gesetzes, Satzung oder Gesellschaftsvertrags allein oder als Mitglieder des Vertretungsorgans zur Vertretung der juristischen Person oder der Personengesamtheit berufen sind.

(2) Beamte sind als solche keine Arbeitnehmer.

(3) [1]Handelsvertreter gelten nur dann als Arbeitnehmer im Sinne dieses Gesetzes, wenn sie zu dem Personenkreis gehören, für den nach § 92a des Handelsgesetzbuchs die untere Grenze der vertraglichen Leistungen des Unternehmers festgesetzt werden kann, und wenn sie während der letzten sechs Monate des Vertragsverhältnisses, bei kürzerer Vertragsdauer während dieser, im Durchschnitt monatlich nicht mehr als 1.000 Euro auf Grund des Vertragsverhältnisses an Vergütung einschließlich Provision und Ersatz für im regelmäßigen Geschäftsbetrieb entstandene Aufwendungen bezogen haben. [2]Das Bundesministerium für Arbeit und Soziales und das Bundesministerium der Justiz und für Verbraucherschutz können im Einvernehmen mit dem Bundesministerium für Wirtschaft und Energie die in Satz 1 bestimmte Vergütungsgrenze durch Rechtsverordnung, die nicht der Zustimmung des Bundesrates bedarf, den jeweiligen Lohn- und Preisverhältnissen anpassen.

§ 6 Besetzung der Gerichte für Arbeitssachen

(1) Die Gerichte für Arbeitssachen sind mit Berufsrichtern und mit ehrenamtlichen Richtern aus den Kreisen der Arbeitnehmer und Arbeitgeber besetzt.

(2) (weggefallen)

§ 6a Allgemeine Vorschriften über das Präsidium und die Geschäftsverteilung

Für die Gerichte für Arbeitssachen gelten die Vorschriften des Zweiten Titels des Gerichtsverfassungsgesetzes nach Maßgabe der folgenden Vorschriften entsprechend:

1. Bei einem Arbeitsgericht mit weniger als drei Richterplanstellen werden die Aufgaben des Präsidiums durch den Vorsitzenden oder, wenn zwei Vorsitzende bestellt sind, im Einvernehmen der Vorsitzenden wahrgenommen. Einigen sich die Vorsitzenden nicht, so entscheidet das Präsidium des Landesarbeitsgerichts oder, soweit ein solches nicht besteht, der Präsident dieses Gerichts.
2. Bei einem Landesarbeitsgericht mit weniger als drei Richterplanstellen werden die Aufgaben des Präsidiums durch den Präsidenten, soweit ein zweiter Vorsitzender vorhanden ist, im Benehmen mit diesem wahrgenommen.
3. Der aufsichtführende Richter bestimmt, welche richterlichen Aufgaben er wahrnimmt.
4. Jeder ehrenamtliche Richter kann mehreren Spruchkörpern angehören.
5. Den Vorsitz in den Kammern der Arbeitsgerichte führen die Berufsrichter.

§ 7 Geschäftsstelle, Aufbringung der Mittel

(1) [1]Bei jedem Gericht für Arbeitssachen wird eine Geschäftsstelle eingerichtet, die mit der erforderlichen Zahl von Urkundsbeamten besetzt wird. [2]Die Einrichtung der Geschäftsstelle bestimmt bei dem Bundesarbeitsgericht das Bundesministerium für Arbeit und Soziales im Benehmen mit dem Bundesministerium der Justiz und für Verbraucherschutz. [3]Die Einrichtung der Geschäftsstelle bestimmt bei den Arbeitsgerichten und Landesarbeitsgerichten die zuständige oberste Landesbehörde.

(2) [1]Die Kosten der Arbeitsgerichte und der Landesarbeitsgerichte trägt das Land, das sie errichtet. [2]Die Kosten des Bundesarbeitsgerichts trägt der Bund.

§ 8 Gang des Verfahrens

(1) Im ersten Rechtszug sind die Arbeitsgerichte zuständig, soweit durch Gesetz nichts anderes bestimmt ist.

(2) Gegen die Urteile der Arbeitsgerichte findet die Berufung an die Landesarbeitsgerichte nach Maßgabe des § 64 Abs. 1 statt.

(3) Gegen die Urteile der Landesarbeitsgerichte findet die Revision an das Bundesarbeitsgericht nach Maßgabe des § 72 Abs. 1 statt.

(4) Gegen die Beschlüsse der Arbeitsgerichte und ihrer Vorsitzenden im Beschlußverfahren findet die Beschwerde an das Landesarbeitsgericht nach Maßgabe des § 87 statt.

(5) Gegen die Beschlüsse der Landesarbeitsgerichte im Beschlußverfahren findet die Rechtsbeschwerde an das Bundesarbeitsgericht nach Maßgabe des § 92 statt.

§ 9 Allgemeine Verfahrensvorschriften und Rechtsschutz bei überlangen Gerichtsverfahren

(1) Das Verfahren ist in allen Rechtszügen zu beschleunigen.

(2) [1]Die Vorschriften des Gerichtsverfassungsgesetzes über Zustellungs- und Vollstreckungsbeamte, über die Aufrechterhaltung der Ordnung in der Sitzung, über die Gerichtssprache, über die Wahrnehmung richterlicher Geschäfte durch Referendare und über Beratung und Abstimmung gelten in allen Rechtszügen entsprechend. [2]Die Vorschriften des Siebzehnten Titels des Gerichtsverfassungsgesetzes sind mit der Maßgabe entsprechend anzuwenden, dass an die Stelle des Oberlandesgerichts das Landesarbeitsgericht, an die Stelle des Bundesgerichtshofs das Bundesarbeitsgericht und an die Stelle der Zivilprozessordnung das Arbeitsgerichtsgesetz tritt.

(3) [1]Die Vorschriften über die Wahrnehmung der Geschäfte bei den ordentlichen Gerichten durch Rechtspfleger gelten in allen Rechtszügen entsprechend. [2]Als Rechtspfleger können nur Beamte bestellt werden, die die Rechtspflegerprüfung oder die Prüfung für den gehobenen Dienst bei der Arbeitsgerichtsbarkeit bestanden haben.

(4) Zeugen und Sachverständige erhalten eine Entschädigung oder Vergütung nach dem Justizvergütungs- und - entschädigungsgesetz.

(5) [1]Alle mit einem befristeten Rechtsmittel anfechtbaren Entscheidungen enthalten die Belehrung über das Rechtsmittel. [2]Soweit ein Rechtsmittel nicht gegeben ist, ist eine entsprechende Belehrung zu erteilen. [3]Die Frist für ein Rechtsmittel beginnt nur, wenn die Partei oder der Beteiligte über das Rechtsmittel und das Gericht, bei dem das Rechtsmittel einzulegen ist, die Anschrift des Gerichts und die einzuhaltende Frist und Form schriftlich belehrt worden ist. [4]Ist die Belehrung unterblieben oder unrichtig erteilt, so ist die Einlegung des Rechtsmittels nur innerhalb eines Jahres seit Zustellung der Entscheidung zulässig, außer wenn die Einlegung vor Ablauf der Jahresfrist infolge höherer Gewalt unmöglich war oder eine Belehrung dahin erfolgt ist, daß ein Rechtsmittel nicht gegeben sei; § 234 Abs. 1, 2 und § 236 Abs. 2 der Zivilprozeßordnung gelten für den Fall höherer Gewalt entsprechend.

§ 10 Parteifähigkeit

[1]Parteifähig im arbeitsgerichtlichen Verfahren sind auch Gewerkschaften und Vereinigungen von Arbeitgebern sowie Zusammenschlüsse solcher Verbände; in den Fällen des § 2a Abs. 1 Nr. 1 bis 3f sind auch die nach dem Betriebsverfassungsgesetz, dem Sprecherausschussgesetz, dem Mitbestimmungsgesetz, dem Mitbestimmungsergänzungsgesetz, dem Drittelbeteiligungsgesetz, dem § 222 des Neunten Buches Sozialgesetzbuch, dem § 51 des Berufsbildungsgesetzes und den zu diesen Gesetzen ergangenen Rechtsverordnungen sowie die nach dem Gesetz über Europäische Betriebsräte, dem SE-Beteiligungsgesetz, dem SCE-Beteiligungsgesetz und dem Gesetz über die Mitbestimmung der Arbeitnehmer bei einer grenzüberschreitenden Verschmelzung beteiligten Personen und Stellen Beteiligte. [2]Parteifähig im arbeitsgerichtlichen Verfahren sind in den Fällen des § 2a Abs. 1 Nr. 4 auch die beteiligten Vereinigungen von Arbeitnehmern und Arbeitgebern sowie die oberste Arbeitsbehörde des Bundes oder derjenigen Länder, auf deren Bereich sich die Tätigkeit der Vereinigung erstreckt. [3]Parteifähig im arbeitsgerichtlichen Verfahren sind in den Fällen des § 2a Absatz 1 Nummer 5 auch die oberste Arbeitsbehörde des Bundes oder die oberste Arbeitsbehörde eines Landes, soweit ihr nach § 5 Absatz 6 des Tarifvertragsgesetzes Rechte übertragen sind.

§ 11 Prozessvertretung

(1) [1]Die Parteien können vor dem Arbeitsgericht den Rechtsstreit selbst führen. [2]Parteien, die eine fremde oder ihnen zum Zweck der Einziehung auf fremde Rechnung abgetretene Geldforderung geltend machen, müssen sich durch einen Rechtsanwalt als Bevollmächtigten vertreten lassen, soweit sie nicht nach Maßgabe des Absatzes 2 zur Vertretung des Gläubigers befugt wären oder eine Forderung einziehen, deren ursprünglicher Gläubiger sie sind.

(2) [1]Die Parteien können sich durch einen Rechtsanwalt als Bevollmächtigten vertreten lassen. [2]Darüber hinaus sind als Bevollmächtigte vor dem Arbeitsgericht vertretungsbefugt nur

1. Beschäftigte der Partei oder eines mit ihr verbundenen Unternehmens (§ 15 des Aktiengesetzes); Behörden und juristische Personen des öffentlichen Rechts einschließlich der von ihnen zur Erfüllung ihrer öffentlichen Aufgaben gebildeten Zusammenschlüsse können sich auch durch Beschäftigte anderer Behörden oder juristischer Personen des öffentlichen Rechts einschließlich der von ihnen zur Erfüllung ihrer öffentlichen Aufgaben gebildeten Zusammenschlüsse vertreten lassen,
2. volljährige Familienangehörige (§ 15 der Abgabenordnung, § 11 des Lebenspartnerschaftsgesetzes), Personen mit Befähigung zum Richteramt und Streitgenossen, wenn die Vertretung nicht im Zusammenhang mit einer entgeltlichen Tätigkeit steht,
3. selbständige Vereinigungen von Arbeitnehmern mit sozial- oder berufspolitischer Zwecksetzung für ihre Mitglieder,
4. Gewerkschaften und Vereinigungen von Arbeitgebern sowie Zusammenschlüsse solcher Verbände für ihre Mitglieder oder für andere Verbände oder Zusammenschlüsse mit vergleichbarer Ausrichtung und deren Mitglieder,
5. juristische Personen, deren Anteile sämtlich im wirtschaftlichen Eigentum einer der in Nummer 4 bezeichneten Organisationen stehen, wenn die juristische Person ausschließlich die Rechtsberatung und Prozessvertretung dieser Organisation und ihrer Mitglieder oder anderer Verbände oder Zusammenschlüsse mit vergleichbarer Ausrichtung und deren Mitglieder entsprechend deren Satzung durchführt, und wenn die Organisation für die Tätigkeit der Bevollmächtigten haftet.

[3]Bevollmächtigte, die keine natürlichen Personen sind, handeln durch ihre Organe und mit der Prozessvertretung beauftragten Vertreter.

(3) [1]Das Gericht weist Bevollmächtigte, die nicht nach Maßgabe des Absatzes 2 vertretungsbefugt sind, durch unanfechtbaren Beschluss zurück. [2]Prozesshandlungen eines nicht vertretungsbefugten Bevollmächtigten und Zustellungen oder Mitteilungen an diesen Bevollmächtigten sind bis zu seiner Zurückweisung wirksam. [3]Das Gericht kann den in Absatz 2 Satz 2 Nr. 1 bis 3 bezeichneten Bevollmächtigten durch unanfechtbaren Beschluss die weitere Vertretung untersagen, wenn sie nicht in der Lage sind, das Sach- und Streitverhältnis sachgerecht darzustellen.

(4) [1]Vor dem Bundesarbeitsgericht und dem Landesarbeitsgericht müssen sich die Parteien, außer im Verfahren vor einem beauftragten oder ersuchten Richter und bei Prozesshandlungen, die vor dem Urkundsbeamten der Geschäftsstelle vorgenommen werden können, durch Prozessbevollmächtigte vertreten lassen. [2]Als Bevollmächtigte sind außer Rechtsanwälten nur die in Absatz 2 Satz 2 Nr. 4 und 5 bezeichneten Organisationen zugelassen. [3]Diese müssen in Verfahren vor dem Bundesarbeitsgericht durch Personen mit Befähigung zum Richteramt handeln. [4]Eine Partei, die nach Maßgabe des Satzes 2 zur Vertretung berechtigt ist, kann sich selbst vertreten; Satz 3 bleibt unberührt.

(5) [1]Richter dürfen nicht als Bevollmächtigte vor dem Gericht auftreten, dem sie angehören. [2]Ehrenamtliche Richter dürfen, außer in den Fällen des Absatzes 2 Satz 2 Nr. 1, nicht vor einem Spruchkörper auftreten, dem sie angehören. [3]Absatz 3 Satz 1 und 2 gilt entsprechend.

(6) [1]In der Verhandlung können die Parteien mit Beiständen erscheinen. [2]Beistand kann sein, wer in Verfahren, in denen die Parteien den Rechtsstreit selbst führen können, als Bevollmächtigter zur Vertretung in der Verhandlung befugt ist. [3]Das Gericht kann andere Personen als Beistand zulassen, wenn dies sachdienlich ist und hierfür nach den Umständen des Einzelfalls ein Bedürfnis besteht. [4]Absatz 3 Satz 1 und 3 und Absatz 5 gelten entsprechend. [5]Das von dem Beistand Vorgetragene gilt als von der Partei vorgebracht, soweit es nicht von dieser sofort widerrufen oder berichtigt wird.

§ 11a Beiordnung eines Rechtsanwalts, Prozeßkostenhilfe

(1) Die Vorschriften der Zivilprozessordnung über die Prozesskostenhilfe und über die grenzüberschreitende Prozesskostenhilfe innerhalb der Europäischen Union nach der Richtlinie 2003/8/EG gelten in Verfahren vor den Gerichten für Arbeitssachen entsprechend.

(2) Das Bundesministerium für Arbeit und Soziales wird ermächtigt, zur Vereinfachung und Vereinheitlichung des Verfahrens durch Rechtsverordnung mit Zustimmung des Bundesrates Formulare für die Erklärung der Partei über ihre persönlichen und wirtschaftlichen Verhältnisse (§ 117 Abs. 2 der Zivilprozeßordnung) einzuführen.

§ 12 Kosten

[1]Das Justizverwaltungskostengesetz und das Justizbeitreibungsgesetz gelten entsprechend, soweit sie nicht unmittelbar Anwendung finden. [2]Bei Einziehung der Gerichts- und Verwaltungskosten leisten die Vollstreckungsbehörden der Justizverwaltung oder die sonst nach Landesrecht zuständigen Stellen den Gerichten für Arbeitssachen Amtshilfe, soweit sie diese Aufgaben nicht als eigene wahrnehmen. [3]Vollstreckungsbehörde ist für die Ansprüche, die beim Bundesarbeitsgericht entstehen, die Justizbeitreibungsstelle des Bundesarbeitsgerichts.

§ 12a Kostentragungspflicht

(1) [1]In Urteilsverfahren des ersten Rechtszugs besteht kein Anspruch der obsiegenden Partei auf Entschädigung wegen Zeitversäumnis und auf Erstattung der Kosten für die Zuziehung eines Prozeßbevollmächtigten oder Beistands. [2]Vor Abschluß der Vereinbarung über die Vertretung ist auf den Ausschluß der Kostenerstattung nach Satz 1 hinzuweisen. [3]Satz 1 gilt nicht für Kosten, die dem Beklagten dadurch entstanden sind, daß der Kläger ein Gericht der ordentlichen Gerichtsbarkeit, der allgemeinen Verwaltungsgerichtsbarkeit, der Finanz- oder Sozialgerichtsbarkeit angerufen und dieses den Rechtsstreit an das Arbeitsgericht verwiesen hat.

(2) [1]Werden im Urteilsverfahren des zweiten und dritten Rechtszugs die Kosten nach § 92 Abs. 1 der Zivilprozeßordnung verhältnismäßig geteilt und ist die eine Partei durch einen Rechtsanwalt, die andere Partei durch einen Verbandsvertreter nach § 11 Abs. 2 Satz 2 Nr. 4 und 5 vertreten, so ist diese Partei hinsichtlich der außergerichtlichen Kosten so zu stellen, als wenn sie durch einen Rechtsanwalt vertreten worden wäre. [2]Ansprüche auf Erstattung stehen ihr jedoch nur insoweit zu, als ihr Kosten im Einzelfall tatsächlich erwachsen sind.

§ 13 Rechtshilfe

(1) [1]Die Arbeitsgerichte leisten den Gerichten für Arbeitssachen Rechtshilfe. [2]Ist die Amtshandlung außerhalb des Sitzes eines Arbeitsgerichts vorzunehmen, so leistet das Amtsgericht Rechtshilfe.

(2) Die Vorschriften des Gerichtsverfassungsgesetzes über Rechtshilfe und des Einführungsgesetzes zum Gerichtsverfassungsgesetz über verfahrensübergreifende Mitteilungen von Amts wegen finden entsprechende Anwendung.

§ 13a Internationale Verfahren

Die Vorschriften des Buches 11 der Zivilprozessordnung über die justizielle Zusammenarbeit in der Europäischen Union finden in Verfahren vor den Gerichten für Arbeitssachen Anwendung, soweit dieses Gesetz nichts anderes bestimmt.

Zweiter Teil: Aufbau der Gerichte für Arbeitssachen

Erster Abschnitt: Arbeitsgerichte

§ 14 Errichtung und Organisation

(1) In den Ländern werden Arbeitsgerichte errichtet.

(2) Durch Gesetz werden angeordnet

1. die Errichtung und Aufhebung eines Arbeitsgerichts;
2. die Verlegung eines Gerichtssitzes;
3. Änderungen in der Abgrenzung der Gerichtsbezirke;
4. die Zuweisung einzelner Sachgebiete an ein Arbeitsgericht für die Bezirke mehrerer Arbeitsgerichte;
5. die Errichtung von Kammern des Arbeitsgerichts an anderen Orten;
6. der Übergang anhängiger Verfahren auf ein anderes Gericht bei Maßnahmen nach den Nummern 1, 3 und 4, wenn sich die Zuständigkeit nicht nach den bisher geltenden Vorschriften richten soll.

(3) Mehrere Länder können die Errichtung eines gemeinsamen Arbeitsgerichts oder gemeinsamer Kammern eines Arbeitsgerichts oder die Ausdehnung von Gerichtsbezirken über die Landesgrenzen hinaus, auch für einzelne Sachgebiete, vereinbaren.

(4) [1]Die zuständige oberste Landesbehörde kann anordnen, daß außerhalb des Sitzes des Arbeitsgerichts Gerichtstage abgehalten werden. [2]Die Landesregierung kann ferner durch Rechtsverordnung bestimmen, daß Gerichtstage außerhalb des Sitzes des Arbeitsgerichts abgehalten werden. [3]Die Landesregierung kann die Ermächtigung nach Satz 2 durch Rechtsverordnung auf die zuständige oberste Landesbehörde übertragen.

(5) Bei der Vorbereitung gesetzlicher Regelungen nach Absatz 2 Nr. 1 bis 5 und Absatz 3 sind die Gewerkschaften und Vereinigungen von Arbeitgebern, die für das Arbeitsleben im Landesgebiet wesentliche Bedeutung haben, zu hören.

§ 15 Verwaltung und Dienstaufsicht

(1) [1]Die Geschäfte der Verwaltung und Dienstaufsicht führt die zuständige oberste Landesbehörde. [2]Vor Erlaß allgemeiner Anordnungen, die die Verwaltung und Dienstaufsicht betreffen, soweit sie nicht rein technischer Art sind, sind die in § 14 Abs. 5 genannten Verbände zu hören.

(2) [1]Die Landesregierung kann durch Rechtsverordnung Geschäfte der Verwaltung und Dienstaufsicht dem Präsidenten des Landesarbeitsgerichts oder dem Vorsitzenden des Arbeitsgerichts oder, wenn mehrere Vorsitzende vorhanden sind, einem von ihnen übertragen. [2]Die Landesregierung kann die Ermächtigung nach Satz 1 durch Rechtsverordnung auf die zuständige oberste Landesbehörde übertragen.

§ 16 Zusammensetzung

(1) [1]Das Arbeitsgericht besteht aus der erforderlichen Zahl von Vorsitzenden und ehrenamtlichen Richtern. [2]Die ehrenamtlichen Richter werden je zur Hälfte aus den Kreisen der Arbeitnehmer und der Arbeitgeber entnommen.

(2) Jede Kammer des Arbeitsgerichts wird in der Besetzung mit einem Vorsitzenden und je einem ehrenamtlichen Richter aus Kreisen der Arbeitnehmer und der Arbeitgeber tätig.

§ 17 Bildung von Kammern

(1) [1]Die zuständige oberste Landesbehörde bestimmt die Zahl der Kammern. [2]Die Landesregierung kann diese Befugnis durch Rechtsverordnung auf die Präsidentin oder den Präsidenten des Landesarbeitsgerichts übertragen. [3]Vor Bestimmung der Zahl der Kammern sind die in § 14 Absatz 5 genannten Verbände zu hören.

(2) [1]Soweit ein Bedürfnis besteht, kann die Landesregierung durch Rechtsverordnung für die Streitigkeiten bestimmter Berufe und Gewerbe und bestimmter Gruppen von Arbeitnehmern Fachkammern bilden. [2]Die Zuständigkeit einer Fachkammer kann durch Rechtsverordnung auf die Bezirke anderer Arbeitsgerichte oder Teile von ihnen erstreckt werden, sofern die Erstreckung für eine sachdienliche Förderung oder schnellere Erledigung der Verfahren zweckmäßig ist. [3]Die Rechtsverordnungen auf Grund der Sätze 1 und 2 treffen Regelungen zum Übergang anhängiger Verfahren auf ein anderes Gericht, sofern die Regelungen zur sachdienlichen Erledigung der

Verfahren zweckmäßig sind und sich die Zuständigkeit nicht nach den bisher geltenden Vorschriften richten soll. [4]§ 14 Abs. 5 ist entsprechend anzuwenden.

(3) Die Landesregierung kann die Ermächtigung nach Absatz 2 durch Rechtsverordnung auf die zuständige oberste Landesbehörde übertragen.

§ 18 Ernennung der Vorsitzenden

(1) Die Vorsitzenden werden auf Vorschlag der zuständigen obersten Landesbehörde nach Beratung mit einem Ausschuß entsprechend den landesrechtlichen Vorschriften bestellt.

(2) [1]Der Ausschuß ist von der zuständigen obersten Landesbehörde zu errichten. [2]Ihm müssen in gleichem Verhältnis Vertreter der in § 14 Abs. 5 genannten Gewerkschaften und Vereinigungen von Arbeitgebern sowie der Arbeitsgerichtsbarkeit angehören.

(3) Einem Vorsitzenden kann zugleich ein weiteres Richteramt bei einem anderen Arbeitsgericht übertragen werden.

(4)-(6) (weggefallen)

(7) Bei den Arbeitsgerichten können Richter auf Probe und Richter kraft Auftrags verwendet werden.

§ 19 Ständige Vertretung

(1) Ist ein Arbeitsgericht nur mit einem Vorsitzenden besetzt, so beauftragt das Präsidium des Landesarbeitsgerichts einen Richter seines Bezirks mit der ständigen Vertretung des Vorsitzenden.

(2) [1]Wird an einem Arbeitsgericht die vorübergehende Vertretung durch einen Richter eines anderen Gerichts nötig, so beauftragt das Präsidium des Landesarbeitsgerichts einen Richter seines Bezirks längstens für zwei Monate mit der Vertretung. [2]In Eilfällen kann an Stelle des Präsidiums der Präsident des Landesarbeitsgerichts einen zeitweiligen Vertreter bestellen. [3]Die Gründe für die getroffene Anordnung sind schriftlich niederzulegen.

§ 20 Berufung der ehrenamtlichen Richter

(1) [1]Die ehrenamtlichen Richter werden von der zuständigen obersten Landesbehörde oder von der von der Landesregierung durch Rechtsverordnung beauftragten Stelle auf die Dauer von fünf Jahren berufen. [2]Die Landesregierung kann die Ermächtigung nach Satz 1 durch Rechtsverordnung auf die zuständige oberste Landesbehörde übertragen.

(2) Die ehrenamtlichen Richter sind in angemessenem Verhältnis unter billiger Berücksichtigung der Minderheiten aus den Vorschlagslisten zu entnehmen, die der zuständigen Stelle von den im Land bestehenden Gewerkschaften, selbständigen Vereinigungen von Arbeitnehmern mit sozial- oder berufspolitischer Zwecksetzung und Vereinigungen von Arbeitgebern sowie von den in § 22 Abs. 2 Nr. 3 bezeichneten Körperschaften oder deren Arbeitgebervereinigungen eingereicht werden.

§ 21 Voraussetzungen für die Berufung als ehrenamtlicher Richter

(1) Als ehrenamtliche Richter sind Arbeitnehmer und Arbeitgeber zu berufen, die das 25. Lebensjahr vollendet haben und im Bezirk des Arbeitsgerichts tätig sind oder wohnen.

(2) [1]Vom Amt des ehrenamtlichen Richters ist ausgeschlossen,

1. wer infolge Richterspruchs die Fähigkeit zur Bekleidung öffentlicher Ämter nicht besitzt oder wegen einer vorsätzlichen Tat zu einer Freiheitsstrafe von mehr als sechs Monaten verurteilt worden ist;
2. wer wegen einer Tat angeklagt ist, die den Verlust der Fähigkeit zur Bekleidung öffentlicher Ämter zur Folge haben kann;
3. wer das Wahlrecht zum Deutschen Bundestag nicht besitzt.

[2]Personen, die in Vermögensverfall geraten sind, sollen nicht als ehrenamtliche Richter berufen werden.

(3) Beamte und Angestellte eines Gerichts für Arbeitssachen dürfen nicht als ehrenamtliche Richter berufen werden.

(4) [1]Das Amt des ehrenamtlichen Richters, der zum ehrenamtlichen Richter in einem höheren Rechtszug berufen wird, endet mit Beginn der Amtszeit im höheren Rechtszug. [2]Niemand darf gleichzeitig ehrenamtlicher Richter der Arbeitnehmerseite und der Arbeitgeberseite sein oder als ehrenamtlicher Richter bei mehr als einem Gericht für Arbeitssachen berufen werden.

(5) [1]Wird das Fehlen einer Voraussetzung für die Berufung nachträglich bekannt oder fällt eine Voraussetzung nachträglich fort, so ist der ehrenamtliche Richter auf Antrag der zuständigen Stelle (§ 20) oder auf eigenen Antrag von seinem Amt zu entbinden. [2]Über den Antrag entscheidet die vom Präsidium für jedes Geschäftsjahr im voraus bestimmte Kammer des Landesarbeitsgerichts. [3]Vor der Entscheidung ist der ehrenamtliche Richter zu hören. [4]Die Entscheidung ist unanfechtbar. [5]Die nach Satz 2 zuständige Kammer kann anordnen, daß der ehrenamtliche Richter bis zu der Entscheidung über die Entbindung vom Amt nicht heranzuziehen ist.

(6) Verliert der ehrenamtliche Richter seine Eigenschaft als Arbeitnehmer oder Arbeitgeber wegen Erreichens der Altersgrenze, findet Absatz 5 mit der Maßgabe Anwendung, daß die Entbindung vom Amt nur auf Antrag des ehrenamtlichen Richters zulässig ist.

§ 22 Ehrenamtlicher Richter aus Kreisen der Arbeitgeber

(1) Ehrenamtlicher Richter aus Kreisen der Arbeitgeber kann auch sein, wer vorübergehend oder regelmäßig zu gewissen Zeiten des Jahres keine Arbeitnehmer beschäftigt.

(2) Zu ehrenamtlichen Richtern aus Kreisen der Arbeitgeber können auch berufen werden

1. bei Betrieben einer juristischen Person oder einer Personengesamtheit Personen, die kraft Gesetzes, Satzung oder Gesellschaftsvertrag allein oder als Mitglieder des Vertretungsorgans zur Vertretung der juristischen Person oder der Personengesamtheit berufen sind;
2. Geschäftsführer, Betriebsleiter oder Personalleiter, soweit sie zur Einstellung von Arbeitnehmern in den Betrieb berechtigt sind, oder Personen, denen Prokura oder Generalvollmacht erteilt ist;

3. bei dem Bund, den Ländern, den Gemeinden, den Gemeindeverbänden und anderen Körperschaften, Anstalten und Stiftungen des öffentlichen Rechts Beamte und Angestellte nach näherer Anordnung der zuständigen obersten Bundes- oder Landesbehörde;
4. Mitglieder und Angestellte von Vereinigungen von Arbeitgebern sowie Vorstandsmitglieder und Angestellte von Zusammenschlüssen solcher Vereinigungen, wenn diese Personen kraft Satzung oder Vollmacht zur Vertretung befugt sind.

§ 23 Ehrenamtlicher Richter aus Kreisen der Arbeitnehmer

(1) Ehrenamtlicher Richter aus Kreisen der Arbeitnehmer kann auch sein, wer arbeitslos ist.

(2) [1]Den Arbeitnehmern stehen für die Berufung als ehrenamtliche Richter Mitglieder und Angestellte von Gewerkschaften, von selbständigen Vereinigungen von Arbeitnehmern mit sozial- oder berufspolitischer Zwecksetzung sowie Vorstandsmitglieder und Angestellte von Zusammenschlüssen von Gewerkschaften gleich, wenn diese Personen kraft Satzung oder Vollmacht zur Vertretung befugt sind. [2]Gleiches gilt für Bevollmächtigte, die als Angestellte juristischer Personen, deren Anteile sämtlich im wirtschaftlichen Eigentum einer der in Satz 1 genannten Organisationen stehen, handeln und wenn die juristische Person ausschließlich die Rechtsberatung und Prozeßvertretung der Mitglieder der Organisation entsprechend deren Satzung durchführt.

§ 24 Ablehnung und Niederlegung des ehrenamtlichen Richteramts

(1) Das Amt des ehrenamtlichen Richters kann ablehnen oder niederlegen,
1. wer die Regelaltersgrenze nach dem Sechsten Buch Sozialgesetzbuch erreicht hat;
2. wer aus gesundheitlichen Gründen daran gehindert ist, das Amt ordnungsgemäß auszuüben;
3. wer durch ehrenamtliche Tätigkeit für die Allgemeinheit so in Anspruch genommen ist, daß ihm die Übernahme des Amtes nicht zugemutet werden kann;
4. wer in den zehn der Berufung vorhergehenden Jahren als ehrenamtlicher Richter bei einem Gericht für Arbeitssachen tätig gewesen ist;
5. wer glaubhaft macht, daß ihm wichtige Gründe, insbesondere die Fürsorge für seine Familie, die Ausübung des Amtes in besonderem Maß erschweren.

(2) [1]Über die Berechtigung zur Ablehnung oder Niederlegung entscheidet die zuständige Stelle (§ 20). [2]Die Entscheidung ist endgültig.

§ 25 (weggefallen)

§ 26 Schutz der ehrenamtlichen Richter

(1) Niemand darf in der Übernahme oder Ausübung des Amtes als ehrenamtlicher Richter beschränkt oder wegen der Übernahme oder Ausübung des Amtes benachteiligt werden.

(2) Wer einen anderen in der Übernahme oder Ausübung seines Amtes als ehrenamtlicher Richter beschränkt oder wegen der Übernahme oder Ausübung des Amtes benachteiligt, wird mit Freiheitsstrafe bis zu einem Jahr oder mit Geldstrafe bestraft.

§ 27 Amtsenthebung der ehrenamtlichen Richter

[1]Ein ehrenamtlicher Richter ist auf Antrag der zuständigen Stelle (§ 20) seines Amtes zu entheben, wenn er seine Amtspflicht grob verletzt. [2]§ 21 Abs. 5 Satz 2 bis 5 ist entsprechend anzuwenden.

§ 28 Ordnungsgeld gegen ehrenamtliche Richter

[1]Die vom Präsidium für jedes Geschäftsjahr im voraus bestimmte Kammer des Landesarbeitsgerichts kann auf Antrag des Vorsitzenden des Arbeitsgerichts gegen einen ehrenamtlichen Richter, der sich der Erfüllung seiner Pflichten entzieht, insbesondere ohne genügende Entschuldigung nicht oder nicht rechtzeitig zu den Sitzungen erscheint, ein Ordnungsgeld festsetzen. [2]Vor dem Antrag hat der Vorsitzende des Arbeitsgerichts den ehrenamtlichen Richter zu hören. [3]Die Entscheidung ist endgültig.

§ 29 Ausschuß der ehrenamtlichen Richter

(1) [1]Bei jedem Arbeitsgericht mit mehr als einer Kammer wird ein Ausschuß der ehrenamtlichen Richter gebildet. [2]Er besteht aus mindestens je drei ehrenamtlichen Richtern aus den Kreisen der Arbeitnehmer und der Arbeitgeber in gleicher Zahl, die von den ehrenamtlichen Richtern aus den Kreisen der Arbeitnehmer und der Arbeitgeber in getrennter Wahl gewählt werden. [3]Der Ausschuß tagt unter der Leitung des aufsichtführenden oder, wenn ein solcher nicht vorhanden oder verhindert ist, des dienstältesten Vorsitzenden des Arbeitsgerichts.

(2) [1]Der Ausschuß ist vor der Bildung von Kammern, vor der Geschäftsverteilung, vor der Verteilung der ehrenamtlichen Richter auf die Kammern und vor der Aufstellung der Listen über die Heranziehung der ehrenamtlichen Richter zu den Sitzungen mündlich oder schriftlich zu hören. [2]Er kann den Vorsitzenden des Arbeitsgerichts und den die Verwaltung und Dienstaufsicht führenden Stellen (§ 15) Wünsche der ehrenamtlichen Richter übermitteln.

§ 30 Besetzung der Fachkammern

[1]Die ehrenamtlichen Richter einer Fachkammer sollen aus den Kreisen der Arbeitnehmer und der Arbeitgeber entnommen werden, für die die Fachkammer gebildet ist. [2]Werden für Streitigkeiten der in § 22 Abs. 2 Nr. 2 bezeichneten Angestellten Fachkammern gebildet, so dürfen ihnen diese Angestellten nicht als ehrenamtliche Richter aus Kreisen der Arbeitgeber angehören. [3]Wird die Zuständigkeit einer Fachkammer gemäß § 17 Abs. 2 erstreckt, so sollen die ehrenamtlichen Richter dieser Kammer aus den Bezirken derjenigen Arbeitsgerichte berufen werden, für deren Bezirke die Fachkammer zuständig ist.

§ 31 Heranziehung der ehrenamtlichen Richter

(1) Die ehrenamtlichen Richter sollen zu den Sitzungen nach der Reihenfolge einer Liste herangezogen werden, die der Vorsitzende vor Beginn des Geschäftsjahrs oder vor Beginn der Amtszeit neu berufener ehrenamtlicher Richter gemäß § 29 Abs. 2 aufstellt.

(2) Für die Heranziehung von Vertretern bei unvorhergesehener Verhinderung kann eine Hilfsliste von ehrenamtlichen Richtern aufgestellt werden, die am Gerichtssitz oder in der Nähe wohnen oder ihren Dienstsitz haben.

§ 32 (weggefallen)

Zweiter Abschnitt: Landesarbeitsgerichte

§ 33 Errichtung und Organisation

[1]In den Ländern werden Landesarbeitsgerichte errichtet. [2]§ 14 Abs. 2 bis 5 ist entsprechend anzuwenden.

§ 34 Verwaltung und Dienstaufsicht

(1) [1]Die Geschäfte der Verwaltung und Dienstaufsicht führt die zuständige oberste Landesbehörde. [2]§ 15 Abs. 1 Satz 2 gilt entsprechend.

(2) [1]Die Landesregierung kann durch Rechtsverordnung Geschäfte der Verwaltung und Dienstaufsicht dem Präsidenten des Landesarbeitsgerichts übertragen. [2]Die Landesregierung kann die Ermächtigung nach Satz 1 durch Rechtsverordnung auf die zuständige oberste Landesbehörde übertragen.

§ 35 Zusammensetzung, Bildung von Kammern

(1) [1]Das Landesarbeitsgericht besteht aus dem Präsidenten, der erforderlichen Zahl von weiteren Vorsitzenden und von ehrenamtlichen Richtern. [2]Die ehrenamtlichen Richter werden je zur Hälfte aus den Kreisen der Arbeitnehmer und der Arbeitgeber entnommen.

(2) Jede Kammer des Landesarbeitsgerichts wird in der Besetzung mit einem Vorsitzenden und je einem ehrenamtlichen Richter aus den Kreisen der Arbeitnehmer und der Arbeitgeber tätig.

(3) [1]Die zuständige oberste Landesbehörde bestimmt die Zahl der Kammern. [2]§ 17 gilt entsprechend.

§ 36 Vorsitzende

Der Präsident und die weiteren Vorsitzenden werden auf Vorschlag der zuständigen obersten Landesbehörde nach Anhörung der in § 14 Abs. 5 genannten Gewerkschaften und Vereinigungen von Arbeitgebern als Richter auf Lebenszeit entsprechend den landesrechtlichen Vorschriften bestellt.

§ 37 Ehrenamtliche Richter

(1) Die ehrenamtlichen Richter müssen das dreißigste Lebensjahr vollendet haben und sollen mindestens fünf Jahre ehrenamtliche Richter eines Gerichts für Arbeitssachen gewesen sein.

(2) Im übrigen gelten für die Berufung und Stellung der ehrenamtlichen Richter sowie für die Amtsenthebung und die Amtsentbindung die §§ 20 bis 28 entsprechend.

§ 38 Ausschuß der ehrenamtlichen Richter

[1]Bei jedem Landesarbeitsgericht wird ein Ausschuß der ehrenamtlichen Richter gebildet. [2]Die Vorschriften des § 29 Abs. 1 Satz 2 und 3 und Abs. 2 gelten entsprechend.

§ 39 Heranziehung der ehrenamtlichen Richter

[1]Die ehrenamtlichen Richter sollen zu den Sitzungen nach der Reihenfolge einer Liste herangezogen werden, die der Vorsitzende vor Beginn des Geschäftsjahrs oder vor Beginn der Amtszeit neu berufener ehrenamtlicher Richter gemäß § 38 Satz 2 aufstellt. [2]§ 31 Abs. 2 ist entsprechend anzuwenden.

Dritter Abschnitt: Bundesarbeitsgericht

§ 40 Errichtung

(1) Das Bundesarbeitsgericht hat seinen Sitz in Erfurt.

(1a) (weggefallen)

(2) [1]Die Geschäfte der Verwaltung und Dienstaufsicht führt das Bundesministerium für Arbeit und Soziales im Einvernehmen mit dem Bundesministerium der Justiz und für Verbraucherschutz. [2]Das Bundesministerium für Arbeit und Soziales kann im Einvernehmen mit dem Bundesministerium der Justiz und für Verbraucherschutz Geschäfte der Verwaltung und Dienstaufsicht auf den Präsidenten des Bundesarbeitsgerichts übertragen.

§ 41 Zusammensetzung, Senate

(1) [1]Das Bundesarbeitsgericht besteht aus dem Präsidenten, der erforderlichen Zahl von Vorsitzenden Richtern, von berufsrichterlichen Beisitzern sowie ehrenamtlichen Richtern. [2]Die ehrenamtlichen Richter werden je zur Hälfte aus den Kreisen der Arbeitnehmer und der Arbeitgeber entnommen.

(2) Jeder Senat wird in der Besetzung mit einem Vorsitzenden, zwei berufsrichterlichen Beisitzern und je einem ehrenamtlichen Richter aus den Kreisen der Arbeitnehmer und der Arbeitgeber tätig.

(3) Die Zahl der Senate bestimmt das Bundesministerium für Arbeit und Soziales im Einvernehmen mit dem Bundesministerium der Justiz und für Verbraucherschutz.

§ 42 Bundesrichter

(1) [1]Für die Berufung der Bundesrichter (Präsident, Vorsitzende Richter und berufsrichterliche Beisitzer nach § 41 Abs. 1 Satz 1) gelten die Vorschriften des Richterwahlgesetzes. [2]Zuständiges Ministerium im Sinne des § 1 Abs. 1 des Richterwahlgesetzes ist das Bundesministerium für Arbeit und Soziales; es entscheidet im Benehmen mit dem Bundesministerium der Justiz und für Verbraucherschutz.

(2) Die zu berufenden Personen müssen das fünfunddreißigste Lebensjahr vollendet haben.

§ 43 Ehrenamtliche Richter

(1) [1]Die ehrenamtlichen Richter werden vom Bundesministerium für Arbeit und Soziales für die Dauer von fünf Jahren berufen. [2]Sie sind im angemessenen Verhältnis unter billiger Berücksichtigung der Minderheiten aus den Vorschlagslisten zu entnehmen, die von den Gewerkschaften, den selbständigen Vereinigungen von Arbeitnehmern mit sozial- oder berufspolitischer Zwecksetzung und Vereinigungen von Arbeitgebern, die für das Arbeitsleben des Bundesgebiets wesentliche Bedeutung haben, sowie von den in § 22 Abs. 2 Nr. 3 bezeichneten Körperschaften eingereicht worden sind.

(2) [1]Die ehrenamtlichen Richter müssen das fünfunddreißigste Lebensjahr vollendet haben, besondere Kenntnisse und Erfahrungen auf dem Gebiet des Arbeitsrechts und des Arbeitslebens besitzen und sollen mindestens fünf Jahre ehrenamtliche Richter eines Gerichts für Arbeitssachen gewesen sein. [2]Sie sollen längere Zeit in Deutschland als Arbeitnehmer oder als Arbeitgeber tätig gewesen sein.

(3) Für die Berufung, Stellung und Heranziehung der ehrenamtlichen Richter sowie für die Amtsenthebung und die Amtsentbindung sind im übrigen die Vorschriften der §§ 21 bis 28 und des § 31 entsprechend anzuwenden mit der Maßgabe, daß die in § 21 Abs. 5, § 27 Satz 2 und § 28 Satz 1 bezeichneten Entscheidungen durch den vom Präsidium für jedes Geschäftsjahr im voraus bestimmten Senat des Bundesarbeitsgerichts getroffen werden.

§ 44 Anhörung der ehrenamtlichen Richter, Geschäftsordnung

(1) Bevor zu Beginn des Geschäftsjahrs die Geschäfte verteilt sowie die berufsrichterlichen Beisitzer und die ehrenamtlichen Richter den einzelnen Senaten und dem Großen Senat zugeteilt werden, sind je die beiden lebensältesten ehrenamtlichen Richter aus den Kreisen der Arbeitnehmer und der Arbeitgeber zu hören.

(2) [1]Der Geschäftsgang wird durch eine Geschäftsordnung geregelt, die das Präsidium beschließt. [2]Absatz 1 gilt entsprechend.

§ 45 Großer Senat

(1) Bei dem Bundesarbeitsgericht wird ein Großer Senat gebildet.

(2) Der Große Senat entscheidet, wenn ein Senat in einer Rechtsfrage von der Entscheidung eines anderen Senats oder des Großen Senats abweichen will.

(3) [1]Eine Vorlage an den Großen Senat ist nur zulässig, wenn der Senat, von dessen Entscheidung abgewichen werden soll, auf Anfrage des erkennenden Senats erklärt hat, daß er an seiner Rechtsauffassung festhält. [2]Kann der Senat, von dessen Entscheidung abgewichen werden soll, wegen einer Änderung des Geschäftsverteilungsplanes mit der Rechtsfrage nicht mehr befaßt werden, tritt der Senat an seine Stelle, der nach dem Geschäftsverteilungsplan für den Fall, in dem abweichend entschieden wurde, nunmehr zuständig wäre. [3]Über die Anfrage und die Antwort entscheidet der jeweilige Senat durch Beschluß in der für Urteile erforderlichen Besetzung.

(4) Der erkennende Senat kann eine Frage von grundsätzlicher Bedeutung dem Großen Senat zur Entscheidung vorlegen, wenn das nach seiner Auffassung zur Fortbildung des Rechts oder zur Sicherung einer einheitlichen Rechtsprechung erforderlich ist.

(5) [1]Der Große Senat besteht aus dem Präsidenten, je einem Berufsrichter der Senate, in denen der Präsident nicht den Vorsitz führt, und je drei ehrenamtlichen Richtern aus den Kreisen der Arbeitnehmer und Arbeitgeber. [2]Bei einer Verhinderung des Präsidenten tritt ein Berufsrichter des Senats, dem er angehört, an seine Stelle.

(6) [1]Die Mitglieder und die Vertreter werden durch das Präsidium für ein Geschäftsjahr bestellt. [2]Den Vorsitz im Großen Senat führt der Präsident, bei Verhinderung das dienstälteste Mitglied. [3]Bei Stimmengleichheit gibt die Stimme des Vorsitzenden den Ausschlag.

(7) [1]Der Große Senat entscheidet nur über die Rechtsfrage. [2]Er kann ohne mündliche Verhandlung entscheiden. Seine Entscheidung ist in der vorliegenden Sache für den erkennenden Senat bindend.

Dritter Teil: Verfahren vor den Gerichten für Arbeitssachen

Erster Abschnitt: Urteilsverfahren

Erster Unterabschnitt: Erster Rechtszug

§ 46 Grundsatz

(1) Das Urteilsverfahren findet in den in § 2 Abs. 1 bis 4 bezeichneten bürgerlichen Rechtsstreitigkeiten Anwendung.

(2) [1]Für das Urteilsverfahren des ersten Rechtszugs gelten die Vorschriften der Zivilprozeßordnung über das Verfahren vor den Amtsgerichten entsprechend, soweit dieses Gesetz nichts anderes bestimmt. [2]Die Vorschriften über den frühen ersten Termin zur mündlichen Verhandlung und das schriftliche Vorverfahren (§§ 275 bis 277 der Zivilprozeßordnung), über das vereinfachte Verfahren (§ 495a der Zivilprozeßordnung), über den Urkunden- und Wechselprozeß (§§ 592 bis 605a der Zivilprozeßordnung), über die Musterfeststellungsklage (§§ 606 bis 613 der Zivilprozessordnung), über die Entscheidung ohne mündliche Verhandlung (§ 128 Abs. 2 der Zivilprozeßordnung) und über die Verlegung von Terminen in der Zeit vom 1. Juli bis 31. August (§ 227 Abs. 3 Satz 1 der Zivilprozeßordnung)

finden keine Anwendung. [3]§ 127 Abs. 2 der Zivilprozessordnung findet mit der Maßgabe Anwendung, dass die sofortige Beschwerde bei Bestandsschutzstreitigkeiten unabhängig von dem Streitwert zulässig ist.

§ 46a Mahnverfahren

(1) Für das Mahnverfahren vor den Gerichten für Arbeitssachen gelten die Vorschriften der Zivilprozeßordnung über das Mahnverfahren einschließlich der maschinellen Bearbeitung entsprechend, soweit dieses Gesetz nichts anderes bestimmt. § 702 Absatz 2 Satz 2 der Zivilprozessordnung ist nicht anzuwenden.

(2) [1]Zuständig für die Durchführung des Mahnverfahrens ist das Arbeitsgericht, das für die im Urteilsverfahren erhobene Klage zuständig sein würde. [2]Die Landesregierungen werden ermächtigt, einem Arbeitsgericht durch Rechtsverordnung Mahnverfahren für die Bezirke mehrerer Arbeitsgerichte zuzuweisen. [3]Die Zuweisung kann auf Mahnverfahren beschränkt werden, die maschinell bearbeitet werden. [4]Die Landesregierungen können die Ermächtigung durch Rechtsverordnung auf die jeweils zuständige oberste Landesbehörde übertragen. [5]Mehrere Länder können die Zuständigkeit eines Arbeitsgerichts über die Landesgrenzen hinaus vereinbaren.

(3) Die in den Mahnbescheid nach § 692 Abs. 1 Nr. 3 der Zivilprozeßordnung aufzunehmende Frist beträgt eine Woche.

(4) [1]Wird rechtzeitig Widerspruch erhoben und beantragt eine Partei die Durchführung der mündlichen Verhandlung, so gibt das Gericht, das den Mahnbescheid erlassen hat, den Rechtsstreit von Amts wegen an das Gericht ab, das in dem Mahnbescheid gemäß § 692 Absatz 1 Nummer 1 der Zivilprozessordnung bezeichnet worden ist. [2]Verlangen die Parteien übereinstimmend die Abgabe an ein anderes als das im Mahnbescheid bezeichnete Gericht, erfolgt die Abgabe dorthin. [3]Die Geschäftsstelle hat dem Antragsteller unverzüglich aufzugeben, seinen Anspruch binnen zwei Wochen schriftlich zu begründen. [4]Bei Eingang der Anspruchsbegründung bestimmt der Vorsitzende den Termin zur mündlichen Verhandlung. [5]Geht die Anspruchsbegründung nicht rechtzeitig ein, so wird bis zu ihrem Eingang der Termin nur auf Antrag des Antragsgegners bestimmt.

(5) Die Streitsache gilt als mit Zustellung des Mahnbescheids rechtshängig geworden, wenn alsbald nach Erhebung des Widerspruchs Termin zur mündlichen Verhandlung bestimmt wird.

(6) [1]Im Fall des Einspruchs hat das Gericht von Amts wegen zu prüfen, ob der Einspruch an sich statthaft und ob er in der gesetzlichen Form und Frist eingelegt ist. [2]Fehlt es an einem dieser Erfordernisse, so ist der Einspruch als unzulässig zu verwerfen. [3]Ist der Einspruch zulässig, hat die Geschäftsstelle dem Antragsteller unverzüglich aufzugeben, seinen Anspruch binnen zwei Wochen schriftlich zu begründen. [4]Nach Ablauf der Begründungsfrist bestimmt der Vorsitzende unverzüglich Termin zur mündlichen Verhandlung.

(7) Das Bundesministerium für Arbeit und Soziales wird ermächtigt, durch Rechtsverordnung mit Zustimmung des Bundesrates den Verfahrensablauf zu regeln, soweit dies für eine einheitliche maschinelle Bearbeitung der Mahnverfahren erforderlich ist (Verfahrensablaufplan).

(8) [1]Das Bundesministerium für Arbeit und Soziales wird ermächtigt, durch Rechtsverordnung mit Zustimmung des Bundesrates zur Vereinfachung des Mahnverfahrens und zum Schutze der in Anspruch genommenen Partei Formulare einzuführen. [2]Dabei können für Mahnverfahren bei Gerichten, die die Verfahren maschinell bearbeiten, und für Mahnverfahren bei Gerichten, die die Verfahren nicht maschinell bearbeiten, unterschiedliche Formulare eingeführt werden. [3]Die Rechtsverordnung kann ein elektronisches Formular vorsehen; § 130c Satz 2 bis 4 der Zivilprozessordnung gilt entsprechend.

§ 46b Europäisches Mahnverfahren nach der Verordnung (EG) Nr. 1896/2006

(1) Für das Europäische Mahnverfahren nach der Verordnung (EG) Nr. 1896/2006 des Europäischen Parlaments und des Rates vom 12. Dezember 2006 zur Einführung eines Europäischen Mahnverfahrens (ABl. EU Nr. L 399 S. 1) gelten die Vorschriften des Abschnitts 5 des Buchs 11 der Zivilprozessordnung entsprechend, soweit dieses Gesetz nichts anderes bestimmt.

(2) Für die Bearbeitung von Anträgen auf Erlass und Überprüfung sowie die Vollstreckbarerklärung eines Europäischen Zahlungsbefehls nach der Verordnung (EG) Nr. 1896/2006 ist das Arbeitsgericht zuständig, das für die im Urteilsverfahren erhobene Klage zuständig sein würde.

(3) [1]Im Fall des Artikels 17 Abs. 1 der Verordnung (EG) Nr. 1896/2006 ist § 46a Abs. 4 und 5 entsprechend anzuwenden. [2]Der Antrag auf Durchführung der mündlichen Verhandlung gilt als vom Antragsteller gestellt.

§ 46c Elektronisches Dokument

(1) Vorbereitende Schriftsätze und deren Anlagen, schriftlich einzureichende Anträge und Erklärungen der Parteien sowie schriftlich einzureichende Auskünfte, Aussagen, Gutachten, Übersetzungen und Erklärungen Dritter können nach Maßgabe der folgenden Absätze als elektronische Dokumente bei Gericht eingereicht werden.

(2) [1]Das elektronische Dokument muss für die Bearbeitung durch das Gericht geeignet sein. [2]Die Bundesregierung bestimmt durch Rechtsverordnung mit Zustimmung des Bundesrates die für die Übermittlung und Bearbeitung geeigneten technischen Rahmenbedingungen.

(3) [1]Das elektronische Dokument muss mit einer qualifizierten elektronischen Signatur der verantwortenden Person versehen sein oder von der verantwortenden Person signiert und auf einem sicheren Übermittlungsweg eingereicht werden. [2]Satz 1 gilt nicht für Anlagen, die vorbereitenden Schriftsätzen beigefügt sind.

(4) Sichere Übermittlungswege sind

1. der Postfach- und Versanddienst eines De-Mail-Kontos, wenn der Absender bei Versand der Nachricht sicher im Sinne des § 4 Absatz 1 Satz 2 des De-Mail-Gesetzes angemeldet ist und er sich die sichere Anmeldung gemäß § 5 Absatz 5 des De-Mail-Gesetzes bestätigen lässt,

2. der Übermittlungsweg zwischen dem besonderen elektronischen Anwaltspostfach nach § 31a der Bundesrechtsanwaltsordnung oder einem entsprechenden, auf gesetzlicher Grundlage errichteten elektronischen Postfach und der elektronischen Poststelle des Gerichts,
3. der Übermittlungsweg zwischen einem nach Durchführung eines Identifizierungsverfahrens eingerichteten Postfach einer Behörde oder einer juristischen Person des öffentlichen Rechts und der elektronischen Poststelle des Gerichts; das Nähere regelt die Verordnung nach Absatz 2 Satz 2,
4. sonstige bundeseinheitliche Übermittlungswege, die durch Rechtsverordnung der Bundesregierung mit Zustimmung des Bundesrates festgelegt werden, bei denen die Authentizität und Integrität der Daten sowie die Barrierefreiheit gewährleistet sind.

(5) [1]Ein elektronisches Dokument ist eingegangen, sobald es auf der für den Empfang bestimmten Einrichtung des Gerichts gespeichert ist. [2]Dem Absender ist eine automatisierte Bestätigung über den Zeitpunkt des Eingangs zu erteilen.

(6) [1]Ist ein elektronisches Dokument für das Gericht zur Bearbeitung nicht geeignet, ist dies dem Absender unter Hinweis auf die Unwirksamkeit des Eingangs und die geltenden technischen Rahmenbedingungen unverzüglich mitzuteilen. [2]Das Dokument gilt als zum Zeitpunkt der früheren Einreichung eingegangen, sofern der Absender es unverzüglich in einer für das Gericht zur Bearbeitung geeigneten Form nachreicht und glaubhaft macht, dass es mit dem zuerst eingereichten Dokument inhaltlich übereinstimmt.

§ 46d Gerichtliches elektronisches Dokument

[1]Soweit dieses Gesetz dem Richter, dem Rechtspfleger, dem Urkundsbeamten der Geschäftsstelle oder dem Gerichtsvollzieher die handschriftliche Unterzeichnung vorschreibt, genügt dieser Form die Aufzeichnung als elektronisches Dokument, wenn die verantwortenden Personen am Ende des Dokuments ihren Namen hinzufügen und das Dokument mit einer qualifizierten elektronischen Signatur versehen. [2]Der in Satz 1 genannten Form genügt auch ein elektronisches Dokument, in welches das handschriftlich unterzeichnete Schriftstück gemäß § 46e Absatz 2 übertragen worden ist.

§ 46e Elektronische Akte; Verordnungsermächtigung

(1) [1]Die Prozessakten können elektronisch geführt werden. [2]Die Bundesregierung und die Landesregierungen bestimmen für ihren Bereich durch Rechtsverordnung den Zeitpunkt, von dem an elektronische Akten geführt werden sowie die hierfür geltenden organisatorisch-technischen Rahmenbedingungen für die Bildung, Führung und Aufbewahrung der elektronischen Akten. [3]Die Landesregierungen können die Ermächtigung durch Rechtsverordnung auf die jeweils zuständige oberste Landesbehörde übertragen. [4]Die Zulassung der elektronischen Akte kann auf einzelne Gerichte oder Verfahren beschränkt werden; wird von dieser Möglichkeit Gebrauch gemacht, kann in der Rechtsverordnung bestimmt werden, dass durch Verwaltungsvorschrift, die öffentlich bekanntzumachen ist, geregelt wird, in welchen Verfahren die Akten elektronisch zu führen sind.

(1a) [1]Die Prozessakten werden ab dem 1. Januar 2026 elektronisch geführt. [2]Die Bundesregierung und die Landesregierungen bestimmen jeweils für ihren Bereich durch Rechtsverordnung die organisatorischen und dem Stand der Technik entsprechenden technischen Rahmenbedingungen für die Bildung, Führung und Aufbewahrung der elektronischen Akten einschließlich der einzuhaltenden Anforderungen der Barrierefreiheit. [3]Die Bundesregierung und die Landesregierungen können jeweils für ihren Bereich durch Rechtsverordnung bestimmen, dass Akten, die in Papierform angelegt wurden, in Papierform weitergeführt werden. [4]Die Landesregierungen können die Ermächtigungen nach den Sätzen 2 und 3 durch Rechtsverordnung auf die für die Arbeitsgerichtsbarkeit zuständigen obersten Landesbehörden übertragen. [5]Die Rechtsverordnungen der Bundesregierung bedürfen nicht der Zustimmung des Bundesrates.

(2) [1]Werden die Prozessakten elektronisch geführt, sind in Papierform vorliegende Schriftstücke und sonstige Unterlagen nach dem Stand der Technik zur Ersetzung der Urschrift in ein elektronisches Dokument zu übertragen. [2]Es ist sicherzustellen, dass das elektronische Dokument mit den vorliegenden Schriftstücken und sonstigen Unterlagen bildlich und inhaltlich übereinstimmt. [3]Das elektronische Dokument ist mit einem Übertragungsnachweis zu versehen, der das bei der Übertragung angewandte Verfahren und die bildliche und inhaltliche Übereinstimmung dokumentiert. [4]Wird ein von den verantwortenden Personen handschriftlich unterzeichnetes gerichtliches Schriftstück übertragen, ist der Übertragungsnachweis mit einer qualifizierten elektronischen Signatur des Urkundsbeamten der Geschäftsstelle zu versehen. [5]Die in Papierform vorliegenden Schriftstücke und sonstigen Unterlagen können sechs Monate nach der Übertragung vernichtet werden, sofern sie nicht rückgabepflichtig sind.

§ 46f Formulare; Verordnungsermächtigung

[1]Das Bundesministerium für Arbeit und Soziales kann durch Rechtsverordnung mit Zustimmung des Bundesrates elektronische Formulare einführen. [2]Die Rechtsverordnung kann bestimmen, dass die in den Formularen enthaltenen Angaben ganz oder teilweise in strukturierter maschinenlesbarer Form zu übermitteln sind. [3]Die Formulare sind auf einer in der Rechtsverordnung zu bestimmenden Kommunikationsplattform im Internet zur Nutzung bereitzustellen. [4]Die Rechtsverordnung kann bestimmen, dass eine Identifikation des Formularverwenders abweichend von § 46c Absatz 3 auch durch Nutzung des elektronischen Identitätsnachweises nach § 18 des Personalausweisgesetzes, § 12 des eID-Karte-Gesetzes oder § 78 Absatz 5 des Aufenthaltsgesetzes erfolgen kann.

§ 47 Sondervorschriften über Ladung und Einlassung

(1) Die Klageschrift muß mindestens eine Woche vor dem Termin zugestellt sein.

(2) Eine Aufforderung an den Beklagten, sich auf die Klage schriftlich zu äußern, erfolgt in der Regel nicht.

§ 48 Rechtsweg und Zuständigkeit

(1) Für die Zulässigkeit des Rechtsweges und der Verfahrensart sowie für die sachliche und örtliche Zuständigkeit gelten die §§ 17 bis 17b des Gerichtsverfassungsgesetzes mit folgender Maßgabe entsprechend:

1. Beschlüsse entsprechend § 17a Abs. 2 und 3 des Gerichtsverfassungsgesetzes über die örtliche Zuständigkeit sind unanfechtbar.

2. Der Beschluß nach § 17a Abs. 4 des Gerichtsverfassungsgesetzes ergeht, sofern er nicht lediglich die örtliche Zuständigkeit zum Gegenstand hat, auch außerhalb der mündlichen Verhandlung stets durch die Kammer.

(1a) [1]Für Streitigkeiten nach § 2 Abs. 1 Nr. 3, 4a, 7, 8 und 10 sowie Abs. 2 ist auch das Arbeitsgericht zuständig, in dessen Bezirk der Arbeitnehmer gewöhnlich seine Arbeit verrichtet oder zuletzt gewöhnlich verrichtet hat. [2]Ist ein gewöhnlicher Arbeitsort im Sinne des Satzes 1 nicht feststellbar, ist das Arbeitsgericht örtlich zuständig, von dessen Bezirk aus der Arbeitnehmer gewöhnlich seine Arbeit verrichtet oder zuletzt gewöhnlich verrichtet hat.

(2) [1]Die Tarifvertragsparteien können im Tarifvertrag die Zuständigkeit eines an sich örtlich unzuständigen Arbeitsgerichts festlegen für

1. bürgerliche Rechtsstreitigkeiten zwischen Arbeitnehmern und Arbeitgebern aus einem Arbeitsverhältnis und aus Verhandlungen über die Eingehung eines Arbeitsverhältnisses, das sich nach einem Tarifvertrag bestimmt,
2. bürgerliche Rechtsstreitigkeiten aus dem Verhältnis einer gemeinsamen Einrichtung der Tarifvertragsparteien zu den Arbeitnehmern oder Arbeitgebern.

[2]Im Geltungsbereich eines Tarifvertrags nach Satz 1 Nr. 1 gelten die tarifvertraglichen Bestimmungen über das örtlich zuständige Arbeitsgericht zwischen nicht tarifgebundenen Arbeitgebern und Arbeitnehmern, wenn die Anwendung des gesamten Tarifvertrags zwischen ihnen vereinbart ist. [3]Die in § 38 Abs. 2 und 3 der Zivilprozeßordnung vorgesehenen Beschränkungen finden keine Anwendung.

§ 48a (weggefallen)

§ 49 Ablehnung von Gerichtspersonen

(1) Über die Ablehnung von Gerichtspersonen entscheidet die Kammer des Arbeitsgerichts.

(2) Wird sie durch das Ausscheiden des abgelehnten Mitglieds beschlußunfähig, so entscheidet das Landesarbeitsgericht.

(3) Gegen den Beschluß findet kein Rechtsmittel statt.

§ 50 Zustellung

(1) [1]Die Urteile werden von Amts wegen binnen drei Wochen seit Übermittlung an die Geschäftsstelle zugestellt. [2]§ 317 Abs. 1 Satz 3 der Zivilprozeßordnung ist nicht anzuwenden.

(2) Die §§ 174, 178 Abs. 1 Nr. 2 der Zivilprozessordnung sind auf die nach § 11 zur Prozessvertretung zugelassenen Personen entsprechend anzuwenden.

§ 51 Persönliches Erscheinen der Parteien

(1) [1]Der Vorsitzende kann das persönliche Erscheinen der Parteien in jeder Lage des Rechtsstreits anordnen. [2]Im übrigen finden die Vorschriften des § 141 Abs. 2 und 3 der Zivilprozeßordnung entsprechende Anwendung.

(2) [1]Der Vorsitzende kann die Zulassung eines Prozeßbevollmächtigten ablehnen, wenn die Partei trotz Anordnung ihres persönlichen Erscheinens unbegründet ausgeblieben ist und hierdurch der Zweck der Anordnung vereitelt wird. [2]§ 141 Abs. 3 Satz 2 und 3 der Zivilprozeßordnung findet entsprechende Anwendung.

§ 52 Öffentlichkeit

[1]Die Verhandlungen vor dem erkennenden Gericht einschließlich der Beweisaufnahme und der Verkündung der Entscheidung ist öffentlich. [2]Das Arbeitsgericht kann die Öffentlichkeit für die Verhandlung oder für einen Teil der Verhandlung ausschließen, wenn durch die Öffentlichkeit eine Gefährdung der öffentlichen Ordnung, insbesondere der Staatssicherheit, oder eine Gefährdung der Sittlichkeit zu besorgen ist oder wenn eine Partei den Ausschluß der Öffentlichkeit beantragt, weil Betriebs-, Geschäfts- oder Erfindungsgeheimnisse zum Gegenstand der Verhandlung oder der Beweisaufnahme gemacht werden; außerdem ist § 171b des Gerichtsverfassungsgesetzes entsprechend anzuwenden. [3]Im Güteverfahren kann es die Öffentlichkeit auch aus Zweckmäßigkeitsgründen ausschließen. [4]§ 169 Absatz 1 Satz 2 bis 5, Absatz 2 und 4 sowie die §§ 173 bis 175 des Gerichtsverfassungsgesetzes sind entsprechend anzuwenden.

§ 53 Befugnisse des Vorsitzenden und der ehrenamtlichen Richter

(1) [1]Die nicht auf Grund einer mündlichen Verhandlung ergehenden Beschlüsse und Verfügungen erläßt, soweit nichts anderes bestimmt ist, der Vorsitzende allein. [2]Entsprechendes gilt für Amtshandlungen auf Grund eines Rechtshilfeersuchens.

(2) Im übrigen gelten für die Befugnisse des Vorsitzenden und der ehrenamtlichen Richter die Vorschriften der Zivilprozeßordnung über das landgerichtliche Verfahren entsprechend.

§ 54 Güteverfahren

(1) [1]Die mündliche Verhandlung beginnt mit einer Verhandlung vor dem Vorsitzenden zum Zwecke der gütlichen Einigung der Parteien (Güteverhandlung). [2]Der Vorsitzende hat zu diesem Zweck das gesamte Streitverhältnis mit den Parteien unter freier Würdigung aller Umstände zu erörtern. [3]Zur Aufklärung des Sachverhalts kann er alle Handlungen vornehmen, die sofort erfolgen können. [4]Eidliche Vernehmungen sind jedoch ausgeschlossen. [5]Der Vorsitzende kann die Güteverhandlung mit Zustimmung der Parteien in einem weiteren Termin, der alsbald stattzufinden hat, fortsetzen.

(2) [1]Die Klage kann bis zum Stellen der Anträge ohne Einwilligung des Beklagten zurückgenommen werden. [2]In der Güteverhandlung erklärte gerichtliche Geständnisse nach § 288 der Zivilprozeßordnung haben nur dann bindende Wirkung, wenn sie zu Protokoll erklärt worden sind. [3]§ 39 Satz 1 und § 282 Abs. 3 Satz 1 der Zivilprozeßordnung sind nicht anzuwenden.

(3) Das Ergebnis der Güteverhandlung, insbesondere der Abschluß eines Vergleichs, ist in das Protokoll aufzunehmen.

(4) Erscheint eine Partei in der Güteverhandlung nicht oder ist die Güteverhandlung erfolglos, schließt sich die weitere Verhandlung unmittelbar an oder es ist, falls der weiteren Verhandlung Hinderungsgründe entgegenstehen, Termin zur streitigen Verhandlung zu bestimmen; diese hat alsbald stattzufinden.

(5) [1]Erscheinen oder verhandeln beide Parteien in der Güteverhandlung nicht, ist das Ruhen des Verfahrens anzuordnen. [2]Auf Antrag einer Partei ist Termin zur streitigen Verhandlung zu bestimmen. [3]Dieser Antrag kann nur innerhalb von sechs Monaten nach der Güteverhandlung gestellt werden. [4]Nach Ablauf der Frist ist § 269 Abs. 3 bis 5 der Zivilprozeßordnung entsprechend anzuwenden.

(6) [1]Der Vorsitzende kann die Parteien für die Güteverhandlung sowie deren Fortsetzung vor einen hierfür bestimmten und nicht entscheidungsbefugten Richter (Güterichter) verweisen. [2]Der Güterichter kann alle Methoden der Konfliktbeilegung einschließlich der Mediation einsetzen.

§ 54a Mediation, außergerichtliche Konfliktbeilegung

(1) Das Gericht kann den Parteien eine Mediation oder ein anderes Verfahren der außergerichtlichen Konfliktbeilegung vorschlagen.

(2) [1]Entscheiden sich die Parteien zur Durchführung einer Mediation oder eines anderen Verfahrens der außergerichtlichen Konfliktbeilegung, ordnet das Gericht das Ruhen des Verfahrens an. [2]Auf Antrag einer Partei ist Termin zur mündlichen Verhandlung zu bestimmen. [3]Im Übrigen nimmt das Gericht das Verfahren nach drei Monaten wieder auf, es sei denn, die Parteien legen übereinstimmend dar, dass eine Mediation oder eine außergerichtliche Konfliktbeilegung noch betrieben wird.

§ 55 Alleinentscheidung durch den Vorsitzenden

(1) Der Vorsitzende entscheidet außerhalb der streitigen Verhandlung allein

1. bei Zurücknahme der Klage;
2. bei Verzicht auf den geltend gemachten Anspruch;
3. bei Anerkenntnis des geltend gemachten Anspruchs;
4. bei Säumnis einer Partei;
4a. über die Verwerfung des Einspruchs gegen ein Versäumnisurteil oder einen Vollstreckungsbescheid als unzulässig;
5. bei Säumnis beider Parteien;
6. über die einstweilige Einstellung der Zwangsvollstreckung;
7. über die örtliche Zuständigkeit;
8. über die Aussetzung und Anordnung des Ruhens des Verfahrens;
9. wenn nur noch über die Kosten zu entscheiden ist;
10. bei Entscheidungen über eine Berichtigung des Tatbestandes, soweit nicht eine Partei eine mündliche Verhandlung hierüber beantragt;
11. im Fall des § 11 Abs. 3 über die Zurückweisung des Bevollmächtigten oder die Untersagung der weiteren Vertretung.

(2) [1]Der Vorsitzende kann in den Fällen des Absatzes 1 Nr. 1, 3 und 4a bis 10 eine Entscheidung ohne mündliche Verhandlung treffen. [2]Dies gilt mit Zustimmung der Parteien auch in dem Fall des Absatzes 1 Nr. 2.

(3) Der Vorsitzende entscheidet ferner allein, wenn in der Verhandlung, die sich unmittelbar an die Güteverhandlung anschließt, eine das Verfahren beendende Entscheidung ergehen kann und die Parteien übereinstimmend eine Entscheidung durch den Vorsitzenden beantragen; der Antrag ist in das Protokoll aufzunehmen.

(4) [1]Der Vorsitzende kann vor der streitigen Verhandlung einen Beweisbeschluß erlassen, soweit er anordnet

1. eine Beweisaufnahme durch den ersuchten Richter;
2. eine schriftliche Beantwortung der Beweisfrage nach § 377 Abs. 3 der Zivilprozeßordnung;
3. die Einholung amtlicher Auskünfte;
4. eine Parteivernehmung;
5. die Einholung eines schriftlichen Sachverständigengutachtens.

[2]Anordnungen nach Nummer 1 bis 3 und 5 können vor der streitigen Verhandlung ausgeführt werden.

§ 56 Vorbereitung der streitigen Verhandlung

(1) [1]Der Vorsitzende hat die streitige Verhandlung so vorzubereiten, daß sie möglichst in einem Termin zu Ende geführt werden kann. [2]Zu diesem Zweck soll er, soweit es sachdienlich erscheint, insbesondere

1. den Parteien die Ergänzung oder Erläuterung ihrer vorbereitenden Schriftsätze sowie die Vorlegung von Urkunden und von anderen zur Niederlegung bei Gericht geeigneten Gegenständen aufgeben, insbesondere eine Frist zur Erklärung über bestimmte klärungsbedürftige Punkte setzen;
2. Behörden oder Träger eines öffentlichen Amtes um Mitteilung von Urkunden oder um Erteilung amtlicher Auskünfte ersuchen;
3. das persönliche Erscheinen der Parteien anordnen;
4. Zeugen, auf die sich eine Partei bezogen hat, und Sachverständige zur mündlichen Verhandlung laden sowie eine Anordnung nach § 378 der Zivilprozeßordnung treffen.

[3]Von diesen Maßnahmen sind die Parteien zu benachrichtigen.

(2) [1]Angriffs- und Verteidigungsmittel, die erst nach Ablauf einer nach Absatz 1 Satz 2 Nr. 1 gesetzten Frist vorgebracht werden, sind nur zuzulassen, wenn nach der freien Überzeugung des Gerichts ihre Zulassung die Erledigung des Rechtsstreits nicht verzögern würde oder wenn die Partei die Verspätung genügend entschuldigt. [2]Die Parteien sind über die Folgen der Versäumung der nach Absatz 1 Satz 2 Nr. 1 gesetzten Frist zu belehren.

§ 57 Verhandlung vor der Kammer

(1) [1]Die Verhandlung ist möglichst in einem Termin zu Ende zu führen. [2]Ist das nicht durchführbar, insbesondere weil eine Beweisaufnahme nicht sofort stattfinden kann, so ist der Termin zur weiteren Verhandlung, die sich alsbald anschließen soll, sofort zu verkünden.

(2) Die gütliche Erledigung des Rechtsstreits soll während des ganzen Verfahrens angestrebt werden.

§ 58 Beweisaufnahme

(1) [1]Soweit die Beweisaufnahme an der Gerichtsstelle möglich ist, erfolgt sie vor der Kammer. [2]In den übrigen Fällen kann die Beweisaufnahme, unbeschadet des § 13, dem Vorsitzenden übertragen werden.

(2) [1]Zeugen und Sachverständige werden nur beeidigt, wenn die Kammer dies im Hinblick auf die Bedeutung des Zeugnisses für die Entscheidung des Rechtsstreits für notwendig erachtet. [2]Im Falle des § 377 Abs. 3 der Zivilprozeßordnung ist die eidesstattliche Versicherung nur erforderlich, wenn die Kammer sie aus dem gleichen Grund für notwendig hält.

(3) Insbesondere über die Zahl der in einem Arbeitsverhältnis stehenden Mitglieder oder das Vertretensein einer Gewerkschaft in einem Betrieb kann Beweis auch durch die Vorlegung öffentlicher Urkunden angetreten werden.

§ 59 Versäumnisverfahren

[1]Gegen ein Versäumnisurteil kann eine Partei, gegen die das Urteil ergangen ist, binnen einer Notfrist von einer Woche nach seiner Zustellung Einspruch einlegen. [2]Der Einspruch wird beim Arbeitsgericht schriftlich oder durch Abgabe einer Erklärung zu Protokoll der Geschäftsstelle eingelegt. [3]Hierauf ist die Partei zugleich mit der Zustellung des Urteils schriftlich hinzuweisen. [4]§ 345 der Zivilprozeßordnung bleibt unberührt.

§ 60 Verkündung des Urteils

(1) [1]Zur Verkündung des Urteils kann ein besonderer Termin nur bestimmt werden, wenn die sofortige Verkündung in dem Termin, auf Grund dessen es erlassen wird, aus besonderen Gründen nicht möglich ist, insbesondere weil die Beratung nicht mehr am Tag der Verhandlung stattfinden kann. [2]Der Verkündungstermin wird nur dann über drei Wochen hinaus angesetzt, wenn wichtige Gründe, insbesondere der Umfang oder die Schwierigkeit der Sache, dies erfordern. [3]Dies gilt auch dann, wenn ein Urteil nach Lage der Akten erlassen wird.

(2) [1]Bei Verkündung des Urteils ist der wesentliche Inhalt der Entscheidungsgründe mitzuteilen. [2]Dies gilt nicht, wenn beide Parteien abwesend sind; in diesem Fall genügt die Bezugnahme auf die unterschriebene Urteilsformel.

(3) [1]Die Wirksamkeit der Verkündung ist von der Anwesenheit der ehrenamtlichen Richter nicht abhängig. [2]Wird ein von der Kammer gefälltes Urteil ohne Zuziehung der ehrenamtlichen Richter verkündet, so ist die Urteilsformel vorher von dem Vorsitzenden und den ehrenamtlichen Richtern zu unterschreiben.

(4) [1]Das Urteil nebst Tatbestand und Entscheidungsgründen ist vom Vorsitzenden zu unterschreiben. [2]Wird das Urteil nicht in dem Termin verkündet, in dem die mündliche Verhandlung geschlossen wird, so muß es bei der Verkündung in vollständiger Form abgefaßt sein. [3]Ein Urteil, das in dem Termin, in dem die mündliche Verhandlung geschlossen wird, verkündet wird, ist vor Ablauf von drei Wochen, vom Tag der Verkündung an gerechnet, vollständig abgefaßt der Geschäftsstelle zu übermitteln; kann dies ausnahmsweise nicht geschehen, so ist innerhalb dieser Frist das von dem Vorsitzenden unterschriebene Urteil ohne Tatbestand und Entscheidungsgründe der Geschäftsstelle zu übermitteln. [4]In diesem Fall sind Tatbestand und Entscheidungsgründe alsbald nachträglich anzufertigen, von dem Vorsitzenden besonders zu unterschreiben und der Geschäftsstelle zu übermitteln.

§ 61 Inhalt des Urteils

(1) Den Wert des Streitgegenstands setzt das Arbeitsgericht im Urteil fest.

(2) [1]Spricht das Urteil die Verpflichtung zur Vornahme einer Handlung aus, so ist der Beklagte auf Antrag des Klägers zugleich für den Fall, daß die Handlung nicht binnen einer bestimmten Frist vorgenommen ist, zur Zahlung einer vom Arbeitsgericht nach freiem Ermessen festzusetzenden Entschädigung zu verurteilen. [2]Die Zwangsvollstreckung nach §§ 887 und 888 der Zivilprozeßordnung ist in diesem Fall ausgeschlossen.

(3) Ein über den Grund des Anspruchs vorab entscheidendes Zwischenurteil ist wegen der Rechtsmittel nicht als Endurteil anzusehen.

§ 61a Besondere Prozeßförderung in Kündigungsverfahren

(1) Verfahren in Rechtsstreitigkeiten über das Bestehen, das Nichtbestehen oder die Kündigung eines Arbeitsverhältnisses sind nach Maßgabe der folgenden Vorschriften vorrangig zu erledigen.

(2) Die Güteverhandlung soll innerhalb von zwei Wochen nach Klageerhebung stattfinden.

(3) Ist die Güteverhandlung erfolglos oder wird das Verfahren nicht in einer sich unmittelbar anschließenden weiteren Verhandlung abgeschlossen, fordert der Vorsitzende den Beklagten auf, binnen einer angemessenen Frist, die mindestens zwei Wochen betragen muß, im einzelnen unter Beweisantritt schriftlich die Klage zu erwidern, wenn der Beklagte noch nicht oder nicht ausreichend auf die Klage erwidert hat.

(4) Der Vorsitzende kann dem Kläger eine angemessene Frist, die mindestens zwei Wochen betragen muß, zur schriftlichen Stellungnahme auf die Klageerwiderung setzen.

(5) Angriffs- und Verteidigungsmittel, die erst nach Ablauf der nach Absatz 3 oder 4 gesetzten Fristen vorgebracht werden, sind nur zuzulassen, wenn nach der freien Überzeugung des Gerichts ihre Zulassung die Erledigung des Rechtsstreits nicht verzögert oder wenn die Partei die Verspätung genügend entschuldigt.

(6) Die Parteien sind über die Folgen der Versäumung der nach Absatz 3 oder 4 gesetzten Fristen zu belehren.

§ 61b Klage wegen Benachteiligung

(1) Eine Klage auf Entschädigung nach § 15 des Allgemeinen Gleichbehandlungsgesetzes muss innerhalb von drei Monaten, nachdem der Anspruch schriftlich geltend gemacht worden ist, erhoben werden.

(2) [1]Machen mehrere Bewerber wegen Benachteiligung bei der Begründung eines Arbeitsverhältnisses oder beim beruflichen Aufstieg eine Entschädigung nach § 15 des Allgemeinen Gleichbehandlungsgesetzes gerichtlich geltend, so wird auf Antrag des Arbeitgebers das Arbeitsgericht, bei dem die erste Klage erhoben ist, auch für die übrigen Klagen ausschließlich zuständig. [2]Die Rechtsstreitigkeiten sind von Amts wegen an dieses Arbeitsgericht zu verweisen; die Prozesse sind zur gleichzeitigen Verhandlung und Entscheidung zu verbinden.

(3) Auf Antrag des Arbeitgebers findet die mündliche Verhandlung nicht vor Ablauf von sechs Monaten seit Erhebung der ersten Klage statt.

§ 62 Zwangsvollstreckung

(1) [1]Urteile der Arbeitsgerichte, gegen die Einspruch oder Berufung zulässig ist, sind vorläufig vollstreckbar. [2]Macht der Beklagte glaubhaft, daß die Vollstreckung ihm einen nicht zu ersetzenden Nachteil bringen würde, so hat das Arbeitsgericht auf seinen Antrag die vorläufige Vollstreckbarkeit im Urteil auszuschließen. [3]In den Fällen des § 707 Abs. 1 und des § 719 Abs. 1 der Zivilprozeßordnung kann die Zwangsvollstreckung nur unter derselben Voraussetzung eingestellt werden. [4]Die Einstellung der Zwangsvollstreckung nach Satz 3 erfolgt ohne Sicherheitsleistung. [5]Die Entscheidung ergeht durch unanfechtbaren Beschluss.

(2) [1]Im übrigen finden auf die Zwangsvollstreckung einschließlich des Arrests und der einstweiligen Verfügung die Vorschriften des Achten Buchs der Zivilprozeßordnung Anwendung. [2]Die Entscheidung über den Antrag auf Erlaß einer einstweiligen Verfügung kann in dringenden Fällen, auch dann, wenn der Antrag zurückzuweisen ist, ohne mündliche Verhandlung ergehen. [3]Eine in das Schutzschriftenregister nach § 945a Absatz 1 der Zivilprozessordnung eingestellte Schutzschrift gilt auch als bei allen Arbeitsgerichten der Länder eingereicht.

§ 63 Übermittlung von Urteilen in Tarifvertragssachen

[1]Rechtskräftige Urteile, die in bürgerlichen Rechtsstreitigkeiten zwischen Tarifvertragsparteien aus dem Tarifvertrag oder über das Bestehen oder Nichtbestehen des Tarifvertrags ergangen sind, sind alsbald der zuständigen obersten Landesbehörde und dem Bundesministerium für Arbeit und Soziales in vollständiger Form abschriftlich zu übersenden oder elektronisch zu übermitteln. [2]Ist die zuständige oberste Landesbehörde die Landesjustizverwaltung, so sind die Urteilsabschriften oder das Urteil in elektronischer Form auch der obersten Arbeitsbehörde des Landes zu übermitteln.

Zweiter Unterabschnitt: Berufungsverfahren

§ 64 Grundsatz

(1) Gegen die Urteile der Arbeitsgerichte findet, soweit nicht nach § 78 das Rechtsmittel der sofortigen Beschwerde gegeben ist, die Berufung an die Landesarbeitsgerichte statt.

(2) Die Berufung kann nur eingelegt werden,

a) wenn sie in dem Urteil des Arbeitsgerichts zugelassen worden ist,
b) wenn der Wert des Beschwerdegegenstandes 600 Euro übersteigt,
c) in Rechtsstreitigkeiten über das Bestehen, das Nichtbestehen oder die Kündigung eines Arbeitsverhältnisses oder
d) wenn es sich um ein Versäumnisurteil handelt, gegen das der Einspruch an sich nicht statthaft ist, wenn die Berufung oder Anschlussberufung darauf gestützt wird, dass der Fall der schuldhaften Versäumung nicht vorgelegen habe.

(3) Das Arbeitsgericht hat die Berufung zuzulassen, wenn

1. die Rechtssache grundsätzliche Bedeutung hat,
2. die Rechtssache Rechtsstreitigkeiten betrifft
   a) zwischen Tarifvertragsparteien aus Tarifverträgen oder über das Bestehen oder Nichtbestehen von Tarifverträgen,
   b) über die Auslegung eines Tarifvertrags, dessen Geltungsbereich sich über den Bezirk eines Arbeitsgerichts hinaus erstreckt, oder
   c) zwischen tariffähigen Parteien oder zwischen diesen und Dritten aus unerlaubten Handlungen, soweit es sich um Maßnahmen zum Zwecke des Arbeitskampfs oder um Fragen der Vereinigungsfreiheit einschließlich des hiermit im Zusammenhang stehenden Betätigungsrechts der Vereinigungen handelt, oder
3. das Arbeitsgericht in der Auslegung einer Rechtsvorschrift von einem ihm im Verfahren vorgelegten Urteil, das für oder gegen eine Partei des Rechtsstreits ergangen ist, oder von einem Urteil des im Rechtszug übergeordneten Landesarbeitsgerichts abweicht und die Entscheidung auf dieser Abweichung beruht.

(3a) [1]Die Entscheidung des Arbeitsgerichts, ob die Berufung zugelassen oder nicht zugelassen wird, ist in den Urteilstenor aufzunehmen. [2]Ist dies unterblieben, kann binnen zwei Wochen ab Verkündung des Urteils eine entsprechende Ergänzung beantragt werden. [3]Über den Antrag kann die Kammer ohne mündliche Verhandlung entscheiden.

(4) Das Landesarbeitsgericht ist an die Zulassung gebunden.

(5) Ist die Berufung nicht zugelassen worden, hat der Berufungskläger den Wert des Beschwerdegegenstands glaubhaft zu machen; zur Versicherung an Eides Statt darf er nicht zugelassen werden.

(6) [1]Für das Verfahren vor den Landesarbeitsgerichten gelten, soweit dieses Gesetz nichts anderes bestimmt, die Vorschriften der Zivilprozeßordnung über die Berufung entsprechend. [2]Die Vorschriften über das Verfahren vor dem Einzelrichter finden keine Anwendung.

(7) Die Vorschriften des § 49 Abs. 1 und 3, des § 50, des § 51 Abs. 1, der §§ 52, 53, 55 Abs. 1 Nr. 1 bis 9, Abs. 2 und 4, des § 54 Absatz 6, des § 54a, der §§ 56 bis 59, 61 Abs. 2 und 3 und der §§ 62 und 63 über Ablehnung von Gerichtspersonen, Zustellungen, persönliches Erscheinen der Parteien, Öffentlichkeit, Befugnisse des Vorsitzenden und der ehrenamtlichen Richter, Güterichter, Mediation und außergerichtliche Konfliktbeilegung, Vorbereitung der streitigen Verhandlung, Verhandlung vor der Kammer, Beweisaufnahme, Versäumnisverfahren, Inhalt des Urteils, Zwangsvollstreckung und Übersendung von Urteilen in Tarifvertragssachen gelten entsprechend.

(8) Berufungen in Rechtsstreitigkeiten über das Bestehen, das Nichtbestehen oder die Kündigung eines Arbeitsverhältnisses sind vorrangig zu erledigen.

§ 65 Beschränkung der Berufung

Das Berufungsgericht prüft nicht, ob der beschrittene Rechtsweg und die Verfahrensart zulässig sind und ob bei der Berufung der ehrenamtlichen Richter Verfahrensmängel unterlaufen sind oder Umstände vorgelegen haben, die die Berufung eines ehrenamtlichen Richters zu seinem Amte ausschließen.

§ 66 Einlegung der Berufung, Terminbestimmung

(1) [1]Die Frist für die Einlegung der Berufung beträgt einen Monat, die Frist für die Begründung der Berufung zwei Monate. [2]Beide Fristen beginnen mit der Zustellung des in vollständiger Form abgefassten Urteils, spätestens aber mit Ablauf von fünf Monaten nach der Verkündung. [3]Die Berufung muß innerhalb einer Frist von einem Monat nach Zustellung der Berufungsbegründung beantwortet werden. [4]Mit der Zustellung der Berufungsbegründung ist der Berufungsbeklagte auf die Frist für die Berufungsbeantwortung hinzuweisen. [5]Die Fristen zur Begründung der Berufung und zur Berufungsbeantwortung können vom Vorsitzenden einmal auf Antrag verlängert werden, wenn nach seiner freien Überzeugung der Rechtsstreit durch die Verlängerung nicht verzögert wird oder wenn die Partei erhebliche Gründe darlegt.

(2) [1]Die Bestimmung des Termins zur mündlichen Verhandlung muss unverzüglich erfolgen. [2]§ 522 Abs. 1 der Zivilprozessordnung bleibt unberührt; die Verwerfung der Berufung ohne mündliche Verhandlung ergeht durch Beschluss des Vorsitzenden. [3]§ 522 Abs. 2 und 3 der Zivilprozessordnung findet keine Anwendung.

§ 67 Zulassung neuer Angriffs- und Verteidigungsmittel

(1) Angriffs- und Verteidigungsmittel, die im ersten Rechtszug zu Recht zurückgewiesen worden sind, bleiben ausgeschlossen.

(2) [1]Neue Angriffs- und Verteidigungsmittel, die im ersten Rechtszug entgegen einer hierfür nach § 56 Abs. 1 Satz 2 Nr. 1 oder § 61a Abs. 3 oder 4 gesetzten Frist nicht vorgebracht worden sind, sind nur zuzulassen, wenn nach der freien Überzeugung des Landesarbeitsgerichts ihre Zulassung die Erledigung des Rechtsstreits nicht verzögern würde oder wenn die Partei die Verspätung genügend entschuldigt. [2]Der Entschuldigungsgrund ist auf Verlangen des Landesarbeitsgerichts glaubhaft zu machen.

(3) Neue Angriffs- und Verteidigungsmittel, die im ersten Rechtszug entgegen § 282 Abs. 1 der Zivilprozessordnung nicht rechtzeitig vorgebracht oder entgegen § 282 Abs. 2 der Zivilprozessordnung nicht rechtzeitig mitgeteilt worden sind, sind nur zuzulassen, wenn ihre Zulassung nach der freien Überzeugung des Landesarbeitsgerichts die Erledigung des Rechtsstreits nicht verzögern würde oder wenn die Partei das Vorbringen im ersten Rechtszug nicht aus grober Nachlässigkeit unterlassen hatte.

(4) [1]Soweit das Vorbringen neuer Angriffs- und Verteidigungsmittel nach den Absätzen 2 und 3 zulässig ist, sind diese vom Berufungskläger in der Berufungsbegründung, vom Berufungsbeklagten in der Berufungsbeantwortung vorzubringen. [2]Werden sie später vorgebracht, sind sie nur zuzulassen, wenn sie nach der Berufungsbegründung oder der Berufungsbeantwortung entstanden sind oder das verspätete Vorbringen nach der freien Überzeugung des Landesarbeitsgerichts die Erledigung des Rechtsstreits nicht verzögern würde oder nicht auf Verschulden der Partei beruht.

§ 67a (weggefallen)

§ 68 Zurückverweisung

Wegen eines Mangels im Verfahren des Arbeitsgerichts ist die Zurückverweisung unzulässig.

§ 69 Urteil

(1) [1]Das Urteil nebst Tatbestand und Entscheidungsgründen ist von sämtlichen Mitgliedern der Kammer zu unterschreiben. [2]§ 60 Abs. 1 bis 3 und Abs. 4 Satz 2 bis 4 ist entsprechend mit der Maßgabe anzuwenden, dass die Frist nach Absatz 4 Satz 3 vier Wochen beträgt und im Falle des Absatzes 4 Satz 4 Tatbestand und Entscheidungsgründe von sämtlichen Mitgliedern der Kammer zu unterschreiben sind.

(2) Im Urteil kann von der Darstellung des Tatbestandes und, soweit das Berufungsgericht den Gründen der angefochtenen Entscheidung folgt und dies in seinem Urteil feststellt, auch von der Darstellung der Entscheidungsgründe abgesehen werden.

(3) [1]Ist gegen das Urteil die Revision statthaft, so soll der Tatbestand eine gedrängte Darstellung des Sach- und Streitstandes auf der Grundlage der mündlichen Vorträge der Parteien enthalten. [2]Eine Bezugnahme auf das angefochtene Urteil sowie auf Schriftsätze, Protokolle und andere Unterlagen ist zulässig, soweit hierdurch die Beurteilung des Parteivorbringens durch das Revisionsgericht nicht wesentlich erschwert wird.

(4) [1]§ 540 Abs. 1 der Zivilprozessordnung findet keine Anwendung. [2]§ 313a Abs. 1 Satz 2 der Zivilprozessordnung findet mit der Maßgabe entsprechende Anwendung, dass es keiner Entscheidungsgründe bedarf, wenn die Parteien auf sie verzichtet haben; im Übrigen sind die §§ 313a und 313b der Zivilprozessordnung entsprechend anwendbar.

§ 70 – 71 (aufgehoben)

Dritter Unterabschnitt: Revisionsverfahren

§ 72 Grundsatz

(1) [1]Gegen das Endurteil eines Landesarbeitsgerichts findet die Revision an das Bundesarbeitsgericht statt, wenn sie in dem Urteil des Landesarbeitsgerichts oder in dem Beschluß des Bundesarbeitsgerichts nach § 72a Abs. 5 Satz 2 zugelassen worden ist. [2]§ 64 Abs. 3a ist entsprechend anzuwenden.

(2) Die Revision ist zuzulassen, wenn

1. eine entscheidungserhebliche Rechtsfrage grundsätzliche Bedeutung hat,
2. das Urteil von einer Entscheidung des Bundesverfassungsgerichts, von einer Entscheidung des Gemeinsamen Senats der obersten Gerichtshöfe des Bundes, von einer Entscheidung des Bundesarbeitsgerichts oder, solange eine Entscheidung des Bundesarbeitsgerichts in der Rechtsfrage nicht ergangen ist, von einer Entscheidung einer anderen Kammer desselben Landesarbeitsgerichts oder eines anderen Landesarbeitsgerichts abweicht und die Entscheidung auf dieser Abweichung beruht oder
3. ein absoluter Revisionsgrund gemäß § 547 Nr. 1 bis 5 der Zivilprozessordnung oder eine entscheidungserhebliche Verletzung des Anspruchs auf rechtliches Gehör geltend gemacht wird und vorliegt.

(3) Das Bundesarbeitsgericht ist an die Zulassung der Revision durch das Landesarbeitsgericht gebunden.

(4) Gegen Urteile, durch die über die Anordnung, Abänderung oder Aufhebung eines Arrests oder einer einstweiligen Verfügung entschieden wird, ist die Revision nicht zulässig.

(5) Für das Verfahren vor dem Bundesarbeitsgericht gelten, soweit dieses Gesetz nichts anderes bestimmt, die Vorschriften der Zivilprozeßordnung über die Revision mit Ausnahme des § 566 entsprechend.

(6) Die Vorschriften des § 49 Abs. 1, der §§ 50, 52 und 53, des § 57 Abs. 2, des § 61 Abs. 2 und des § 63 dieses Gesetzes über Ablehnung von Gerichtspersonen, Zustellung, Öffentlichkeit, Befugnisse des Vorsitzenden und der ehrenamtlichen Richter, gütliche Erledigung des Rechtsstreits sowie Inhalt des Urteils und Übersendung von Urteilen in Tarifvertragssachen und des § 169 Absatz 3 und 4 des Gerichtsverfassungsgesetzes über die Ton- und Fernseh-Rundfunkaufnahmen sowie Ton- und Filmaufnahmen bei der Entscheidungsverkündung gelten entsprechend.

§ 72a Nichtzulassungsbeschwerde

(1) Die Nichtzulassung der Revision durch das Landesarbeitsgericht kann selbständig durch Beschwerde angefochten werden.

(2) [1]Die Beschwerde ist bei dem Bundesarbeitsgericht innerhalb einer Notfrist von einem Monat nach Zustellung des in vollständiger Form abgefaßten Urteils schriftlich einzulegen. [2]Der Beschwerdeschrift soll eine Ausfertigung oder beglaubigte Abschrift des Urteils beigefügt werden, gegen das die Revision eingelegt werden soll.

(3) [1]Die Beschwerde ist innerhalb einer Notfrist von zwei Monaten nach Zustellung des in vollständiger Form abgefaßten Urteils zu begründen. [2]Die Begründung muss enthalten:

1. die Darlegung der grundsätzlichen Bedeutung einer Rechtsfrage und deren Entscheidungserheblichkeit,
2. die Bezeichnung der Entscheidung, von der das Urteil des Landesarbeitsgerichts abweicht, oder
3. die Darlegung eines absoluten Revisionsgrundes nach § 547 Nr. 1 bis 5 der Zivilprozessordnung oder der Verletzung des Anspruchs auf rechtliches Gehör und der Entscheidungserheblichkeit der Verletzung.

(4) [1]Die Einlegung der Beschwerde hat aufschiebende Wirkung. [2]Die Vorschriften des § 719 Abs. 2 und 3 der Zivilprozeßordnung sind entsprechend anzuwenden.

(5) [1]Das Landesarbeitsgericht ist zu einer Änderung seiner Entscheidung nicht befugt. [2]Das Bundesarbeitsgericht entscheidet unter Hinzuziehung der ehrenamtlichen Richter durch Beschluß, der ohne mündliche Verhandlung ergehen kann. [3]Die ehrenamtlichen Richter wirken nicht mit, wenn die Nichtzulassungsbeschwerde als unzulässig verworfen wird, weil sie nicht statthaft oder nicht in der gesetzlichen Form und Frist eingelegt und begründet ist. [4]Dem Beschluss soll eine kurze Begründung beigefügt werden. [5]Von einer Begründung kann abgesehen werden, wenn sie nicht geeignet wäre, zur Klärung der Voraussetzungen beizutragen, unter denen eine Revision zuzulassen ist, oder wenn der Beschwerde stattgegeben wird. [6]Mit der Ablehnung der Beschwerde durch das Bundesarbeitsgericht wird das Urteil rechtskräftig.

(6) [1]Wird der Beschwerde stattgegeben, so wird das Beschwerdeverfahren als Revisionsverfahren fortgesetzt. [2]In diesem Fall gilt die form- und fristgerechte Einlegung der Nichtzulassungsbeschwerde als Einlegung der Revision. [3]Mit der Zustellung der Entscheidung beginnt die Revisionsbegründungsfrist.

(7) Hat das Landesarbeitsgericht den Anspruch des Beschwerdeführers auf rechtliches Gehör in entscheidungserheblicher Weise verletzt, so kann das Bundesarbeitsgericht abweichend von Absatz 6 in dem der Beschwerde stattgebenden Beschluss das angefochtene Urteil aufheben und den Rechtsstreit zur neuen Verhandlung und Entscheidung an das Landesarbeitsgericht zurückverweisen.

§ 72b Sofortige Beschwerde wegen verspäteter Absetzung des Berufungsurteils

(1) [1]Das Endurteil eines Landesarbeitsgerichts kann durch sofortige Beschwerde angefochten werden, wenn es nicht binnen fünf Monaten nach der Verkündung vollständig abgefasst und mit den Unterschriften sämtlicher Mitglieder der Kammer versehen der Geschäftsstelle übergeben worden ist. [2]§ 72a findet keine Anwendung.

(2) [1]Die sofortige Beschwerde ist innerhalb einer Notfrist von einem Monat beim Bundesarbeitsgericht einzulegen und zu begründen. [2]Die Frist beginnt mit dem Ablauf von fünf Monaten nach der Verkündung des Urteils des Landesarbeitsgerichts. [3]§ 9 Abs. 5 findet keine Anwendung.

(3) [1]Die sofortige Beschwerde wird durch Einreichung einer Beschwerdeschrift eingelegt. [2]Die Beschwerdeschrift muss die Bezeichnung der angefochtenen Entscheidung sowie die Erklärung enthalten, dass Beschwerde gegen diese Entscheidung eingelegt werde. [3]Die Beschwerde kann nur damit begründet werden, dass das Urteil des Landesarbeitsgerichts mit Ablauf von fünf Monaten nach der Verkündung noch nicht vollständig abgefasst und mit den Unterschriften sämtlicher Mitglieder der Kammer versehen der Geschäftsstelle übergeben worden ist.

(4) [1]Über die sofortige Beschwerde entscheidet das Bundesarbeitsgericht ohne Hinzuziehung der ehrenamtlichen Richter durch Beschluss, der ohne mündliche Verhandlung ergehen kann. [2]Dem Beschluss soll eine kurze Begründung beigefügt werden.

(5) [1]Ist die sofortige Beschwerde zulässig und begründet, ist das Urteil des Landesarbeitsgerichts aufzuheben und die Sache zur neuen Verhandlung und Entscheidung an das Landesarbeitsgericht zurückzuverweisen. [2]Die Zurückverweisung kann an eine andere Kammer des Landesarbeitsgerichts erfolgen.

§ 73 Revisionsgründe

(1) [1]Die Revision kann nur darauf gestützt werden, daß das Urteil des Landesarbeitsgerichts auf der Verletzung einer Rechtsnorm beruht. [2]Sie kann nicht auf die Gründe des § 72b gestützt werden.

(2) § 65 findet entsprechende Anwendung.

§ 74 Einlegung der Revision, Terminbestimmung

(1) [1]Die Frist für die Einlegung der Revision beträgt einen Monat, die Frist für die Begründung der Revision zwei Monate. [2]Beide Fristen beginnen mit der Zustellung des in vollständiger Form abgefassten Urteils, spätestens aber mit Ablauf von fünf Monaten nach der Verkündung. [3]Die Revisionsbegründungsfrist kann einmal bis zu einem weiteren Monat verlängert werden.

(2) [1]Die Bestimmung des Termins zur mündlichen Verhandlung muß unverzüglich erfolgen. [2]§ 552 Abs. 1 der Zivilprozeßordnung bleibt unberührt. [3]Die Verwerfung der Revision ohne mündliche Verhandlung ergeht durch Beschluß des Senats und ohne Zuziehung der ehrenamtlichen Richter.

§ 75 Urteil

(1) [1]Die Wirksamkeit der Verkündung des Urteils ist von der Anwesenheit der ehrenamtlichen Richter nicht abhängig. [2]Wird ein Urteil in Abwesenheit der ehrenamtlichen Richter verkündet, so ist die Urteilsformel vorher von sämtlichen Mitgliedern des erkennenden Senats zu unterschreiben.

(2) Das Urteil nebst Tatbestand und Entscheidungsgründen ist von sämtlichen Mitgliedern des erkennenden Senats zu unterschreiben.

§ 76 Sprungrevision

(1) [1]Gegen das Urteil eines Arbeitsgerichts kann unter Übergehung der Berufungsinstanz unmittelbar die Revision eingelegt werden (Sprungrevision), wenn der Gegner schriftlich zustimmt und wenn sie vom Arbeitsgericht auf Antrag im Urteil oder nachträglich durch Beschluß zugelassen wird. [2]Der Antrag ist innerhalb einer Notfrist von einem Monat nach Zustellung des in vollständiger Form abgefaßten Urteils schriftlich zu stellen. [3]Die Zustimmung des Gegners ist, wenn die Revision im Urteil zugelassen ist, der Revisionsschrift, andernfalls dem Antrag beizufügen.

(2) [1]Die Sprungrevision ist nur zuzulassen, wenn die Rechtssache grundsätzliche Bedeutung hat und Rechtsstreitigkeiten betrifft

1. zwischen Tarifvertragsparteien aus Tarifverträgen oder über das Bestehen oder Nichtbestehen von Tarifverträgen,
2. über die Auslegung eines Tarifvertrags, dessen Geltungsbereich sich über den Bezirk des Landesarbeitsgerichts hinaus erstreckt, oder
3. zwischen tariffähigen Parteien oder zwischen diesen und Dritten aus unerlaubten Handlungen, soweit es sich um Maßnahmen zum Zwecke des Arbeitskampfs oder um Fragen der Vereinigungsfreiheit einschließlich des hiermit im Zusammenhang stehenden Betätigungsrechts der Vereinigungen handelt.

[2]Das Bundesarbeitsgericht ist an die Zulassung gebunden. [3]Die Ablehnung der Zulassung ist unanfechtbar.

(3) [1]Lehnt das Arbeitsgericht den Antrag auf Zulassung der Revision durch Beschluß ab, so beginnt mit der Zustellung dieser Entscheidung der Lauf der Berufungsfrist von neuem, sofern der Antrag in der gesetzlichen Form und Frist gestellt und die Zustimmungserklärung beigefügt war. [2]Läßt das Arbeitsgericht die Revision durch Beschluß zu, so beginnt mit der Zustellung dieser Entscheidung der Lauf der Revisionsfrist.

(4) Die Revision kann nicht auf Mängel des Verfahrens gestützt werden.

(5) Die Einlegung der Revision und die Zustimmung gelten als Verzicht auf die Berufung, wenn das Arbeitsgericht die Revision zugelassen hat.

(6) [1]Verweist das Bundesarbeitsgericht die Sache zur anderweitigen Verhandlung und Entscheidung zurück, so kann die Zurückverweisung nach seinem Ermessen auch an dasjenige Landesarbeitsgericht erfolgen, das für die Berufung zuständig gewesen wäre. [2]In

diesem Falle gelten für das Verfahren vor dem Landesarbeitsgericht die gleichen Grundsätze, wie wenn der Rechtsstreit auf eine ordnungsmäßig eingelegte Berufung beim Landesarbeitsgericht anhängig geworden wäre. [3]Das Arbeitsgericht und das Landesarbeitsgericht haben die rechtliche Beurteilung, die der Aufhebung zugrunde gelegt ist, auch ihrer Entscheidung zugrunde zu legen. [4]Von der Einlegung der Revision nach Absatz 1 hat die Geschäftsstelle des Bundesarbeitsgerichts der Geschäftsstelle des Arbeitsgerichts unverzüglich Nachricht zu geben.

§ 77 Revisionsbeschwerde

[1]Gegen den Beschluss des Landesarbeitsgerichts, der die Berufung als unzulässig verwirft, findet die Revisionsbeschwerde statt, wenn das Landesarbeitsgericht sie in dem Beschluss oder das Bundesarbeitsgericht sie zugelassen hat. [2]Für die Zulassung der Revisionsbeschwerde gelten § 72 Absatz 2 und § 72a entsprechend. [3]Über die Nichtzulassungsbeschwerde und die Revisionsbeschwerde entscheidet das Bundesarbeitsgericht ohne Hinzuziehung der ehrenamtlichen Richter. [4]Die Vorschriften der Zivilprozessordnung über die Rechtsbeschwerde gelten entsprechend.

Vierter Unterabschnitt: Beschwerdeverfahren, Abhilfe bei Verletzung des Anspruchs auf rechtliches Gehör

§ 78 Beschwerdeverfahren

[1]Hinsichtlich der Beschwerde gegen Entscheidungen der Arbeitsgerichte oder ihrer Vorsitzenden gelten die für die Beschwerde gegen Entscheidungen der Amtsgerichte maßgebenden Vorschriften der Zivilprozessordnung entsprechend. [2]Für die Zulassung der Rechtsbeschwerde gilt § 72 Abs. 2 entsprechend. [3]Über die sofortige Beschwerde entscheidet das Landesarbeitsgericht ohne Hinzuziehung der ehrenamtlichen Richter, über die Rechtsbeschwerde das Bundesarbeitsgericht.

§ 78a Abhilfe bei Verletzung des Anspruchs auf rechtliches Gehör

(1) [1]Auf die Rüge der durch die Entscheidung beschwerten Partei ist das Verfahren fortzuführen, wenn

1. ein Rechtsmittel oder ein anderer Rechtsbehelf gegen die Entscheidung nicht gegeben ist und
2. das Gericht den Anspruch dieser Partei auf rechtliches Gehör in entscheidungserheblicher Weise verletzt hat.

[2]Gegen eine der Endentscheidung vorausgehende Entscheidung findet die Rüge nicht statt.

(2) [1]Die Rüge ist innerhalb einer Notfrist von zwei Wochen nach Kenntnis von der Verletzung des rechtlichen Gehörs zu erheben; der Zeitpunkt der Kenntniserlangung ist glaubhaft zu machen. [2]Nach Ablauf eines Jahres seit Bekanntgabe der angegriffenen Entscheidung kann die Rüge nicht mehr erhoben werden. [3]Formlos mitgeteilte Entscheidungen gelten mit dem dritten Tage nach Aufgabe zur Post als bekannt gegeben. [4]Die Rüge ist schriftlich bei dem Gericht zu erheben, dessen Entscheidung angegriffen wird. [5]Die Rüge muss die angegriffene Entscheidung bezeichnen und das Vorliegen der in Absatz 1 Satz 1 Nr. 2 genannten Voraussetzungen darlegen.

(3) Dem Gegner ist, soweit erforderlich, Gelegenheit zur Stellungnahme zu geben.

(4) [1]Das Gericht hat von Amts wegen zu prüfen, ob die Rüge an sich statthaft und ob sie in der gesetzlichen Form und Frist erhoben ist. [2]Mangelt es an einem dieser Erfordernisse, so ist die Rüge als unzulässig zu verwerfen. [3]Ist die Rüge unbegründet, weist das Gericht sie zurück. [4]Die Entscheidung ergeht durch unanfechtbaren Beschluss. [5]Der Beschluss soll kurz begründet werden.

(5) [1]Ist die Rüge begründet, so hilft ihr das Gericht ab, indem es das Verfahren fortführt, soweit dies aufgrund der Rüge geboten ist. [2]Das Verfahren wird in die Lage zurückversetzt, in der es sich vor dem Schluss der mündlichen Verhandlung befand. [3]§ 343 der Zivilprozessordnung gilt entsprechend. [4]In schriftlichen Verfahren tritt an die Stelle des Schlusses der mündlichen Verhandlung der Zeitpunkt, bis zu dem Schriftsätze eingereicht werden können.

(6) [1]Die Entscheidungen nach den Absätzen 4 und 5 erfolgen unter Hinzuziehung der ehrenamtlichen Richter. [2]Die ehrenamtlichen Richter wirken nicht mit, wenn die Rüge als unzulässig verworfen wird oder sich gegen eine Entscheidung richtet, die ohne Hinzuziehung der ehrenamtlichen Richter erlassen wurde.

(7) § 707 der Zivilprozessordnung ist unter der Voraussetzung entsprechend anzuwenden, dass der Beklagte glaubhaft macht, dass die Vollstreckung ihm einen nicht zu ersetzenden Nachteil bringen würde.

(8) Auf das Beschlussverfahren finden die Absätze 1 bis 7 entsprechende Anwendung.

Fünfter Unterabschnitt: Wiederaufnahme des Verfahrens

§ 79

[1]Die Vorschriften der Zivilprozeßordnung über die Wiederaufnahme des Verfahrens gelten für Rechtsstreitigkeiten nach § 2 Abs. 1 bis 4 entsprechend. [2]Die Nichtigkeitsklage kann jedoch nicht auf Mängel des Verfahrens bei der Berufung der ehrenamtlichen Richter oder auf Umstände, die die Berufung eines ehrenamtlichen Richters zu seinem Amt ausschließen, gestützt werden.

Zweiter Abschnitt: Beschlußverfahren

Erster Unterabschnitt: Erster Rechtszug

§ 80 Grundsatz

(1) Das Beschlußverfahren findet in den in § 2a bezeichneten Fällen Anwendung.

(2) [1]Für das Beschlußverfahren des ersten Rechtszugs gelten die für das Urteilsverfahren des ersten Rechtszugs maßgebenden Vorschriften über Prozeßfähigkeit, Prozeßvertretung, Ladungen, Termine und Fristen, Ablehnung und Ausschließung von Gerichtspersonen, Zustellungen, persönliches Erscheinen der Parteien, Öffentlichkeit, Befugnisse des Vorsitzenden und der ehrenamtlichen Richter,

Mediation und außergerichtliche Konfliktbeilegung, Vorbereitung der streitigen Verhandlung, Verhandlung vor der Kammer, Beweisaufnahme, gütliche Erledigung des Verfahrens, Wiedereinsetzung in den vorigen Stand und Wiederaufnahme des Verfahrens entsprechend; soweit sich aus den §§ 81 bis 84 nichts anderes ergibt. [2]Der Vorsitzende kann ein Güteverfahren ansetzen; die für das Urteilsverfahren des ersten Rechtszugs maßgebenden Vorschriften über das Güteverfahren gelten entsprechend.

(3) § 48 Abs. 1 findet entsprechende Anwendung.

§ 81 Antrag

(1) Das Verfahren wird nur auf Antrag eingeleitet; der Antrag ist bei dem Arbeitsgericht schriftlich einzureichen oder bei seiner Geschäftsstelle mündlich zu Protokoll anzubringen.

(2) [1]Der Antrag kann jederzeit in derselben Form zurückgenommen werden. [2]In diesem Fall ist das Verfahren vom Vorsitzenden des Arbeitsgerichts einzustellen. [3]Von der Einstellung ist den Beteiligten Kenntnis zu geben, soweit ihnen der Antrag vom Arbeitsgericht mitgeteilt worden ist.

(3) [1]Eine Änderung des Antrags ist zulässig, wenn die übrigen Beteiligten zustimmen oder das Gericht die Änderung für sachdienlich hält. [2]Die Zustimmung der Beteiligten zu der Änderung des Antrags gilt als erteilt, wenn die Beteiligten sich, ohne zu widersprechen, in einem Schriftsatz oder in der mündlichen Verhandlung auf den geänderten Antrag eingelassen haben. [3]Die Entscheidung, daß eine Änderung des Antrags nicht vorliegt oder zugelassen wird, ist unanfechtbar.

§ 82 Örtliche Zuständigkeit

(1) [1]Zuständig ist das Arbeitsgericht, in dessen Bezirk der Betrieb liegt. [2]In Angelegenheiten des Gesamtbetriebsrats, des Konzernbetriebsrats, der Gesamtjugendvertretung oder der Gesamt-Jugend- und Auszubildendenvertretung, des Wirtschaftsausschusses und der Vertretung der Arbeitnehmer im Aufsichtsrat ist das Arbeitsgericht zuständig, in dessen Bezirk das Unternehmen seinen Sitz hat. [3]Satz 2 gilt entsprechend in Angelegenheiten des Gesamtsprecherausschusses, des Unternehmenssprecherausschusses und des Konzernsprecherausschusses.

(2) [1]In Angelegenheiten eines Europäischen Betriebsrats, im Rahmen eines Verfahrens zur Unterrichtung und Anhörung oder des besonderen Verhandlungsgremiums ist das Arbeitsgericht zuständig, in dessen Bezirk das Unternehmen oder das herrschende Unternehmen nach § 2 des Gesetzes über Europäische Betriebsräte seinen Sitz hat. [2]Bei einer Vereinbarung nach § 41 Absatz 1 bis 7 des Gesetzes über Europäische Betriebsräte ist der Sitz des vertragschließenden Unternehmens maßgebend.

(3) In Angelegenheiten aus dem SE-Beteiligungsgesetz ist das Arbeitsgericht zuständig, in dessen Bezirk die Europäische Gesellschaft ihren Sitz hat; vor ihrer Eintragung ist das Arbeitsgericht zuständig, in dessen Bezirk die Europäische Gesellschaft ihren Sitz haben soll.

(4) In Angelegenheiten nach dem SCE-Beteiligungsgesetz ist das Arbeitsgericht zuständig, in dessen Bezirk die Europäische Genossenschaft ihren Sitz hat; vor ihrer Eintragung ist das Arbeitsgericht zuständig, in dessen Bezirk die Europäische Genossenschaft ihren Sitz haben soll.

(5) In Angelegenheiten nach dem Gesetz über die Mitbestimmung der Arbeitnehmer bei einer grenzüberschreitenden Verschmelzung ist das Arbeitsgericht zuständig, in dessen Bezirk die aus der grenzüberschreitenden Verschmelzung hervorgegangene Gesellschaft ihren Sitz hat; vor ihrer Eintragung ist das Arbeitsgericht zuständig, in dessen Bezirk die aus der grenzüberschreitenden Verschmelzung hervorgehende Gesellschaft ihren Sitz haben soll.

§ 83 Verfahren

(1) [1]Das Gericht erforscht den Sachverhalt im Rahmen der gestellten Anträge von Amts wegen. [2]Die am Verfahren Beteiligten haben an der Aufklärung des Sachverhalts mitzuwirken.

(1a) [1]Der Vorsitzende kann den Beteiligten eine Frist für ihr Vorbringen setzen. [2]Nach Ablauf einer nach Satz 1 gesetzten Frist kann das Vorbringen zurückgewiesen werden, wenn nach der freien Überzeugung des Gerichts seine Zulassung die Erledigung des Beschlussverfahrens verzögern würde und der Beteiligte die Verspätung nicht genügend entschuldigt. [3]Die Beteiligten sind über die Folgen der Versäumung der nach Satz 1 gesetzten Frist zu belehren.

(2) Zur Aufklärung des Sachverhalts können Urkunden eingesehen, Auskünfte eingeholt, Zeugen, Sachverständige und Beteiligte vernommen und der Augenschein eingenommen werden.

(3) In dem Verfahren sind der Arbeitgeber, die Arbeitnehmer und die Stellen zu hören, die nach dem Betriebsverfassungsgesetz, dem Sprecherausschussgesetz, dem Mitbestimmungsgesetz, dem Mitbestimmungsergänzungsgesetz, dem Drittelbeteiligungsgesetz, den §§ 177, 178 und 222 des Neunten Buches Sozialgesetzbuch, dem § 18a des Berufsbildungsgesetzes und den zu diesen Gesetzen ergangenen Rechtsverordnungen sowie nach dem Gesetz über Europäische Betriebsräte, dem SE-Beteiligungsgesetz, dem SCE-Beteiligungsgesetz und dem Gesetz über die Mitbestimmung der Arbeitnehmer bei einer grenzüberschreitenden Verschmelzung im einzelnen Fall beteiligt sind.

(4) [1]Die Beteiligten können sich schriftlich äußern. [2]Bleibt ein Beteiligter auf Ladung unentschuldigt aus, so ist der Pflicht zur Anhörung genügt; hierauf ist in der Ladung hinzuweisen. [3]Mit Einverständnis der Beteiligten kann das Gericht ohne mündliche Verhandlung entscheiden.

(5) Gegen Beschlüsse und Verfügungen des Arbeitsgerichts oder seines Vorsitzenden findet die Beschwerde nach Maßgabe des § 78 statt.

§ 83a Vergleich, Erledigung des Verfahrens

(1) Die Beteiligten können, um das Verfahren ganz oder zum Teil zu erledigen, zu Protokoll des Gerichts oder des Vorsitzenden oder des Güterichters einen Vergleich schließen, soweit sie über den Gegenstand des Vergleichs verfügen können, oder das Verfahren für erledigt erklären.

(2) [1]Haben die Beteiligten das Verfahren für erledigt erklärt, so ist es vom Vorsitzenden des Arbeitsgerichts einzustellen. [2]§ 81 Abs. 2 Satz 3 ist entsprechend anzuwenden.

(3) [1]Hat der Antragsteller das Verfahren für erledigt erklärt, so sind die übrigen Beteiligten binnen einer von dem Vorsitzenden zu bestimmenden Frist von mindestens zwei Wochen aufzufordern, mitzuteilen, ob sie der Erledigung zustimmen. [2]Die Zustimmung gilt als erteilt, wenn sich der Beteiligte innerhalb der vom Vorsitzenden bestimmten Frist nicht äußert.

§ 84 Beschluß

[1]Das Gericht entscheidet nach seiner freien, aus dem Gesamtergebnis des Verfahrens gewonnenen Überzeugung. [2]Der Beschluß ist schriftlich abzufassen. [3]§ 60 ist entsprechend anzuwenden.

§ 85 Zwangsvollstreckung

(1) [1]Soweit sich aus Absatz 2 nichts anderes ergibt, findet aus rechtskräftigen Beschlüssen der Arbeitsgerichte oder gerichtlichen Vergleichen, durch die einem Beteiligten eine Verpflichtung auferlegt wird, die Zwangsvollstreckung statt. [2]Beschlüsse der Arbeitsgerichte in vermögensrechtlichen Streitigkeiten sind vorläufig vollstreckbar; § 62 Abs. 1 Satz 2 bis 5 ist entsprechend anzuwenden. [3]Für die Zwangsvollstreckung gelten die Vorschriften des Achten Buches der Zivilprozeßordnung entsprechend mit der Maßgabe, daß der nach dem Beschluß Verpflichtete als Schuldner, derjenige, der die Erfüllung der Verpflichtung auf Grund des Beschlusses verlangen kann, als Gläubiger gilt und in den Fällen des § 23 Abs. 3, des § 98 Abs. 5 sowie der §§ 101 und 104 des Betriebsverfassungsgesetzes eine Festsetzung von Ordnungs- oder Zwangshaft nicht erfolgt.

(2) [1]Der Erlaß einer einstweiligen Verfügung ist zulässig. [2]Für das Verfahren gelten die Vorschriften des Achten Buches der Zivilprozeßordnung über die einstweilige Verfügung entsprechend mit der Maßgabe, daß die Entscheidungen durch Beschluß der Kammer ergehen, erforderliche Zustellungen von Amts wegen erfolgen und ein Anspruch auf Schadensersatz nach § 945 der Zivilprozeßordnung in Angelegenheiten des Betriebsverfassungsgesetzes nicht besteht. [3]Eine in das Schutzschriftenregister nach § 945a Absatz 1 der Zivilprozessordnung eingestellte Schutzschrift gilt auch als bei allen Arbeitsgerichten der Länder eingereicht.

§ 86 (weggefallen)

Zweiter Unterabschnitt: Zweiter Rechtszug

§ 87 Grundsatz

(1) Gegen die das Verfahren beendenden Beschlüsse der Arbeitsgerichte findet die Beschwerde an das Landesarbeitsgericht statt.

(2) [1]Für das Beschwerdeverfahren gelten die für das Berufungsverfahren maßgebenden Vorschriften über die Einlegung der Berufung und ihre Begründung, über Prozeßfähigkeit, Ladungen, Termine und Fristen, Ablehnung und Ausschließung von Gerichtspersonen, Zustellungen, persönliches Erscheinen der Parteien, Öffentlichkeit, Befugnisse des Vorsitzenden und der ehrenamtlichen Richter, Güterichter, Mediation und außergerichtliche Konfliktbeilegung, Vorbereitung der streitigen Verhandlung, Verhandlung vor der Kammer, Beweisaufnahme, gütliche Erledigung des Rechtsstreits, Wiedereinsetzung in den vorigen Stand und Wiederaufnahme des Verfahrens sowie die Vorschriften des § 85 über die Zwangsvollstreckung entsprechend. [2]Für die Vertretung der Beteiligten gilt § 11 Abs. 1 bis 3 und 5 entsprechend. [3]Der Antrag kann jederzeit mit Zustimmung der anderen Beteiligten zurückgenommen werden; § 81 Abs. 2 Satz 2 und 3 und Absatz 3 ist entsprechend anzuwenden.

(3) [1]In erster Instanz zu Recht zurückgewiesenes Vorbringen bleibt ausgeschlossen. [2]Neues Vorbringen, das im ersten Rechtszug entgegen einer hierfür nach § 83 Abs. 1a gesetzten Frist nicht vorgebracht wurde, kann zurückgewiesen werden, wenn seine Zulassung nach der freien Überzeugung des Landesarbeitsgerichts die Erledigung des Beschlussverfahrens verzögern würde und der Beteiligte die Verzögerung nicht genügend entschuldigt. [3]Soweit neues Vorbringen nach Satz 2 zulässig ist, muss es der Beschwerdeführer in der Beschwerdebegründung, der Beschwerdegegner in der Beschwerdebeantwortung vortragen. [4]Wird es später vorgebracht, kann es zurückgewiesen werden, wenn die Möglichkeit es vorzutragen vor der Beschwerdebegründung oder der Beschwerdebeantwortung entstanden ist und das verspätete Vorbringen nach der freien Überzeugung des Landesarbeitsgerichts die Erledigung des Rechtsstreits verzögern würde und auf dem Verschulden des Beteiligten beruht.

(4) Die Einlegung der Beschwerde hat aufschiebende Wirkung; § 85 Abs. 1 Satz 2 bleibt unberührt.

§ 88 Beschränkung der Beschwerde

§ 65 findet entsprechende Anwendung.

§ 89 Einlegung

(1) Für die Einlegung und Begründung der Beschwerde gilt § 11 Abs. 4 und 5 entsprechend.

(2) [1]Die Beschwerdeschrift muß den Beschluß bezeichnen, gegen den die Beschwerde gerichtet ist, und die Erklärung enthalten, daß gegen diesen Beschluß die Beschwerde eingelegt wird. [2]Die Beschwerdebegründung muß angeben, auf welche im einzelnen anzuführenden Beschwerdegründe sowie auf welche neuen Tatsachen die Beschwerde gestützt wird.

(3) [1]Ist die Beschwerde nicht in der gesetzlichen Form oder Frist eingelegt oder begründet, so ist sie als unzulässig zu verwerfen. [2]Der Beschluss kann ohne vorherige mündliche Verhandlung durch den Vorsitzenden ergehen; er ist unanfechtbar. [3]Er ist dem Beschwerdeführer zuzustellen. [4]§ 522 Abs. 2 und 3 der Zivilprozessordnung ist nicht anwendbar.

(4) [1]Die Beschwerde kann jederzeit in der für ihre Einlegung vorgeschriebenen Form zurückgenommen werden. [2]Im Falle der Zurücknahme stellt der Vorsitzende das Verfahren ein. [3]Er gibt hiervon den Beteiligten Kenntnis, soweit ihnen die Beschwerde zugestellt worden ist.

§ 90 Verfahren

(1) [1]Die Beschwerdeschrift und die Beschwerdebegründung werden den Beteiligten zur Äußerung zugestellt. [2]Die Äußerung erfolgt durch Einreichung eines Schriftsatzes beim Beschwerdegericht oder durch Erklärung zu Protokoll der Geschäftsstelle des Arbeitsgerichts, das den angefochtenen Beschluß erlassen hat.

(2) Für das Verfahren sind die §§ 83 und 83a entsprechend anzuwenden.

(3) Gegen Beschlüsse und Verfügungen des Landesarbeitsgerichts oder seines Vorsitzenden findet kein Rechtsmittel statt.

§ 91 Entscheidung

(1) [1]Über die Beschwerde entscheidet das Landesarbeitsgericht durch Beschluß. [2]Eine Zurückverweisung ist nicht zulässig. [3]§ 84 Satz 2 gilt entsprechend.

(2) [1]Der Beschluß nebst Gründen ist von den Mitgliedern der Kammer zu unterschreiben und den Beteiligten zuzustellen. [2]§ 69 Abs. 1 Satz 2 gilt entsprechend.

Dritter Unterabschnitt: Dritter Rechtszug

§ 92 Rechtsbeschwerdeverfahren, Grundsatz

(1) [1]Gegen den das Verfahren beendenden Beschluß eines Landesarbeitsgerichts findet die Rechtsbeschwerde an das Bundesarbeitsgericht statt, wenn sie in dem Beschluß des Landesarbeitsgerichts oder in dem Beschluß des Bundesarbeitsgerichts nach § 92a Satz 2 zugelassen wird. [2]§ 72 Abs. 1 Satz 2, Abs. 2 und 3 ist entsprechend anzuwenden. [3]In den Fällen des § 85 Abs. 2 findet die Rechtsbeschwerde nicht statt.

(2) [1]Für das Rechtsbeschwerdeverfahren gelten die für das Revisionsverfahren maßgebenden Vorschriften über Einlegung der Revision und ihre Begründung, Prozeßfähigkeit, Ladung, Termine und Fristen, Ablehnung und Ausschließung von Gerichtspersonen, Zustellungen, persönliches Erscheinen der Parteien, Öffentlichkeit, Befugnisse des Vorsitzenden und der Beisitzer, gütliche Erledigung des Rechtsstreits, Wiedereinsetzung in den vorigen Stand und Wiederaufnahme des Verfahrens sowie die Vorschriften des § 85 über die Zwangsvollstreckung entsprechend, soweit sich aus den §§ 93 bis 96 nichts anderes ergibt. [2]Für die Vertretung der Beteiligten gilt § 11 Abs. 1 bis 3 und 5 entsprechend. [3]Der Antrag kann jederzeit mit Zustimmung der anderen Beteiligten zurückgenommen werden; § 81 Abs. 2 Satz 2 und 3 ist entsprechend anzuwenden.

(3) [1]Die Einlegung der Rechtsbeschwerde hat aufschiebende Wirkung. [2]§ 85 Abs. 1 Satz 2 bleibt unberührt.

§ 92a Nichtzulassungsbeschwerde

[1]Die Nichtzulassung der Rechtsbeschwerde durch das Landesarbeitsgericht kann selbständig durch Beschwerde angefochten werden. [2]§ 72a Abs. 2 bis 7 ist entsprechend anzuwenden.

§ 92b Sofortige Beschwerde wegen verspäteter Absetzung der Beschwerdeentscheidung

[1]Der Beschluss eines Landesarbeitsgerichts nach § 91 kann durch sofortige Beschwerde angefochten werden, wenn er nicht binnen fünf Monaten nach der Verkündung vollständig abgefasst und mit den Unterschriften sämtlicher Mitglieder der Kammer versehen der Geschäftsstelle übergeben worden ist. [2]§ 72b Abs. 2 bis 5 gilt entsprechend. [3]§ 92a findet keine Anwendung.

§ 93 Rechtsbeschwerdegründe

(1) [1]Die Rechtsbeschwerde kann nur darauf gestützt werden, daß der Beschluß des Landesarbeitsgerichts auf der Nichtanwendung oder der unrichtigen Anwendung einer Rechtsnorm beruht. [2]Sie kann nicht auf die Gründe des § 92b gestützt werden.

(2) § 65 findet entsprechende Anwendung.

§ 94 Einlegung

(1) Für die Einlegung und Begründung der Rechtsbeschwerde gilt § 11 Abs. 4 und 5 entsprechend.

(2) [1]Die Rechtsbeschwerdeschrift muß den Beschluß bezeichnen, gegen den die Rechtsbeschwerde gerichtet ist, und die Erklärung enthalten, daß gegen diesen Beschluß die Rechtsbeschwerde eingelegt werde. [2]Die Rechtsbeschwerdebegründung muß angeben, inwieweit die Abänderung des angefochtenen Beschlusses beantragt wird, welche Bestimmungen verletzt sein sollen und worin die Verletzung bestehen soll. [3]§ 74 Abs. 2 ist entsprechend anzuwenden.

(3) [1]Die Rechtsbeschwerde kann jederzeit in der für ihre Einlegung vorgeschriebenen Form zurückgenommen werden. [2]Im Falle der Zurücknahme stellt der Vorsitzende das Verfahren ein. [3]Er gibt hiervon den Beteiligten Kenntnis, soweit ihnen die Rechtsbeschwerde zugestellt worden ist.

§ 95 Verfahren

[1]Die Rechtsbeschwerdeschrift und die Rechtsbeschwerdebegründung werden den Beteiligten zur Äußerung zugestellt. [2]Die Äußerung erfolgt durch Einreichung eines Schriftsatzes beim Bundesarbeitsgericht oder durch Erklärung zu Protokoll der Geschäftsstelle des Landesarbeitsgerichts, das den angefochtenen Beschluß erlassen hat. [3]Geht von einem Beteiligten die Äußerung nicht rechtzeitig ein, so steht dies dem Fortgang des Verfahrens nicht entgegen. [4]§ 83a ist entsprechend anzuwenden.

§ 96 Entscheidung

(1) [1]Über die Rechtsbeschwerde entscheidet das Bundesarbeitsgericht durch Beschluß. [2]Die §§ 562, 563 der Zivilprozeßordnung gelten entsprechend.

(2) Der Beschluß nebst Gründen ist von sämtlichen Mitgliedern des Senats zu unterschreiben und den Beteiligten zuzustellen.

§ 96a Sprungrechtsbeschwerde

(1) [1]Gegen den das Verfahren beendenden Beschluß eines Arbeitsgerichts kann unter Übergehung der Beschwerdeinstanz unmittelbar Rechtsbeschwerde eingelegt werden (Sprungrechtsbeschwerde), wenn die übrigen Beteiligten schriftlich zustimmen und wenn sie vom Arbeitsgericht wegen grundsätzlicher Bedeutung der Rechtssache auf Antrag in dem verfahrensbeendenden Beschluß oder nachträglich durch gesonderten Beschluß zugelassen wird. [2]Der Antrag ist innerhalb einer Notfrist von einem Monat nach Zustellung des in vollständiger Form abgefaßten Beschlusses schriftlich zu stellen. [3]Die Zustimmung der übrigen Beteiligten ist, wenn die Sprungrechtsbeschwerde in dem verfahrensbeendenden Beschluß zugelassen ist, der Rechtsbeschwerdeschrift, andernfalls dem Antrag beizufügen.

(2) § 76 Abs. 2 Satz 2, 3, Abs. 3 bis 6 ist entsprechend anzuwenden.

Vierter Unterabschnitt: Beschlußverfahren in besonderen Fällen

§ 97 Entscheidung über die Tariffähigkeit oder Tarifzuständigkeit einer Vereinigung

(1) In den Fällen des § 2a Abs. 1 Nr. 4 wird das Verfahren auf Antrag einer räumlich und sachlich zuständigen Vereinigung von Arbeitnehmern oder von Arbeitgebern oder der obersten Arbeitsbehörde des Bundes oder der obersten Arbeitsbehörde eines Landes, auf dessen Gebiet sich die Tätigkeit der Vereinigung erstreckt, eingeleitet.

(2) Für Verfahren nach § 2a Absatz 1 Nummer 4 ist das Landesarbeitsgericht zuständig, in dessen Bezirk die Vereinigung, über deren Tariffähigkeit oder Tarifzuständigkeit zu entscheiden ist, ihren Sitz hat.

(2a) [1]Für das Verfahren sind § 80 Absatz 1, 2 Satz 1 und Absatz 3, §§ 81, 83 Absatz 1 und 2 bis 4, §§ 83a, 84 Satz 1 und 2, § 90 Absatz 3, § 91 Absatz 2 und §§ 92 bis 96 entsprechend anzuwenden. [2]Für die Vertretung der Beteiligten gilt § 11 Absatz 4 und 5 entsprechend.

(3) [1]Der rechtskräftige Beschluss über die Tariffähigkeit oder Tarifzuständigkeit einer Vereinigung wirkt für und gegen jedermann. [2]Die Vorschrift des § 63 über die Übersendung von Urteilen gilt entsprechend für die rechtskräftigen Beschlüsse von Gerichten für Arbeitssachen im Verfahren nach § 2a Abs. 1 Nr. 4.

(4) [1]In den Fällen des § 2a Abs. 1 Nr. 4 findet eine Wiederaufnahme des Verfahrens auch dann statt, wenn die Entscheidung über die Tariffähigkeit oder Tarifzuständigkeit darauf beruht, daß ein Beteiligter absichtlich unrichtige Angaben oder Aussagen gemacht hat. [2]§ 581 der Zivilprozeßordnung findet keine Anwendung.

(5) [1]Hängt die Entscheidung eines Rechtsstreits davon ab, ob eine Vereinigung tariffähig oder ob die Tarifzuständigkeit der Vereinigung gegeben ist, so hat das Gericht das Verfahren bis zur Erledigung des Beschlußverfahrens nach § 2a Abs. 1 Nr. 4 auszusetzen. [2]Im Falle des Satzes 1 sind die Parteien des Rechtsstreits auch im Beschlußverfahren nach § 2a Abs. 1 Nr. 4 antragsberechtigt.

§ 98 Entscheidung über die Wirksamkeit einer Allgemeinverbindlicherklärung oder einer Rechtsverordnung

(1) In den Fällen des § 2a Absatz 1 Nummer 5 wird das Verfahren eingeleitet auf Antrag

1. jeder natürlichen oder juristischen Person oder
2. einer Gewerkschaft oder einer Vereinigung von Arbeitgebern,

die nach Bekanntmachung der Allgemeinverbindlicherklärung oder der Rechtsverordnung geltend macht, durch die Allgemeinverbindlicherklärung oder die Rechtsverordnung oder deren Anwendung in ihren Rechten verletzt zu sein oder in absehbarer Zeit verletzt zu werden.

(2) Für Verfahren nach § 2a Absatz 1 Nummer 5 ist das Landesarbeitsgericht zuständig, in dessen Bezirk die Behörde ihren Sitz hat, die den Tarifvertrag für allgemeinverbindlich erklärt hat oder die Rechtsverordnung erlassen hat.

(3) [1]Für das Verfahren sind § 80 Absatz 1, 2 Satz 1 und Absatz 3, §§ 81, 83 Absatz 1 und 2 bis 4, §§ 83a, 84 Satz 1 und 2, § 90 Absatz 3, § 91 Absatz 2 und §§ 92 bis 96 entsprechend anzuwenden. [2]Für die Vertretung der Beteiligten gilt § 11 Absatz 4 und 5 entsprechend. [3]In dem Verfahren ist die Behörde, die den Tarifvertrag für allgemeinverbindlich erklärt hat oder die Rechtsverordnung erlassen hat, Beteiligte.

(4) [1]Der rechtskräftige Beschluss über die Wirksamkeit einer Allgemeinverbindlicherklärung oder einer Rechtsverordnung wirkt für und gegen jedermann. [2]Rechtskräftige Beschlüsse von Gerichten für Arbeitssachen im Verfahren nach § 2a Absatz 1 Nummer 5 sind alsbald der obersten Arbeitsbehörde des Bundes in vollständiger Form abschriftlich zu übersenden oder elektronisch zu übermitteln. [3]Soweit eine Allgemeinverbindlicherklärung oder eine Rechtsverordnung rechtskräftig als wirksam oder unwirksam festgestellt wird, ist die Entscheidungsformel durch die oberste Arbeitsbehörde des Bundes im Bundesanzeiger bekannt zu machen.

(5) [1]In den Fällen des § 2a Absatz 1 Nummer 5 findet eine Wiederaufnahme des Verfahrens auch dann statt, wenn die Entscheidung über die Wirksamkeit einer Allgemeinverbindlicherklärung oder einer Rechtsverordnung darauf beruht, dass ein Beteiligter absichtlich unrichtige Angaben oder Aussagen gemacht hat. [2]§ 581 der Zivilprozessordnung findet keine Anwendung.

(6) [1]Hängt die Entscheidung eines Rechtsstreits davon ab, ob eine Allgemeinverbindlicherklärung oder eine Rechtsverordnung wirksam ist und hat das Gericht ernsthafte Zweifel nichtverfassungsrechtlicher Art an der Wirksamkeit der Allgemeinverbindlicherklärung oder der Rechtsverordnung, so hat das Gericht das Verfahren bis zur Erledigung des Beschlussverfahrens nach § 2a Absatz 1 Nummer 5 auszusetzen. [2]Setzt ein Gericht für Arbeitssachen nach Satz 1 einen Rechtsstreit über den Leistungsanspruch einer gemeinsamen Einrichtung aus, hat das Gericht auf deren Antrag den Beklagten zur vorläufigen Leistung zu verpflichten. [3]Die Anordnung unterbleibt, wenn das Gericht die Allgemeinverbindlicherklärung oder die Rechtsverordnung nach dem bisherigen Sach- und Streitstand für offensichtlich unwirksam hält oder der Beklagte glaubhaft macht, dass die vorläufige Leistungspflicht ihm einen nicht zu ersetzenden Nachteil bringen würde. [4]Auf die Entscheidung über die vorläufige Leistungspflicht finden die Vorschriften über die Aussetzung entsprechend Anwendung; die Entscheidung ist ein Vollstreckungstitel gemäß § 794 Absatz 1 Nummer 3 der Zivilprozessordnung. [5]Auch außerhalb eines Beschwerdeverfahrens können die Parteien die Änderung oder Aufhebung der Entscheidung über die vorläufige Leistungspflicht wegen veränderter oder im ursprünglichen Verfahren ohne Verschulden nicht geltend gemachter Umstände beantragen. [6]Ergeht nach Aufnahme des Verfahrens eine Entscheidung, gilt § 717 der Zivilprozessordnung entsprechend. [7]Im Falle des Satzes 1 sind die Parteien des Rechtsstreits auch im Beschlussverfahren nach § 2a Absatz 1 Nummer 5 antragsberechtigt.

§ 99 Entscheidung über den nach § 4a Absatz 2 Satz 2 des Tarifvertragsgesetzes im Betrieb anwendbaren Tarifvertrag

(1) In den Fällen des § 2a Absatz 1 Nummer 6 wird das Verfahren auf Antrag einer Tarifvertragspartei eines kollidierenden Tarifvertrags eingeleitet.

(2) Für das Verfahren sind die §§ 80 bis 82 Absatz 1 Satz 1, die §§ 83 bis 84 und 87 bis 96a entsprechend anzuwenden.

(3) Der rechtskräftige Beschluss über den nach § 4a Absatz 2 Satz 2 des Tarifvertragsgesetzes im Betrieb anwendbaren Tarifvertrag wirkt für und gegen jedermann.

(4) [1]In den Fällen des § 2a Absatz 1 Nummer 6 findet eine Wiederaufnahme des Verfahrens auch dann statt, wenn die Entscheidung über den nach § 4a Absatz 2 Satz 2 des Tarifvertragsgesetzes im Betrieb anwendbaren Tarifvertrag darauf beruht, dass ein Beteiligter absichtlich unrichtige Angaben oder Aussagen gemacht hat. [2]§ 581 der Zivilprozessordnung findet keine Anwendung.

§ 100 Entscheidung über die Besetzung der Einigungsstelle

(1) [1]In den Fällen des § 76 Abs. 2 Satz 2 und 3 des Betriebsverfassungsgesetzes entscheidet der Vorsitzende allein. [2]Wegen fehlender Zuständigkeit der Einigungsstelle können die Anträge nur zurückgewiesen werden, wenn die Einigungsstelle offensichtlich unzuständig ist. [3]Für das Verfahren gelten die §§ 80 bis 84 entsprechend. [4]Die Einlassungs- und Ladungsfristen betragen 48 Stunden. [5]Ein Richter darf nur dann zum Vorsitzenden der Einigungsstelle bestellt werden, wenn aufgrund der Geschäftsverteilung ausgeschlossen ist, dass er mit der Überprüfung, der Auslegung oder der Anwendung des Spruchs der Einigungsstelle befasst wird. [6]Der Beschluss des Vorsitzenden soll den Beteiligten innerhalb von zwei Wochen nach Eingang des Antrags zugestellt werden; er ist den Beteiligten spätestens innerhalb von vier Wochen nach diesem Zeitpunkt zuzustellen.

(2) [1]Gegen die Entscheidungen des Vorsitzenden findet die Beschwerde an das Landesarbeitsgericht statt. [2]Die Beschwerde ist innerhalb einer Frist von zwei Wochen einzulegen und zu begründen. [3]Für das Verfahren gelten § 87 Abs. 2 und 3 und die §§ 88 bis 90 Abs. 1 und 2 sowie § 91 Abs. 1 und 2 entsprechend mit der Maßgabe, dass an die Stelle der Kammer des Landesarbeitsgericht der Vorsitzende tritt. [4]Gegen dessen Entscheidungen findet kein Rechtsmittel statt.

Vierter Teil: Schiedsvertrag in Arbeitsstreitigkeiten

§ 101 Grundsatz

(1) Für bürgerliche Rechtsstreitigkeiten zwischen Tarifvertragsparteien aus Tarifverträgen oder über das Bestehen oder Nichtbestehen von Tarifverträgen können die Parteien des Tarifvertrags die Arbeitsgerichtsbarkeit allgemein oder für den Einzelfall durch die ausdrückliche Vereinbarung ausschließen, daß die Entscheidung durch ein Schiedsgericht erfolgen soll.

(2) [1]Für bürgerliche Rechtsstreitigkeiten aus einem Arbeitsverhältnis, das sich nach einem Tarifvertrag bestimmt, können die Parteien des Tarifvertrags die Arbeitsgerichtsbarkeit im Tarifvertrag durch die ausdrückliche Vereinbarung ausschließen, daß die Entscheidung durch ein Schiedsgericht erfolgen soll, wenn der persönliche Geltungsbereich des Tarifvertrags überwiegend Bühnenkünstler, Filmschaffende oder Artisten umfaßt. [2]Die Vereinbarung gilt nur für tarifgebundene Personen. [3]Sie erstreckt sich auf Parteien, deren Verhältnisse sich aus anderen Gründen nach dem Tarifvertrag regeln, wenn die Parteien dies ausdrücklich und schriftlich vereinbart haben; der Mangel der Form wird durch Einlassung auf die schiedsgerichtliche Verhandlung zur Hauptsache geheilt.

(3) Die Vorschriften der Zivilprozeßordnung über das schiedsrichterliche Verfahren finden in Arbeitssachen keine Anwendung.

§ 102 Prozeßhindernde Einrede

(1) Wird das Arbeitsgericht wegen einer Rechtsstreitigkeit angerufen, für die die Parteien des Tarifvertrages einen Schiedsvertrag geschlossen haben, so hat das Gericht die Klage als unzulässig abzuweisen, wenn sich der Beklagte auf den Schiedsvertrag beruft.

(2) Der Beklagte kann sich nicht auf den Schiedsvertrag berufen,

1. wenn in einem Fall, in dem die Streitparteien selbst die Mitglieder des Schiedsgerichts zu ernennen haben, der Kläger dieser Pflicht nachgekommen ist, der Beklagte die Ernennung aber nicht binnen einer Woche nach der Aufforderung des Klägers vorgenommen hat;

2. wenn in einem Fall, in dem nicht die Streitparteien, sondern die Parteien des Schiedsvertrags die Mitglieder des Schiedsgerichts zu ernennen haben, das Schiedsgericht nicht gebildet ist und die den Parteien des Schiedsvertrags von dem Vorsitzenden des Arbeitsgerichts gesetzte Frist zur Bildung des Schiedsgerichts fruchtlos verstrichen ist;
3. wenn das nach dem Schiedsvertrag gebildete Schiedsgericht die Durchführung des Verfahrens verzögert und die ihm von dem Vorsitzenden des Arbeitsgerichts gesetzte Frist zur Durchführung des Verfahrens fruchtlos verstrichen ist;
4. wenn das Schiedsgericht den Parteien des streitigen Rechtsverhältnisses anzeigt, daß die Abgabe eines Schiedsspruchs unmöglich ist.

(3) In den Fällen des Absatzes 2 Nummern 2 und 3 erfolgt die Bestimmung der Frist auf Antrag des Klägers durch den Vorsitzenden des Arbeitsgerichts, das für die Geltendmachung des Anspruchs zuständig wäre.

(4) Kann sich der Beklagte nach Absatz 2 nicht auf den Schiedsvertrag berufen, so ist eine schiedsrichterliche Entscheidung des Rechtsstreits auf Grund des Schiedsvertrags ausgeschlossen.

§ 103 Zusammensetzung des Schiedsgerichts

(1) [1]Das Schiedsgericht muß aus einer gleichen Zahl von Arbeitnehmern und von Arbeitgebern bestehen; außerdem können ihm Unparteiische angehören. [2]Personen, die infolge Richterspruchs die Fähigkeit zur Bekleidung öffentlicher Ämter nicht besitzen, dürfen ihm nicht angehören.

(2) Mitglieder des Schiedsgerichts können unter denselben Voraussetzungen abgelehnt werden, die zur Ablehnung eines Richters berechtigen.

(3) [1]Über die Ablehnung beschließt die Kammer des Arbeitsgerichts, das für die Geltendmachung des Anspruchs zuständig wäre. [2]Vor dem Beschluß sind die Streitparteien und das abgelehnte Mitglied des Schiedsgerichts zu hören. [3]Der Vorsitzende des Arbeitsgerichts entscheidet, ob sie mündlich oder schriftlich zu hören sind. [4]Die mündliche Anhörung erfolgt vor der Kammer. [5]Gegen den Beschluß findet kein Rechtsmittel statt.

§ 104 Verfahren vor dem Schiedsgericht

Das Verfahren vor dem Schiedsgericht regelt sich nach den §§ 105 bis 110 und dem Schiedsvertrag, im übrigen nach dem freien Ermessen des Schiedsgerichts.

§ 105 Anhörung der Parteien

(1) Vor der Fällung des Schiedsspruchs sind die Streitparteien zu hören.

(2) [1]Die Anhörung erfolgt mündlich. [2]Die Parteien haben persönlich zu erscheinen oder sich durch einen mit schriftlicher Vollmacht versehenen Bevollmächtigten vertreten zu lassen. [3]Die Beglaubigung der Vollmachtsurkunde kann nicht verlangt werden. [4]Die Vorschrift des § 11 Abs. 1 bis 3 gilt entsprechend, soweit der Schiedsvertrag nicht anderes bestimmt.

(3) Bleibt eine Partei in der Verhandlung unentschuldigt aus oder äußert sie sich trotz Aufforderung nicht, so ist der Pflicht zur Anhörung genügt.

§ 106 Beweisaufnahme

(1) [1]Das Schiedsgericht kann Beweise erheben, soweit die Beweismittel ihm zur Verfügung gestellt werden. [2]Zeugen und Sachverständige kann das Schiedsgericht nicht beeidigen, eidesstattliche Versicherungen nicht verlangen oder entgegennehmen.

(2) [1]Hält das Schiedsgericht eine Beweiserhebung für erforderlich, die es nicht vornehmen kann, so ersucht es um die Vornahme den Vorsitzenden desjenigen Arbeitsgerichts oder, falls dies aus Gründen der örtlichen Lage zweckmäßiger ist, dasjenige Amtsgericht, in dessen Bezirk die Beweisaufnahme erfolgen soll. [2]Entsprechend ist zu verfahren, wenn das Schiedsgericht die Beeidigung eines Zeugen oder Sachverständigen gemäß § 58 Abs. 2 Satz 1 für notwendig oder eine eidliche Parteivernehmung für sachdienlich erachtet. [3]Die durch die Rechtshilfe entstehenden baren Auslagen sind dem Gericht zu ersetzen; § 22 Abs. 1 und § 29 des Gerichtskostengesetzes finden entsprechende Anwendung.

§ 107 Vergleich

Ein vor dem Schiedsgericht geschlossener Vergleich ist unter Angabe des Tages seines Zustandekommens von den Streitparteien und den Mitgliedern des Schiedsgerichts zu unterschreiben.

§ 108 Schiedsspruch

(1) Der Schiedsspruch ergeht mit einfacher Mehrheit der Stimmen der Mitglieder des Schiedsgerichts, falls der Schiedsvertrag nichts anderes bestimmt.

(2) [1]Der Schiedsspruch ist unter Angabe des Tages seiner Fällung von den Mitgliedern des Schiedsgerichts zu unterschreiben und muß schriftlich begründet werden, soweit die Parteien nicht auf schriftliche Begründung ausdrücklich verzichten. [2]Eine vom Verhandlungsleiter unterschriebene Ausfertigung des Schiedsspruchs ist jeder Streitpartei zuzustellen. [3]Die Zustellung kann durch eingeschriebenen Brief gegen Rückschein erfolgen.

(3) [1]Eine vom Verhandlungsleiter unterschriebene Ausfertigung des Schiedsspruchs soll bei dem Arbeitsgericht, das für die Geltendmachung des Anspruchs zuständig wäre, niedergelegt werden. [2]Die Akten des Schiedsgerichts oder Teile der Akten können ebenfalls dort niedergelegt werden.

(4) Der Schiedsspruch hat unter den Parteien dieselben Wirkungen wie ein rechtskräftiges Urteil des Arbeitsgerichts.

§ 109 Zwangsvollstreckung

(1) [1]Die Zwangsvollstreckung findet aus dem Schiedsspruch oder aus einem vor dem Schiedsgericht geschlossenen Vergleich nur statt, wenn der Schiedsspruch oder der Vergleich von dem Vorsitzenden des Arbeitsgerichts, das für die Geltendmachung des Anspruchs zuständig wäre, für vollstreckbar erklärt worden ist. [2]Der Vorsitzende hat vor der Erklärung den Gegner zu hören. [3]Wird nachgewiesen, daß auf Aufhebung des Schiedsspruchs geklagt ist, so ist die Entscheidung bis zur Erledigung dieses Rechtsstreits auszusetzen.

(2) [1]Die Entscheidung des Vorsitzenden ist endgültig. [2]Sie ist den Parteien zuzustellen.

§ 110 Aufhebungsklage

(1) Auf Aufhebung des Schiedsspruchs kann geklagt werden,

1. wenn das schiedsgerichtliche Verfahren unzulässig war;
2. wenn der Schiedsspruch auf der Verletzung einer Rechtsnorm beruht;
3. wenn die Voraussetzungen vorliegen, unter denen gegen ein gerichtliches Urteil nach § 580 Nr. 1 bis 6 der Zivilprozeßordnung die Restitutionsklage zulässig wäre.

(2) Für die Klage ist das Arbeitsgericht zuständig, das für die Geltendmachung des Anspruchs zuständig wäre.

(3) [1]Die Klage ist binnen einer Notfrist von zwei Wochen zu erheben. [2]Die Frist beginnt in den Fällen des Absatzes 1 Nr. 1 und 2 mit der Zustellung des Schiedsspruchs. [3]Im Falle des Absatzes 1 Nr. 3 beginnt sie mit der Rechtskraft des Urteils, das die Verurteilung wegen der Straftat ausspricht, oder mit dem Tag, an dem der Partei bekannt geworden ist, daß die Einleitung oder die Durchführung des Verfahrens nicht erfolgen kann; nach Ablauf von zehn Jahren, von der Zustellung des Schiedsspruchs an gerechnet, ist die Klage unstatthaft.

(4) Ist der Schiedsspruch für vollstreckbar erklärt, so ist in dem der Klage stattgebenden Urteil auch die Aufhebung der Vollstreckbarkeitserklärung auszusprechen.

Fünfter Teil: Übergangs- und Schlußvorschriften

§ 111 Änderung von Vorschriften

(1) [1]Soweit nach anderen Rechtsvorschriften andere Gerichte, Behörden oder Stellen zur Entscheidung oder Beilegung von Arbeitssachen zuständig sind, treten an ihre Stelle die Arbeitsgerichte. [2]Dies gilt nicht für Seemannsämter, soweit sie zur vorläufigen Entscheidung von Arbeitssachen zuständig sind.

(2) [1]Zur Beilegung von Streitigkeiten zwischen Ausbildenden und Auszubildenden aus einem bestehenden Berufsausbildungsverhältnis können im Bereich des Handwerks die Handwerksinnungen, im übrigen die zuständigen Stellen im Sinne des Berufsbildungsgesetzes Ausschüsse bilden, denen Arbeitgeber und Arbeitnehmer in gleicher Zahl angehören müssen. [2]Der Ausschuß hat die Parteien mündlich zu hören. [3]Wird der von ihm gefällte Spruch nicht innerhalb einer Woche von beiden Parteien anerkannt, so kann binnen zwei Wochen nach ergangenem Spruch Klage beim zuständigen Arbeitsgericht erhoben werden. [4]§ 9 Abs. 5 gilt entsprechend. [5]Der Klage muß in allen Fällen die Verhandlung vor dem Ausschuß vorangegangen sein. [6]Aus Vergleichen, die vor dem Ausschuß geschlossen sind, und aus Sprüchen des Ausschusses, die von beiden Seiten anerkannt sind, findet die Zwangsvollstreckung statt. [7]Die §§ 107 und 109 gelten entsprechend.

§ 112 Übergangsregelungen

(1) Für Beschlussverfahren nach § 2a Absatz 1 Nummer 4, die bis zum Ablauf des 15. August 2014 anhängig gemacht worden sind, gilt § 97 in der an diesem Tag geltenden Fassung bis zum Abschluss des Verfahrens durch einen rechtskräftigen Beschluss fort.

(2) § 43 des Einführungsgesetzes zum Gerichtsverfassungsgesetz gilt entsprechend.

§ 113 Berichterstattung

Die Bundesregierung berichtet dem Deutschen Bundestag bis zum 8. September 2020 über die Auswirkungen der vorläufigen Leistungspflicht nach § 98 Absatz 6 Satz 2 und gibt eine Einschätzung dazu ab, ob die Regelung fortbestehen soll.

§ 114 - 116 (weggefallen)

§ 117 Verfahren bei Meinungsverschiedenheiten der beteiligten Verwaltungen

Soweit in den Fällen der §§ 40 und 41 das Einvernehmen nicht erzielt wird, entscheidet die Bundesregierung.

§ 118 - 122 (weggefallen)

Mitbestimmungsgesetz (MitbestG)

Gesetz über die Mitbestimmung der Arbeitnehmer

Rechtsstand: Januar 2020. Letzte Änderung: 01.05.2015 (BGBl. I S. 642).

Erster Teil: Geltungsbereich

§ 1 Erfaßte Unternehmen

(1) In Unternehmen, die

1. in der Rechtsform einer Aktiengesellschaft, einer Kommanditgesellschaft auf Aktien, einer Gesellschaft mit beschränkter Haftung oder einer Genossenschaft betrieben werden und
2. in der Regel mehr als 2.000 Arbeitnehmer beschäftigen,

haben die Arbeitnehmer ein Mitbestimmungsrecht nach Maßgabe dieses Gesetzes.

(2) Dieses Gesetz ist nicht anzuwenden auf die Mitbestimmung in Organen von Unternehmen, in denen die Arbeitnehmer nach

1. dem Gesetz über die Mitbestimmung der Arbeitnehmer in den Aufsichtsräten und Vorständen der Unternehmen des Bergbaus und der Eisen und Stahl erzeugenden Industrie vom 21. Mai 1951 (Bundesgesetzbl. I S. 347) - Montan-Mitbestimmungsgesetz -, oder
2. dem Gesetz zur Ergänzung des Gesetzes über die Mitbestimmung der Arbeitnehmer in den Aufsichtsräten und Vorständen der Unternehmen des Bergbaus und der Eisen und Stahl erzeugenden Industrie vom 7. August 1956 (Bundesgesetzbl. I S. 707) - Mitbestimmungsergänzungsgesetz -

ein Mitbestimmungsrecht haben.

(3) Die Vertretung der Arbeitnehmer in den Aufsichtsräten von Unternehmen, in denen die Arbeitnehmer nicht nach Absatz 1 oder nach den in Absatz 2 bezeichneten Gesetzen ein Mitbestimmungsrecht haben, bestimmt sich nach den Vorschriften des Drittelbeteiligungsgesetzes (BGBl. 2004 I S. 974).

(4) [1]Dieses Gesetz ist nicht anzuwenden auf Unternehmen, die unmittelbar und überwiegend

1. politischen, koalitionspolitischen, konfessionellen, karitativen, erzieherischen, wissenschaftlichen oder künstlerischen Bestimmungen oder
2. Zwecken der Berichterstattung oder Meinungsäußerung, auf die Artikel 5 Abs. 1 Satz 2 des Grundgesetzes anzuwenden ist,

dienen. [2]Dieses Gesetz ist nicht anzuwenden auf Religionsgemeinschaften und ihre karitativen und erzieherischen Einrichtungen unbeschadet deren Rechtsform.

§ 2 Anteilseigner

Anteilseigner im Sinne dieses Gesetzes sind je nach der Rechtsform der in § 1 Abs. 1 Nr. 1 bezeichneten Unternehmen Aktionäre, Gesellschafter oder Mitglieder einer Genossenschaft.

§ 3 Arbeitnehmer und Betrieb

(1) [1]Arbeitnehmer im Sinne dieses Gesetzes sind

1. die in § 5 Abs. 1 des Betriebsverfassungsgesetzes bezeichneten Personen mit Ausnahme der in § 5 Abs. 3 des Betriebsverfassungsgesetzes bezeichneten leitenden Angestellten,
2. die in § 5 Abs. 3 des Betriebsverfassungsgesetzes bezeichneten leitenden Angestellten.

[2]Keine Arbeitnehmer im Sinne dieses Gesetzes sind die in § 5 Abs. 2 des Betriebsverfassungsgesetzes bezeichneten Personen.

(2) [1]Betriebe im Sinne dieses Gesetzes sind solche des Betriebsverfassungsgesetzes. [2]§ 4 Abs. 2 des Betriebsverfassungsgesetzes ist anzuwenden.

§ 4 Kommanditgesellschaft

(1) [1]Ist ein in § 1 Abs. 1 Nr. 1 bezeichnetes Unternehmen persönlich haftender Gesellschafter einer Kommanditgesellschaft und hat die Mehrheit der Kommanditisten dieser Kommanditgesellschaft, berechnet nach der Mehrheit der Anteile oder der Stimmen, die Mehrheit der Anteile oder der Stimmen in dem Unternehmen des persönlich haftenden Gesellschafters inne, so gelten für die Anwendung dieses Gesetzes auf den persönlich haftenden Gesellschafter die Arbeitnehmer der Kommanditgesellschaft als Arbeitnehmer des persönlich haftenden Gesellschafters, sofern nicht der persönlich haftende Gesellschafter einen eigenen Geschäftsbetrieb mit in der Regel mehr als 500 Arbeitnehmern hat. [2]Ist die Kommanditgesellschaft persönlich haftender Gesellschafter einer anderen Kommanditgesellschaft, so gelten auch deren Arbeitnehmer als Arbeitnehmer des in § 1 Abs. 1 Nr. 1 bezeichneten Unternehmens. [3]Dies gilt entsprechend, wenn sich die Verbindung von Kommanditgesellschaften in dieser Weise fortsetzt.

(2) Das Unternehmen kann von der Führung der Geschäfte der Kommanditgesellschaft nicht ausgeschlossen werden.

§ 5 Konzern

(1) [1]Ist ein in § 1 Abs. 1 Nr. 1 bezeichnetes Unternehmen herrschendes Unternehmen eines Konzerns (§ 18 Abs. 1 des Aktiengesetzes), so gelten für die Anwendung dieses Gesetzes auf das herrschende Unternehmen die Arbeitnehmer der Konzernunternehmen als Arbeitnehmer des herrschenden Unternehmens. [2]Dies gilt auch für die Arbeitnehmer eines in § 1 Abs. 1 Nr. 1 bezeichneten Unternehmens, das persönlich haftender Gesellschafter eines abhängigen Unternehmens (§ 18 Abs. 1 des Aktiengesetzes) in der Rechtsform einer Kommanditgesellschaft ist.

(2) [1]Ist eine Kommanditgesellschaft, bei der für die Anwendung dieses Gesetzes auf den persönlich haftenden Gesellschafter die Arbeitnehmer der Kommanditgesellschaft nach § 4 Abs. 1 als Arbeitnehmer des persönlich haftenden Gesellschafters gelten, herrschendes Unternehmen eines Konzerns (§ 18 Abs. 1 des Aktiengesetzes), so gelten für die Anwendung dieses Gesetzes auf den persönlich haftenden Gesellschafter der Kommanditgesellschaft die Arbeitnehmer der Konzernunternehmen als Arbeitnehmer des persönlich haftenden Gesellschafters. [2]Absatz 1 Satz 2 sowie § 4 Abs. 2 sind entsprechend anzuwenden.

(3) Stehen in einem Konzern die Konzernunternehmen unter der einheitlichen Leitung eines anderen als eines in Absatz 1 oder 2 bezeichneten Unternehmens, beherrscht aber die Konzernleitung über ein in Absatz 1 oder 2 bezeichnetes Unternehmen oder über mehrere solcher Unternehmen andere Konzernunternehmen, so gelten die in Absatz 1 oder 2 bezeichneten und der Konzernleitung am nächsten stehenden Unternehmen, über die die Konzernleitung andere Konzernunternehmen beherrscht, für die Anwendung dieses Gesetzes als herrschende Unternehmen.

Zweiter Teil: Aufsichtsrat

Erster Abschnitt: Bildung und Zusammensetzung

§ 6 Grundsatz

(1) Bei den in § 1 Abs. 1 bezeichneten Unternehmen ist ein Aufsichtsrat zu bilden, soweit sich dies nicht schon aus anderen gesetzlichen Vorschriften ergibt.

(2) [1]Die Bildung und die Zusammensetzung des Aufsichtsrats sowie die Bestellung und die Abberufung seiner Mitglieder bestimmen sich nach den §§ 7 bis 24 dieses Gesetzes und, soweit sich dies nicht schon aus anderen gesetzlichen Vorschriften ergibt, nach § 96 Absatz 4, den §§ 97 bis 101 Abs. 1 und 3 und den §§ 102 bis 106 des Aktiengesetzes mit der Maßgabe, daß die Wählbarkeit eines Prokuristen als Aufsichtsratsmitglied der Arbeitnehmer nur ausgeschlossen ist, wenn dieser dem zur gesetzlichen Vertretung des Unternehmens befugten Organ unmittelbar unterstellt und zur Ausübung der Prokura für den gesamten Geschäftsbereich des Organs ermächtigt ist. [2]Andere gesetzliche Vorschriften und Bestimmungen der Satzung (des Gesellschaftsvertrags, des Status) über die Zusammensetzung des Aufsichtsrats sowie über die Bestellung und die Abberufung seiner Mitglieder bleiben unberührt, soweit Vorschriften dieses Gesetzes dem nicht entgegenstehen.

(3) [1]Auf Genossenschaften sind die §§ 100, 101 Abs. 1 und 3 und die §§ 103 und 106 des Aktiengesetzes nicht anzuwenden. [2]Auf die Aufsichtsratsmitglieder der Arbeitnehmer ist § 9 Abs. 2 des Genossenschaftsgesetzes nicht anzuwenden.

§ 7 Zusammensetzung des Aufsichtsrats

(1) [1]Der Aufsichtsrat eines Unternehmens

1. mit in der Regel nicht mehr als 10 000 Arbeitnehmern setzt sich zusammen aus je sechs Aufsichtsratsmitgliedern der Anteilseigner und der Arbeitnehmer;
2. mit in der Regel mehr als 10 000, jedoch nicht mehr als 20 000 Arbeitnehmern setzt sich zusammen aus je acht Aufsichtsratsmitgliedern der Anteilseigner und der Arbeitnehmer;
3. mit in der Regel mehr als 20 000 Arbeitnehmern setzt sich zusammen aus je zehn Aufsichtsratsmitgliedern der Anteilseigner und der Arbeitnehmer.

[2]Bei den in Satz 1 Nr. 1 bezeichneten Unternehmen kann die Satzung (der Gesellschaftsvertrag) bestimmen, daß Satz 1 Nr. 2 oder 3 anzuwenden ist. [3]Bei den in Satz 1 Nr. 2 bezeichneten Unternehmen kann die Satzung (der Gesellschaftsvertrag) bestimmen, daß Satz 1 Nr. 3 anzuwenden ist.

(2) Unter den Aufsichtsratsmitgliedern der Arbeitnehmer müssen sich befinden

1. in einem Aufsichtsrat, dem sechs Aufsichtsratsmitglieder der Arbeitnehmer angehören, vier Arbeitnehmer des Unternehmens und zwei Vertreter von Gewerkschaften;
2. in einem Aufsichtsrat, dem acht Aufsichtsratsmitglieder der Arbeitnehmer angehören, sechs Arbeitnehmer des Unternehmens und zwei Vertreter von Gewerkschaften;
3. in einem Aufsichtsrat, dem zehn Aufsichtsratsmitglieder der Arbeitnehmer angehören, sieben Arbeitnehmer des Unternehmens und drei Vertreter von Gewerkschaften.

(3) Unter den Aufsichtsratsmitgliedern der Arbeitnehmer eines in § 1 Absatz 1 genannten, börsennotierten Unternehmens müssen im Fall des § 96 Absatz 2 Satz 3 des Aktiengesetzes Frauen und Männer jeweils mit einem Anteil von mindestens 30 Prozent vertreten sein.

(4) [1]Die in Absatz 2 bezeichneten Arbeitnehmer des Unternehmens müssen das 18. Lebensjahr vollendet haben und ein Jahr dem Unternehmen angehören. [2]Auf die einjährige Unternehmensangehörigkeit werden Zeiten der Angehörigkeit zu einem anderen Unternehmen, dessen Arbeitnehmer nach diesem Gesetz an der Wahl von Aufsichtsratsmitgliedern des Unternehmens teilnehmen, angerechnet. [3]Diese Zeiten müssen unmittelbar vor dem Zeitpunkt liegen, ab dem die Arbeitnehmer zur Wahl von Aufsichtsratsmitgliedern des Unternehmens berechtigt sind. [4]Die weiteren Wählbarkeitsvoraussetzungen des § 8 Abs. 1 des Betriebsverfassungsgesetzes müssen erfüllt sein.

(5) Die in Absatz 2 bezeichneten Gewerkschaften müssen in dem Unternehmen selbst oder in einem anderen Unternehmen vertreten sein, dessen Arbeitnehmer nach diesem Gesetz an der Wahl von Aufsichtsratsmitgliedern des Unternehmens teilnehmen.

Zweiter Abschnitt: Bestellung der Aufsichtsratsmitglieder

Erster Unterabschnitt: Aufsichtsratsmitglieder der Anteilseigner

§ 8 |Aufsichtsratsmitglieder der Anteilseigner|

(1) Die Aufsichtsratsmitglieder der Anteilseigner werden durch das nach Gesetz, Satzung oder Gesellschaftsvertrag zur Wahl von Mitgliedern des Aufsichtsrats befugte Organ (Wahlorgan) und, soweit gesetzliche Vorschriften dem nicht entgegenstehen, nach Maßgabe der Satzung oder des Gesellschaftsvertrags bestellt.

(2) § 101 Abs. 2 des Aktiengesetzes bleibt unberührt.

Zweiter Unterabschnitt: Aufsichtsratsmitglieder der Arbeitnehmer, Grundsatz

§ 9 |Aufsichtsratsmitglieder der Arbeitnehmer|

(1) Die Aufsichtsratsmitglieder der Arbeitnehmer (§ 7 Abs. 2) eines Unternehmens mit in der Regel mehr als 8.000 Arbeitnehmern werden durch Delegierte gewählt, sofern nicht die wahlberechtigten Arbeitnehmer die unmittelbare Wahl beschließen.

(2) Die Aufsichtsratsmitglieder der Arbeitnehmer (§ 7 Abs. 2) eines Unternehmens mit in der Regel nicht mehr als 8.000 Arbeitnehmern werden in unmittelbarer Wahl gewählt, sofern nicht die wahlberechtigten Arbeitnehmer die Wahl durch Delegierte beschließen.

(3) [1]Zur Abstimmung darüber, ob die Wahl durch Delegierte oder unmittelbar erfolgen soll, bedarf es eines Antrags, der von einem Zwanzigstel der wahlberechtigten Arbeitnehmer des Unternehmens unterzeichnet sein muß. [2]Die Abstimmung ist geheim. [3]Ein Beschluß nach Absatz 1 oder 2 kann nur unter Beteiligung von mindestens der Hälfte der wahlberechtigten Arbeitnehmer und nur mit der Mehrheit der abgegebenen Stimmen gefaßt werden.

Dritter Unterabschnitt: Wahl der Aufsichtsratsmitglieder der Arbeitnehmer durch Delegierte

§ 10 Wahl der Delegierten

(1) In jedem Betrieb des Unternehmens wählen die Arbeitnehmer in geheimer Wahl und nach den Grundsätzen der Verhältniswahl Delegierte.

(2) [1]Wahlberechtigt für die Wahl von Delegierten sind die Arbeitnehmer des Unternehmens, die das 18. Lebensjahr vollendet haben. [2]§ 7 Satz 2 des Betriebsverfassungsgesetzes gilt entsprechend.

(3) Zu Delegierten wählbar sind die in Absatz 2 Satz 1 bezeichneten Arbeitnehmer, die die weiteren Wählbarkeitsvoraussetzungen des § 8 des Betriebsverfassungsgesetzes erfüllen.

(4) [1]Wird für einen Wahlgang nur ein Wahlvorschlag gemacht, so gelten die darin aufgeführten Arbeitnehmer in der angegebenen Reihenfolge als gewählt. [2]§ 11 Abs. 2 ist anzuwenden.

§ 11 Errechnung der Zahl der Delegierten

(1) [1]In jedem Betrieb entfällt auf je 90 wahlberechtigte Arbeitnehmer ein Delegierter. [2]Ergibt die Errechnung nach Satz 1 in einem Betrieb mehr als

1. 25 Delegierte, so vermindert sich die Zahl der zu wählenden Delegierten auf die Hälfte; diese Delegierten erhalten je zwei Stimmen;
2. 50 Delegierte, so vermindert sich die Zahl der zu wählenden Delegierten auf ein Drittel; diese Delegierten erhalten je drei Stimmen;
3. 75 Delegierte, so vermindert sich die Zahl der zu wählenden Delegierten auf ein Viertel; diese Delegierten erhalten je vier Stimmen;
4. 100 Delegierte, so vermindert sich die Zahl der zu wählenden Delegierten auf ein Fünftel; diese Delegierten erhalten je fünf Stimmen;
5. 125 Delegierte, so vermindert sich die Zahl der zu wählenden Delegierten auf ein Sechstel; diese Delegierten erhalten je sechs Stimmen;
6. 150 Delegierte, so vermindert sich die Zahl der zu wählenden Delegierten auf ein Siebtel; diese Delegierten erhalten je sieben Stimmen.

[3]Bei der Errechnung der Zahl der Delegierten werden Teilzahlen voll gezählt, wenn sie mindestens die Hälfte der vollen Zahl betragen.

(2) [1]Unter den Delegierten müssen in jedem Betrieb die in § 3 Abs. 1 Nr. 1 bezeichneten Arbeitnehmer und die leitenden Angestellten entsprechend ihrem zahlenmäßigen Verhältnis vertreten sein. [2]Sind in einem Betrieb mindestens neun Delegierte zu wählen, so entfällt auf die in § 3 Abs. 1 Nr. 1 bezeichneten Arbeitnehmer und die leitenden Angestellten mindestens je ein Delegierter; dies gilt nicht, soweit in dem Betrieb nicht mehr als fünf in § 3 Abs. 1 Nr. 1 bezeichnete Arbeitnehmer oder leitende Angestellte wahlberechtigt sind. [3]Soweit auf die in § 3 Abs. 1 Nr. 1 bezeichneten Arbeitnehmer und die leitenden Angestellten lediglich nach Satz 2 Delegierte entfallen, vermehrt sich die nach Absatz 1 errechnete Zahl der Delegierten des Betriebs entsprechend.

(3) [1]Soweit nach Absatz 2 auf die in § 3 Abs. 1 Nr. 1 bezeichneten Arbeitnehmer und die leitenden Angestellten eines Betriebs nicht mindestens je ein Delegierter entfällt, gelten diese für die Wahl der Delegierten als Arbeitnehmer des Betriebs der Hauptniederlassung des Unternehmens. [2]Soweit nach Absatz 2 und nach Satz 1 auf die in § 3 Abs. 1 Nr. 1 bezeichneten Arbeitnehmer und die leitenden Angestellten des Betriebs der Hauptniederlassung nicht mindestens je ein Delegierter entfällt, gelten diese für die Wahl der Delegierten als Arbeitnehmer des nach der Zahl der wahlberechtigten Arbeitnehmer größten Betriebs des Unternehmens.

(4) Entfällt auf einen Betrieb oder auf ein Unternehmen, dessen Arbeitnehmer nach diesem Gesetz an der Wahl von Aufsichtsratsmitgliedern des Unternehmens teilnehmen, kein Delegierter, so ist Absatz 3 entsprechend anzuwenden.

(5) Die Eigenschaft eines Delegierten als Delegierter der Arbeitnehmer nach § 3 Abs. 1 Nr. 1 oder § 3 Abs. 1 Nr. 2 bleibt bei einem Wechsel der Eigenschaft als Arbeitnehmer nach § 3 Abs. 1 Nr. 1 oder § 3 Abs. 1 Nr. 2 erhalten.

§ 12 Wahlvorschläge für Delegierte

(1) [1]Zur Wahl der Delegierten können die wahlberechtigten Arbeitnehmer des Betriebs Wahlvorschläge machen. [2]Jeder Wahlvorschlag muss von einem Zwanzigstel oder 50 der jeweils wahlberechtigten in § 3 Abs. 1 Nr. 1 bezeichneten Arbeitnehmer oder der leitenden Angestellten des Betriebs unterzeichnet sein.

(2) Jeder Wahlvorschlag soll mindestens doppelt so viele Bewerber enthalten, wie in dem Wahlgang Delegierte zu wählen sind.

§ 13 Amtszeit der Delegierten

(1) [1]Die Delegierten werden für eine Zeit gewählt, die der Amtszeit der von ihnen zu wählenden Aufsichtsratsmitglieder entspricht. [2]Sie nehmen die ihnen nach den Vorschriften dieses Gesetzes zustehenden Aufgaben und Befugnisse bis zur Einleitung der Neuwahl der Aufsichtsratsmitglieder der Arbeitnehmer wahr.

(2) In den Fällen des § 9 Abs. 1 endet die Amtszeit der Delegierten, wenn

1. die wahlberechtigten Arbeitnehmer nach § 9 Abs. 1 die unmittelbare Wahl beschließen;
2. das Unternehmen nicht mehr die Voraussetzungen für die Anwendung des § 9 Abs. 1 erfüllt, es sei denn, die wahlberechtigten Arbeitnehmer beschließen, daß die Amtszeit bis zu dem in Absatz 1 genannten Zeitpunkt fortdauern soll; § 9 Abs. 3 ist entsprechend anzuwenden.

(3) In den Fällen des § 9 Abs. 2 endet die Amtszeit der Delegierten, wenn die wahlberechtigten Arbeitnehmer die unmittelbare Wahl beschließen; § 9 Abs. 3 ist anzuwenden.

(4) Abweichend von Absatz 1 endet die Amtszeit der Delegierten eines Betriebs, wenn nach Eintreten aller Ersatzdelegierten des Wahlvorschlags, dem die zu ersetzenden Delegierten angehören, die Gesamtzahl der Delegierten des Betriebs unter die im Zeitpunkt ihrer Wahl vorgeschriebene Zahl der auf den Betrieb entfallenden Delegierten gesunken ist.

§ 14 Vorzeitige Beendigung der Amtszeit oder Verhinderung von Delegierten

(1) Die Amtszeit eines Delegierten endet vor dem in § 13 bezeichneten Zeitpunkt

1. durch Niederlegung des Amtes,
2. durch Beendigung der Beschäftigung des Delegierten in dem Betrieb, dessen Delegierter er ist,
3. durch Verlust der Wählbarkeit.

(2) [1]Endet die Amtszeit eines Delegierten vorzeitig oder ist er verhindert, so tritt an seine Stelle ein Ersatzdelegierter. [2]Die Ersatzdelegierten werden der Reihe nach aus den nicht gewählten Arbeitnehmern derjenigen Wahlvorschläge entnommen, denen die zu ersetzenden Delegierten angehören.

§ 15 Wahl der unternehmensangehörigen Aufsichtsratsmitglieder der Arbeitnehmer

(1) [1]Die Delegierten wählen die Aufsichtsratsmitglieder, die nach § 7 Abs. 2 Arbeitnehmer des Unternehmens sein müssen, geheim und nach den Grundsätzen der Verhältniswahl für die Zeit, die im Gesetz oder in der Satzung (im Gesellschaftsvertrag) für die durch das Wahlorgan der Anteilseigner zu wählenden Mitglieder des Aufsichtsrats bestimmt ist. [2]Dem Aufsichtsrat muss ein leitender Angestellter angehören.

(2) [1]Die Wahl erfolgt auf Grund von Wahlvorschlägen. [2]Jeder Wahlvorschlag für

1. Aufsichtsratsmitglieder der Arbeitnehmer nach § 3 Abs. 1 Nr. 1 muss von einem Fünftel oder 100 der wahlberechtigten Arbeitnehmer des Unternehmens unterzeichnet sein;
2. das Aufsichtsratsmitglied der leitenden Angestellten wird auf Grund von Abstimmungsvorschlägen durch Beschluß der wahlberechtigten leitenden Angestellten aufgestellt. Jeder Abstimmungsvorschlag muß von einem Zwanzigstel oder 50 der wahlberechtigten leitenden Angestellten unterzeichnet sein. Der Beschluß wird in geheimer Abstimmung gefaßt. Jeder leitende Angestellte hat so viele Stimmen, wie für den Wahlvorschlag nach Absatz 3 Satz 2 Bewerber zu benennen sind. In den Wahlvorschlag ist die nach Absatz 3 Satz 2 vorgeschriebene Anzahl von Bewerbern in der Reihenfolge der auf sie entfallenden Stimmenzahlen aufzunehmen.

(3) [1]Abweichend von Absatz 1 findet Mehrheitswahl statt, soweit nur ein Wahlvorschlag gemacht wird. [2]In diesem Fall muss der Wahlvorschlag doppelt so viele Bewerber enthalten, wie Aufsichtsratsmitglieder auf die Arbeitnehmer nach § 3 Abs. 1 Nr. 1 und auf die leitenden Angestellten entfallen.

§ 16 Wahl der Vertreter von Gewerkschaften in den Aufsichtsrat

(1) Die Delegierten wählen die Aufsichtsratsmitglieder, die nach § 7 Abs. 2 Vertreter von Gewerkschaften sind, in geheimer Wahl und nach den Grundsätzen der Verhältniswahl für die in § 15 Abs. 1 bestimmte Zeit.

(2) [1]Die Wahl erfolgt auf Grund von Wahlvorschlägen der Gewerkschaften, die in dem Unternehmen selbst oder in einem anderen Unternehmen vertreten sind, dessen Arbeitnehmer nach diesem Gesetz an der Wahl von Aufsichtsratsmitgliedern des Unternehmens teilnehmen. [2]Wird nur ein Wahlvorschlag gemacht, so findet abweichend von Absatz 1 Mehrheitswahl statt. [3]In diesem Fall muß der Wahlvorschlag mindestens doppelt so viele Bewerber enthalten, wie Vertreter von Gewerkschaften in den Aufsichtsrat zu wählen sind.

§ 17 Ersatzmitglieder

(1) [1]In jedem Wahlvorschlag kann zusammen mit jedem Bewerber für diesen ein Ersatzmitglied des Aufsichtsrats vorgeschlagen werden. [2]Für einen Bewerber, der Arbeitnehmer nach § 3 Abs. 1 Nr. 1 ist, kann nur ein Arbeitnehmer nach § 3 Abs. 1 Nr. 1 und für einen leitenden Angestellten nach § 3 Abs. 1 Nr. 2 nur ein leitender Angestellter als Ersatzmitglied vorgeschlagen werden. [3]Ein Bewerber kann nicht zugleich als Ersatzmitglied vorgeschlagen werden.

(2) Wird ein Bewerber als Aufsichtsratsmitglied gewählt, so ist auch das zusammen mit ihm vorgeschlagene Ersatzmitglied gewählt.

(3) Im Fall des § 96 Absatz 2 Satz 3 des Aktiengesetzes ist das Nachrücken eines Ersatzmitgliedes ausgeschlossen, wenn dadurch der Anteil von Frauen und Männern unter den Aufsichtsratsmitgliedern der Arbeitnehmer nicht mehr den Vorgaben des § 7 Absatz 3 entspricht; § 18a Absatz 2 Satz 2 gilt entsprechend.

Vierter Unterabschnitt: Unmittelbare Wahl der Aufsichtsratsmitglieder der Arbeitnehmer

§ 18 | Unmittelbare Wahl|

[1]Sind nach § 9 die Aufsichtsratsmitglieder der Arbeitnehmer in unmittelbarer Wahl zu wählen, so sind die Arbeitnehmer des Unternehmens, die das 18. Lebensjahr vollendet haben, wahlberechtigt. [2]§ 7 Satz 2 des Betriebsverfassungsgesetzes gilt entsprechend. [3]Für die Wahl sind die §§ 15 bis 17 mit der Maßgabe anzuwenden, daß an die Stelle der Delegierten die wahlberechtigten Arbeitnehmer des Unternehmens treten.

Fünfter Unterabschnitt: Nichterreichen des Geschlechteranteils durch die Wahl

§ 18a |Nichterreichen des Geschlechteranteils|

(1) Ergibt im Fall des § 96 Absatz 2 Satz 3 des Aktiengesetzes die Auszählung der Stimmen und ihre Verteilung auf die Bewerber, dass die Vorgaben des § 7 Absatz 3 nicht erreicht worden sind, ist folgendes Geschlechterverhältnis für die Aufsichtsratssitze der Arbeitnehmer herzustellen:

1. in Aufsichtsräten nach § 7 Absatz 2 Nummer 1 und 2 müssen unter den Aufsichtsratsmitgliedern der Arbeitnehmer nach § 3 Absatz 1 Nummer 1 jeweils mindestens eine Frau und mindestens ein Mann und unter den Aufsichtsratsmitgliedern der Gewerkschaften jeweils eine Frau und ein Mann vertreten sein;
2. in einem Aufsichtsrat nach § 7 Absatz 2 Nummer 3 müssen unter den Aufsichtsratsmitgliedern der Arbeitnehmer nach § 3 Absatz 1 Nummer 1 mindestens zwei Frauen und mindestens zwei Männer und unter den Aufsichtsratsmitgliedern der Gewerkschaften eine Frau und ein Mann vertreten sein.

(2) [1]Um die Verteilung der Geschlechter nach Absatz 1 zu erreichen, ist die Wahl derjenigen Bewerber um einen Aufsichtsratssitz der Arbeitnehmer unwirksam, deren Geschlecht in dem jeweiligen Wahlgang nach der Verteilung der Stimmen auf die Bewerber mehrheitlich vertreten ist und die

1. bei einer Mehrheitswahl in dem jeweiligen Wahlgang nach der Reihenfolge der auf die Bewerber entfallenden Stimmenzahlen die niedrigsten Stimmenzahlen erhalten haben oder
2. bei einer Verhältniswahl in dem jeweiligen Wahlgang nach der Reihenfolge der auf die Bewerber entfallenden Höchstzahlen die niedrigsten Höchstzahlen erhalten haben.

[2]Die durch unwirksame Wahl nach Satz 1 nicht besetzten Aufsichtsratssitze werden im Wege der gerichtlichen Ersatzbestellung nach § 104 des Aktiengesetzes oder der Nachwahl besetzt.

Sechster Unterabschnitt: Weitere Vorschriften über das Wahlverfahren sowie über die Bestellung und Abberufung von Aufsichtsratsmitgliedern

§ 19 Bekanntmachung der Mitglieder des Aufsichtsrats

[1]Das zur gesetzlichen Vertretung des Unternehmens befugte Organ hat die Namen der Mitglieder und der Ersatzmitglieder des Aufsichtsrats unverzüglich nach ihrer Bestellung in den Betrieben des Unternehmens bekanntzumachen und im Bundesanzeiger zu veröffentlichen. [2]Nehmen an der Wahl der Aufsichtsratsmitglieder des Unternehmens auch die Arbeitnehmer eines anderen Unternehmens teil, so ist daneben das zur gesetzlichen Vertretung des anderen Unternehmens befugte Organ zur Bekanntmachung in seinen Betrieben verpflichtet.

§ 20 Wahlschutz und Wahlkosten

(1) [1]Niemand darf die Wahlen nach den §§ 10, 15, 16 und 18 behindern. [2]Insbesondere darf niemand in der Ausübung des aktiven und passiven Wahlrechts beschränkt werden.

(2) Niemand darf die Wahlen durch Zufügung oder Androhung von Nachteilen oder durch Gewährung oder Versprechen von Vorteilen beeinflussen.

(3) [1]Die Kosten der Wahlen trägt das Unternehmen. [2]Versäumnis von Arbeitszeit, die zur Ausübung des Wahlrechts oder der Betätigung im Wahlvorstand erforderlich ist, berechtigt den Arbeitgeber nicht zur Minderung des Arbeitsentgelts.

§ 21 Anfechtung der Wahl von Delegierten

(1) Die Wahl der Delegierten eines Betriebs kann beim Arbeitsgericht angefochten werden, wenn gegen wesentliche Vorschriften über das Wahlrecht, die Wählbarkeit oder das Wahlverfahren verstoßen worden und eine Berichtigung nicht erfolgt ist, es sei denn, daß durch den Verstoß das Wahlergebnis nicht geändert oder beeinflußt werden konnte.

(2) [1]Zur Anfechtung berechtigt sind

1. mindestens drei wahlberechtigte Arbeitnehmer des Betriebs,
2. der Betriebsrat,
3. der Sprecherausschuss,
4. das zur gesetzlichen Vertretung des Unternehmens befugte Organ.

[2]Die Anfechtung ist nur binnen einer Frist von zwei Wochen, vom Tag der Bekanntgabe des Wahlergebnisses an gerechnet, zulässig.

§ 22 Anfechtung der Wahl von Aufsichtsratsmitgliedern der Arbeitnehmer

(1) Die Wahl eines Aufsichtsratsmitglieds oder eines Ersatzmitglieds der Arbeitnehmer kann beim Arbeitsgericht angefochten werden, wenn gegen wesentliche Vorschriften über das Wahlrecht, die Wählbarkeit oder das Wahlverfahren verstoßen worden und eine Berichtigung nicht erfolgt ist, es sei denn, daß durch den Verstoß das Wahlergebnis nicht geändert oder beeinflußt werden konnte.

(2) [1]Zur Anfechtung berechtigt sind

1. mindestens drei wahlberechtigte Arbeitnehmer des Unternehmens,
2. der Gesamtbetriebsrat des Unternehmens oder, wenn in dem Unternehmen nur ein Betriebsrat besteht, der Betriebsrat sowie, wenn das Unternehmen herrschendes Unternehmen eines Konzerns ist, der Konzernbetriebsrat, soweit ein solcher besteht,
3. der Gesamt- oder Unternehmenssprecherausschuss des Unternehmens oder, wenn in dem Unternehmen nur ein Sprecherausschuss besteht, der Sprecherausschuss sowie, wenn das Unternehmen herrschendes Unternehmen eines Konzerns ist, der Konzernsprecherausschuss, soweit ein solcher besteht,
4. der Gesamtbetriebsrat eines anderen Unternehmens, dessen Arbeitnehmer nach diesem Gesetz an der Wahl der Aufsichtsratsmitglieder des Unternehmens teilnehmen, oder, wenn in dem anderen Unternehmen nur ein Betriebsrat besteht, der Betriebsrat,
5. der Gesamt- oder Unternehmenssprecherausschuss eines anderen Unternehmens, dessen Arbeitnehmer nach diesem Gesetz an der Wahl der Aufsichtsratsmitglieder des Unternehmens teilnehmen, oder, wenn in dem anderen Unternehmen nur ein Sprecherausschuss besteht, der Sprecherausschuss,
6. jede nach § 16 Abs. 2 vorschlagsberechtigte Gewerkschaft,
7. das zur gesetzlichen Vertretung des Unternehmens befugte Organ.

[2]Die Anfechtung ist nur binnen einer Frist von zwei Wochen, vom Tag der Veröffentlichung im Bundesanzeiger an gerechnet, zulässig.

§ 23 Abberufung von Aufsichtsratsmitgliedern der Arbeitnehmer

(1) [1]Ein Aufsichtsratsmitglied der Arbeitnehmer kann vor Ablauf der Amtszeit auf Antrag abberufen werden. [2]Antragsberechtigt sind für die Abberufung eines

1. Aufsichtsratsmitglieds der Arbeitnehmer nach § 3 Abs. 1 Nr. 1 drei Viertel der wahlberechtigten Arbeitnehmer nach § 3 Abs. 1 Nr. 1,
2. Aufsichtsratsmitglieds der leitenden Angestellten drei Viertel der wahlberechtigten leitenden Angestellten,
3. Aufsichtsratsmitglieds, das nach § 7 Abs. 2 Vertreter einer Gewerkschaft ist, die Gewerkschaft, die das Mitglied vorgeschlagen hat.

(2) [1]Ein durch Delegierte gewähltes Aufsichtsratsmitglied wird durch Beschluß der Delegierten abberufen. [2]Dieser Beschluss wird in geheimer Abstimmung gefasst; er bedarf einer Mehrheit von drei Vierteln der abgegebenen Stimmen.

(3) [1]Ein von den Arbeitnehmern unmittelbar gewähltes Aufsichtsratsmitglied wird durch Beschluß der wahlberechtigten Arbeitnehmer abberufen. [2]Dieser Beschluss wird in geheimer, unmittelbarer Abstimmung gefasst; er bedarf einer Mehrheit von drei Vierteln der abgegebenen Stimmen.

(4) Die Absätze 1 bis 3 sind für die Abberufung von Ersatzmitgliedern entsprechend anzuwenden.

§ 24 Verlust der Wählbarkeit und Änderung der Zuordnung unternehmensangehöriger Aufsichtsratsmitglieder

(1) Verliert ein Aufsichtsratsmitglied, das nach § 7 Abs. 2 Arbeitnehmer des Unternehmens sein muß, die Wählbarkeit, so erlischt sein Amt.

(2) Die Änderung der Zuordnung eines Aufsichtsratsmitglieds zu den in § 3 Abs. 1 Nr. 1 oder § 3 Abs. 1 Nr. 2 genannten Arbeitnehmern führt nicht zum Erlöschen seines Amtes.

Dritter Abschnitt: Innere Ordnung, Rechte und Pflichten des Aufsichtsrats

§ 25 Grundsatz

(1) [1]Die innere Ordnung, die Beschlußfassung sowie die Rechte und Pflichten des Aufsichtsrats bestimmen sich nach den §§ 27 bis 29, den §§ 31 und 32 und, soweit diese Vorschriften dem nicht entgegenstehen,

1. für Aktiengesellschaften und Kommanditgesellschaften auf Aktien nach dem Aktiengesetz,
2. für Gesellschaften mit beschränkter Haftung nach § 90 Abs. 3, 4 und 5 Satz 1 und 2, den §§ 107 bis 116, 118 Abs. 3, § 125 Abs. 3 und 4 und den §§ 170, 171 und 268 Abs. 2 des Aktiengesetzes,
3. für Genossenschaften nach dem Genossenschaftsgesetz.

[2]§ 4 Abs. 2 des Gesetzes über die Überführung der Anteilsrechte an der Volkswagenwerk Gesellschaft mit beschränkter Haftung in private Hand vom 21. Juli 1960 (Bundesgesetzbl. I S. 585), zuletzt geändert durch das Zweite Gesetz zur Änderung des Gesetzes über die Überführung der Anteilsrechte an der Volkswagenwerk Gesellschaft mit beschränkter Haftung in private Hand vom 31. Juli 1970 (Bundesgesetzbl. I S. 1149), bleibt unberührt.

(2) Andere gesetzliche Vorschriften und Bestimmungen der Satzung (des Gesellschaftsvertrags) oder der Geschäftsordnung des Aufsichtsrats über die innere Ordnung, die Beschlußfassung sowie die Rechte und Pflichten des Aufsichtsrats bleiben unberührt, soweit Absatz 1 dem nicht entgegensteht.

§ 26 Schutz von Aufsichtsratsmitgliedern vor Benachteiligung

[1]Aufsichtsratsmitglieder der Arbeitnehmer dürfen in der Ausübung ihrer Tätigkeit nicht gestört oder behindert werden. [2]Sie dürfen wegen ihrer Tätigkeit im Aufsichtsrat eines Unternehmens, dessen Arbeitnehmer sie sind oder als dessen Arbeitnehmer sie nach § 4 oder § 5 gelten, nicht benachteiligt werden. [3]Dies gilt auch für ihre berufliche Entwicklung.

§ 27 Vorsitz im Aufsichtsrat

(1) Der Aufsichtsrat wählt mit einer Mehrheit von zwei Dritteln der Mitglieder, aus denen er insgesamt zu bestehen hat, aus seiner Mitte einen Aufsichtsratsvorsitzenden und einen Stellvertreter.

(2) [1]Wird bei der Wahl des Aufsichtsratsvorsitzenden oder seines Stellvertreters die nach Absatz 1 erforderliche Mehrheit nicht erreicht, so findet für die Wahl des Aufsichtsratsvorsitzenden und seines Stellvertreters ein zweiter Wahlgang statt. [2]In diesem Wahlgang wählen die Aufsichtsratsmitglieder der Anteilseigner den Aufsichtsratsvorsitzenden und die Aufsichtsratsmitglieder der Arbeitnehmer den Stellvertreter jeweils mit der Mehrheit der abgegebenen Stimmen.

(3) Unmittelbar nach der Wahl des Aufsichtsratsvorsitzenden und seines Stellvertreters bildet der Aufsichtsrat zur Wahrnehmung der in § 31 Abs. 3 Satz 1 bezeichneten Aufgabe einen Ausschuß, dem der Aufsichtsratsvorsitzende, sein Stellvertreter sowie je ein von den Aufsichtsratsmitgliedern der Arbeitnehmer und von den Aufsichtsratsmitgliedern der Anteilseigner mit der Mehrheit der abgegebenen Stimmen gewähltes Mitglied angehören.

§ 28 Beschlußfähigkeit

[1]Der Aufsichtsrat ist nur beschlußfähig, wenn mindestens die Hälfte der Mitglieder, aus denen er insgesamt zu bestehen hat, an der Beschlußfassung teilnimmt. [2]§ 108 Abs. 2 Satz 4 des Aktiengesetzes ist anzuwenden.

§ 29 Abstimmungen

(1) Beschlüsse des Aufsichtsrats bedürfen der Mehrheit der abgegebenen Stimmen, soweit nicht in Absatz 2 und in den §§ 27, 31 und 32 etwas anderes bestimmt ist.

(2) [1]Ergibt eine Abstimmung im Aufsichtsrat Stimmengleichheit, so hat bei einer erneuten Abstimmung über denselben Gegenstand, wenn auch sie Stimmengleichheit ergibt, der Aufsichtsratsvorsitzende zwei Stimmen. [2]§ 108 Abs. 3 des Aktiengesetzes ist auch auf die Abgabe der zweiten Stimme anzuwenden. [3]Dem Stellvertreter steht die zweite Stimme nicht zu.

Dritter Teil: Gesetzliches Vertretungsorgan

§ 30 Grundsatz

Die Zusammensetzung, die Rechte und Pflichten des zur gesetzlichen Vertretung des Unternehmens befugten Organs sowie die Bestellung seiner Mitglieder bestimmen sich nach den für die Rechtsform des Unternehmens geltenden Vorschriften, soweit sich aus den §§ 31 bis 33 nichts anderes ergibt.

§ 31 Bestellung und Widerruf

(1) [1]Die Bestellung der Mitglieder des zur gesetzlichen Vertretung des Unternehmens befugten Organs und der Widerruf der Bestellung bestimmen sich nach den §§ 84 und 85 des Aktiengesetzes, soweit sich nicht aus den Absätzen 2 bis 5 etwas anderes ergibt. [2]Dies gilt nicht für Kommanditgesellschaften auf Aktien.

(2) Der Aufsichtsrat bestellt die Mitglieder des zur gesetzlichen Vertretung des Unternehmens befugten Organs mit einer Mehrheit, die mindestens zwei Drittel der Stimmen seiner Mitglieder umfaßt.

(3) [1]Kommt eine Bestellung nach Absatz 2 nicht zustande, so hat der in § 27 Abs. 3 bezeichnete Ausschuß des Aufsichtsrats innerhalb eines Monats nach der Abstimmung, in der die in Absatz 2 vorgeschriebene Mehrheit nicht erreicht worden ist, dem Aufsichtsrat einen Vorschlag für die Bestellung zu machen; dieser Vorschlag schließt andere Vorschläge nicht aus. [2]Der Aufsichtsrat bestellt die Mitglieder des zur gesetzlichen Vertretung des Unternehmens befugten Organs mit der Mehrheit der Stimmen seiner Mitglieder.

(4) [1]Kommt eine Bestellung nach Absatz 3 nicht zustande, so hat bei einer erneuten Abstimmung der Aufsichtsratsvorsitzende zwei Stimmen; Absatz 3 Satz 2 ist anzuwenden. [2]Auf die Abgabe der zweiten Stimme ist § 108 Abs. 3 des Aktiengesetzes anzuwenden. [3]Dem Stellvertreter steht die zweite Stimme nicht zu.

(5) Die Absätze 2 bis 4 sind für den Widerruf der Bestellung eines Mitglieds des zur gesetzlichen Vertretung des Unternehmens befugten Organs entsprechend anzuwenden.

§ 32 Ausübung von Beteiligungsrechten

(1) [1]Die einem Unternehmen, in dem die Arbeitnehmer nach diesem Gesetz ein Mitbestimmungsrecht haben, auf Grund von Beteiligungen an einem anderen Unternehmen, in dem die Arbeitnehmer nach diesem Gesetz ein Mitbestimmungsrecht haben, zustehenden Rechte bei der Bestellung, dem Widerruf der Bestellung oder der Entlastung von Verwaltungsträgern sowie bei der Beschlußfassung über die Auflösung oder Umwandlung des anderen Unternehmens, den Abschluß von Unternehmensverträgen (§§ 291, 292 des Aktiengesetzes) mit dem anderen Unternehmen, über dessen Fortsetzung nach seiner Auflösung oder über die Übertragung seines Vermögens können durch das zur gesetzlichen Vertretung des Unternehmens befugte Organ nur auf Grund von Beschlüssen des Aufsichtsrats ausgeübt werden. [2]Diese Beschlüsse bedürfen nur der Mehrheit der Stimmen der Aufsichtsratsmitglieder der Anteilseigner; sie sind für das zur gesetzlichen Vertretung des Unternehmens befugte Organ verbindlich.

(2) Absatz 1 ist nicht anzuwenden, wenn die Beteiligung des Unternehmens an dem anderen Unternehmen weniger als ein Viertel beträgt.

§ 33 Arbeitsdirektor

(1) [1]Als gleichberechtigtes Mitglied des zur gesetzlichen Vertretung des Unternehmens befugten Organs wird ein Arbeitsdirektor bestellt. [2]Dies gilt nicht für Kommanditgesellschaften auf Aktien.

(2) [1]Der Arbeitsdirektor hat wie die übrigen Mitglieder des zur gesetzlichen Vertretung des Unternehmens befugten Organs seine Aufgaben im engsten Einvernehmen mit dem Gesamtorgan auszuüben. [2]Das Nähere bestimmt die Geschäftsordnung.

(3) Bei Genossenschaften ist auf den Arbeitsdirektor § 9 Abs. 2 des Genossenschaftsgesetzes nicht anzuwenden.

Vierter Teil: Seeschiffahrt

§ 34 |Seeschiffahrt|

(1) Die Gesamtheit der Schiffe eines Unternehmens gilt für die Anwendung dieses Gesetzes als ein Betrieb.

(2) [1]Schiffe im Sinne dieses Gesetzes sind Kauffahrteischiffe, die nach dem Flaggenrechtsgesetz die Bundesflagge führen. [2]Schiffe, die in der Regel binnen 48 Stunden nach dem Auslaufen an den Sitz eines Landbetriebs zurückkehren, gelten als Teil dieses Landbetriebs.

(3) Leitende Angestellte im Sinne des § 3 Abs. 1 Nr. 2 dieses Gesetzes sind in einem in Absatz 1 bezeichneten Betrieb nur die Kapitäne.

(4) Die Arbeitnehmer eines in Absatz 1 bezeichneten Betriebs nehmen an einer Abstimmung nach § 9 nicht teil und bleiben für die Errechnung der für die Antragstellung und für die Beschlußfassung erforderlichen Zahl von Arbeitnehmern außer Betracht.

(5) [1]Werden die Aufsichtsratsmitglieder der Arbeitnehmer durch Delegierte gewählt, so werden abweichend von § 10 in einem in Absatz 1 bezeichneten Betrieb keine Delegierten gewählt. [2]Abweichend von § 15 Abs. 1 nehmen die Arbeitnehmer dieses Betriebs unmittelbar an der Wahl der Aufsichtsratsmitglieder der Arbeitnehmer teil mit der Maßgabe, daß die Stimme eines dieser Arbeitnehmer als ein Neunzigstel der Stimme eines Delegierten zu zählen ist; § 11 Abs. 1 Satz 3 ist entsprechend anzuwenden.

Fünfter Teil: Übergangs- und Schlußvorschriften

§ 35 (weggefallen)

§ 36 Verweisungen

(1) Soweit in anderen Vorschriften auf Vorschriften des Betriebsverfassungsgesetzes 1952 über die Vertretung der Arbeitnehmer in den Aufsichtsräten von Unternehmen verwiesen wird, gelten diese Verweisungen für die in § 1 Abs. 1 dieses Gesetzes bezeichneten Unternehmen als Verweisungen auf dieses Gesetz.

(2) Soweit in anderen Vorschriften für das Gesetz über die Mitbestimmung der Arbeitnehmer in den Aufsichtsräten und Vorständen der Unternehmen des Bergbaus und der Eisen und Stahl erzeugenden Industrie vom 21. Mai 1951 (Bundesgesetzbl. I S. 347) die Bezeichnung "Mitbestimmungsgesetz" verwendet wird, tritt an ihre Stelle die Bezeichnung "Montan-Mitbestimmungsgesetz".

§ 37 Erstmalige Anwendung des Gesetzes auf ein Unternehmen

(1) [1]Andere als die in § 97 Abs. 2 Satz 2 des Aktiengesetzes bezeichneten Bestimmungen der Satzung (des Gesellschaftsvertrags), die mit den Vorschriften dieses Gesetzes nicht vereinbar sind, treten mit dem in § 97 Abs. 2 Satz 2 des Aktiengesetzes bezeichneten Zeitpunkt oder, im Fall einer gerichtlichen Entscheidung, mit dem in § 98 Abs. 4 Satz 2 des Aktiengesetzes bezeichneten Zeitpunkt außer Kraft. [2]Eine Hauptversammlung (Gesellschafterversammlung, Generalversammlung), die bis zu diesem Zeitpunkt stattfindet, kann an Stelle der außer Kraft tretenden Satzungsbestimmungen mit einfacher Mehrheit neue Satzungsbestimmungen beschließen.

(2) Die §§ 25 bis 29, 31 bis 33 sind erstmalig anzuwenden, wenn der Aufsichtsrat nach den Vorschriften dieses Gesetzes zusammengesetzt ist.

(3) [1]Die Bestellung eines vor dem Inkrafttreten dieses Gesetzes bestellten Mitglieds des zur gesetzlichen Vertretung befugten Organs eines Unternehmens, auf das dieses Gesetz bereits bei seinem Inkrafttreten anzuwenden ist, kann, sofern die Amtszeit dieses Mitglieds nicht aus anderen Gründen früher endet, nach Ablauf von fünf Jahren seit dem Inkrafttreten dieses Gesetzes von dem nach diesem Gesetz gebildeten Aufsichtsrat jederzeit widerrufen werden. [2]Für den Widerruf bedarf es der Mehrheit der abgegebenen Stimmen der Aufsichtsratsmitglieder, aller Stimmen der Aufsichtsratsmitglieder der Anteilseigner oder aller Stimmen der Aufsichtsratsmitglieder der Arbeitnehmer. [3]Für die Ansprüche aus dem Anstellungsvertrag gelten die allgemeinen Vorschriften. [4]Bis zum Widerruf bleiben für diese Mitglieder Satzungsbestimmungen über die Amtszeit abweichend von Absatz 1 Satz 1 in Kraft. [5]Diese Vorschriften sind entsprechend anzuwenden, wenn dieses Gesetzes auf ein Unternehmen erst nach dem Zeitpunkt des Inkrafttretens dieses Gesetzes erstmalig anzuwenden ist.

(4) Absatz 3 gilt nicht für persönlich haftende Gesellschafter einer Kommanditgesellschaft auf Aktien.

§ 38 (weggefallen)

§ 39 Ermächtigung zum Erlaß von Rechtsverordnungen

Die Bundesregierung wird ermächtigt, durch Rechtsverordnung Vorschriften über das Verfahren für die Wahl und die Abberufung von Aufsichtsratsmitgliedern der Arbeitnehmer zu erlassen, insbesondere über

1. die Vorbereitung der Wahl oder Abstimmung, die Bestellung der Wahlvorstände und Abstimmungsvorstände sowie die Aufstellung der Wählerlisten,
2. die Abstimmungen darüber, ob die Wahl der Aufsichtsratsmitglieder in unmittelbarer Wahl oder durch Delegierte erfolgen soll,
3. die Frist für die Einsichtnahme in die Wählerlisten und die Erhebung von Einsprüchen,

4. die Errechnung der Zahl der Aufsichtsratsmitglieder der Arbeitnehmer sowie ihre Verteilung auf die in § 3 Abs. 1 Nr. 1 bezeichneten Arbeitnehmer, die leitenden Angestellten und die Gewerkschaftsvertreter sowie das Verfahren zur Berücksichtigung der Geschlechter,
5. die Errechnung der Zahl der Delegierten,
6. die Wahlvorschläge und die Frist für ihre Einreichung,
7. die Ausschreibung der Wahl oder der Abstimmung und die Fristen für die Bekanntmachung des Ausschreibens,
8. die Teilnahme von Arbeitnehmern eines in § 34 Abs. 1 bezeichneten Betriebs an Wahlen und Abstimmungen,
9. die Stimmabgabe,
10. die Feststellung des Ergebnisses der Wahl oder der Abstimmung und die Fristen für seine Bekanntmachung,
11. die Aufbewahrung der Wahlakten und der Abstimmungsakten.

§ 40 Übergangsregelung

(1) Auf Wahlen von Aufsichtsratsmitgliedern der Arbeitnehmer, die bis zum 31. Dezember 2015 abgeschlossen sind, ist das Mitbestimmungsgesetz vom 4. Mai 1976 (BGBl. I S. 1153) in der Fassung des Artikels 2 Absatz 113 des Gesetzes vom 22. Dezember 2011 (BGBl. I S. 3044) anzuwenden.

(2) Auf Wahlen von Aufsichtsratsmitgliedern der Arbeitnehmer, die bis zum 31. Dezember 2015 nicht abgeschlossen sind, ist im Fall des § 96 Absatz 2 Satz 3 des Aktiengesetzes das Mitbestimmungsgesetz in der durch Artikel 7 des Gesetzes vom 24. April 2015 (BGBl. I S. 642) geänderten Fassung anzuwenden.

(3) Eine Wahl von Aufsichtsratsmitgliedern der Arbeitnehmer gilt als abgeschlossen, wenn die Bekanntmachung der Mitglieder des Aufsichtsrates nach § 19 Satz 1 durch das zur gesetzlichen Vertretung des Unternehmens befugte Organ erfolgt ist.

§ 41 Inkrafttreten

Dieses Gesetz tritt am 1. Juli 1976 in Kraft.

Drittelbeteiligungsgesetz (DrittelbG)

Gesetz über die Drittelbeteiligung der Arbeitnehmer im Aufsichtsrat

Rechtsstand: Januar 2020. Letzte Änderung: 01.05.2015 (BGBl. I S. 642).

Teil 1: Geltungsbereich

§ 1 Erfasste Unternehmen

(1) Die Arbeitnehmer haben ein Mitbestimmungsrecht im Aufsichtsrat nach Maßgabe dieses Gesetzes in

1. einer Aktiengesellschaft mit in der Regel mehr als 500 Arbeitnehmern. Ein Mitbestimmungsrecht im Aufsichtsrat besteht auch in einer Aktiengesellschaft mit in der Regel weniger als 500 Arbeitnehmern, die vor dem 10. August 1994 eingetragen worden ist und keine Familiengesellschaft ist. Als Familiengesellschaften gelten solche Aktiengesellschaften, deren Aktionär eine einzelne natürliche Person ist oder deren Aktionäre untereinander im Sinne von § 15 Abs. 1 Nr. 2 bis 8, Abs. 2 der Abgabenordnung verwandt oder verschwägert sind;
2. einer Kommanditgesellschaft auf Aktien mit in der Regel mehr als 500 Arbeitnehmern. Nummer 1 Satz 2 und 3 gilt entsprechend;
3. einer Gesellschaft mit beschränkter Haftung mit in der Regel mehr als 500 Arbeitnehmern. Die Gesellschaft hat einen Aufsichtsrat zu bilden; seine Zusammensetzung sowie seine Rechte und Pflichten bestimmen sich nach § 90 Abs. 3, 4, 5 Satz 1 und 2, nach den §§ 95 bis 114, 116, 118 Abs. 3, § 125 Abs. 3 und 4 und nach den §§ 170, 171, 268 Abs. 2 des Aktiengesetzes;
4. einem Versicherungsverein auf Gegenseitigkeit mit in der Regel mehr als 500 Arbeitnehmern, wenn dort ein Aufsichtsrat besteht;
5. einer Genossenschaft mit in der Regel mehr als 500 Arbeitnehmern. § 96 Absatz 4 und die §§ 97 bis 99 des Aktiengesetzes sind entsprechend anzuwenden. Die Satzung kann nur eine durch drei teilbare Zahl von Aufsichtsratsmitgliedern festsetzen. Der Aufsichtsrat muss zwei Sitzungen im Kalenderhalbjahr abhalten.

(2) [1]Dieses Gesetz findet keine Anwendung auf

1. die in § 1 Abs. 1 des Mitbestimmungsgesetzes, die in § 1 des Montan-Mitbestimmungsgesetzes und die in den §§ 1 und 3 Abs. 1 des Montan-Mitbestimmungsergänzungsgesetzes bezeichneten Unternehmen;
2. Unternehmen, die unmittelbar und überwiegend
   a) politischen, koalitionspolitischen, konfessionellen, karitativen, erzieherischen, wissenschaftlichen oder künstlerischen Bestimmungen oder
   b) Zwecken der Berichterstattung oder Meinungsäußerung, auf die Artikel 5 Abs. 1 Satz 2 des Grundgesetzes anzuwenden ist,

dienen.

[2]Dieses Gesetz ist nicht anzuwenden auf Religionsgemeinschaften und ihre karitativen und erzieherischen Einrichtungen unbeschadet deren Rechtsform.

(3) Die Vorschriften des Genossenschaftsgesetzes über die Zusammensetzung des Aufsichtsrats sowie über die Wahl und die Abberufung von Aufsichtsratsmitgliedern gelten insoweit nicht, als sie den Vorschriften dieses Gesetzes widersprechen.

§ 2 Konzern

(1) An der Wahl der Aufsichtsratsmitglieder der Arbeitnehmer des herrschenden Unternehmens eines Konzerns (§ 18 Abs. 1 des Aktiengesetzes) nehmen auch die Arbeitnehmer der übrigen Konzernunternehmen teil.

(2) Soweit nach § 1 die Beteiligung der Arbeitnehmer im Aufsichtsrat eines herrschenden Unternehmens von dem Vorhandensein oder der Zahl von Arbeitnehmern abhängt, gelten die Arbeitnehmer eines Konzernunternehmens als solche des herrschenden Unternehmens, wenn zwischen den Unternehmen ein Beherrschungsvertrag besteht oder das abhängige Unternehmen in das herrschende Unternehmen eingegliedert ist.

§ 3 Arbeitnehmer, Betrieb

(1) Arbeitnehmer im Sinne dieses Gesetzes sind die in § 5 Abs. 1 des Betriebsverfassungsgesetzes bezeichneten Personen mit Ausnahme der in § 5 Abs. 3 des Betriebsverfassungsgesetzes bezeichneten leitenden Angestellten.

(2) [1]Betriebe im Sinne dieses Gesetzes sind solche des Betriebsverfassungsgesetzes. [2]§ 4 Abs. 2 des Betriebsverfassungsgesetzes ist anzuwenden.

(3) [1]Die Gesamtheit der Schiffe eines Unternehmens gilt für die Anwendung dieses Gesetzes als ein Betrieb. [2]Schiffe im Sinne dieses Gesetzes sind Kauffahrteischiffe, die nach dem Flaggenrechtsgesetz die Bundesflagge führen. [3]Schiffe, die in der Regel binnen 48 Stunden nach dem Auslaufen an den Sitz eines Landbetriebs zurückkehren, gelten als Teil dieses Landbetriebs.

Teil 2: Aufsichtsrat

§ 4 Zusammensetzung

(1) Der Aufsichtsrat eines in § 1 Abs. 1 bezeichneten Unternehmens muss zu einem Drittel aus Arbeitnehmervertretern bestehen.

(2) [1]Ist ein Aufsichtsratsmitglied der Arbeitnehmer oder sind zwei Aufsichtsratsmitglieder der Arbeitnehmer zu wählen, so müssen diese als Arbeitnehmer im Unternehmen beschäftigt sein. [2]Sind mehr als zwei Aufsichtsratsmitglieder der Arbeitnehmer zu wählen, so müssen mindestens zwei Aufsichtsratsmitglieder als Arbeitnehmer im Unternehmen beschäftigt sein.

(3) [1]Die Aufsichtsratsmitglieder der Arbeitnehmer, die Arbeitnehmer des Unternehmens sind, müssen das 18. Lebensjahr vollendet haben und ein Jahr dem Unternehmen angehören. [2]Auf die einjährige Unternehmensangehörigkeit werden Zeiten der Angehörigkeit zu einem anderen Unternehmen, dessen Arbeitnehmer nach diesem Gesetz an der Wahl von Aufsichtsratsmitgliedern des Unternehmens

teilnehmen, angerechnet. [3]Diese Zeiten müssen unmittelbar vor dem Zeitpunkt liegen, ab dem die Arbeitnehmer zur Wahl von Aufsichtsratsmitgliedern des Unternehmens berechtigt sind. [4]Die weiteren Wählbarkeitsvoraussetzungen des § 8 Abs. 1 des Betriebsverfassungsgesetzes müssen erfüllt sein.

(4) Unter den Aufsichtsratsmitgliedern der Arbeitnehmer sollen Frauen und Männer entsprechend ihrem zahlenmäßigen Verhältnis im Unternehmen vertreten sein.

§ 5 Wahl der Aufsichtsratsmitglieder der Arbeitnehmer

(1) Die Aufsichtsratsmitglieder der Arbeitnehmer werden nach den Grundsätzen der Mehrheitswahl in allgemeiner, geheimer, gleicher und unmittelbarer Wahl für die Zeit gewählt, die im Gesetz oder in der Satzung für die von der Hauptversammlung zu wählenden Aufsichtsratsmitglieder bestimmt ist.

(2) [1]Wahlberechtigt sind die Arbeitnehmer des Unternehmens, die das 18. Lebensjahr vollendet haben. [2]§ 7 Satz 2 des Betriebsverfassungsgesetzes gilt entsprechend.

§ 6 Wahlvorschläge

[1]Die Wahl erfolgt auf Grund von Wahlvorschlägen der Betriebsräte und der Arbeitnehmer. [2]Die Wahlvorschläge der Arbeitnehmer müssen von mindestens einem Zehntel der Wahlberechtigten oder von mindestens 100 Wahlberechtigten unterzeichnet sein.

§ 7 Ersatzmitglieder

(1) [1]In jedem Wahlvorschlag kann zusammen mit jedem Bewerber für diesen ein Ersatzmitglied des Aufsichtsrats vorgeschlagen werden. [2]Ein Bewerber kann nicht zugleich als Ersatzmitglied vorgeschlagen werden.

(2) Wird ein Bewerber als Aufsichtsratsmitglied gewählt, so ist auch das zusammen mit ihm vorgeschlagene Ersatzmitglied gewählt.

§ 8 Bekanntmachung der Mitglieder des Aufsichtsrats

[1]Das zur gesetzlichen Vertretung des Unternehmens befugte Organ hat die Namen der Mitglieder und der Ersatzmitglieder des Aufsichtsrats unverzüglich nach ihrer Bestellung in den Betrieben des Unternehmens bekannt zu machen und im Bundesanzeiger zu veröffentlichen. [2]Nehmen an der Wahl der Aufsichtsratsmitglieder des Unternehmens auch die Arbeitnehmer eines anderen Unternehmens teil, so ist daneben das zur gesetzlichen Vertretung des anderen Unternehmens befugte Organ zur Bekanntmachung in seinen Betrieben verpflichtet.

§ 9 Schutz von Aufsichtsratsmitgliedern vor Benachteiligung

[1]Aufsichtsratsmitglieder der Arbeitnehmer dürfen in der Ausübung ihrer Tätigkeit nicht gestört oder behindert werden. [2]Sie dürfen wegen ihrer Tätigkeit im Aufsichtsrat nicht benachteiligt oder begünstigt werden. [3]Dies gilt auch für ihre berufliche Entwicklung.

§ 10 Wahlschutz und Wahlkosten

(1) [1]Niemand darf die Wahl der Aufsichtsratsmitglieder der Arbeitnehmer behindern. [2]Insbesondere darf niemand in der Ausübung des aktiven und passiven Wahlrechts beschränkt werden.

(2) Niemand darf die Wahlen durch Zufügung oder Androhung von Nachteilen oder durch Gewährung oder Versprechen von Vorteilen beeinflussen.

(3) [1]Die Kosten der Wahlen trägt das Unternehmen. [2]Versäumnis von Arbeitszeit, die zur Ausübung des Wahlrechts oder der Betätigung im Wahlvorstand erforderlich ist, berechtigt nicht zur Minderung des Arbeitsentgelts.

§ 11 Anfechtung der Wahl von Aufsichtsratsmitgliedern der Arbeitnehmer

(1) Die Wahl eines Aufsichtsratsmitglieds oder eines Ersatzmitglieds der Arbeitnehmer kann beim Arbeitsgericht angefochten werden, wenn gegen wesentliche Vorschriften über das Wahlrecht, die Wählbarkeit oder das Wahlverfahren verstoßen worden und eine Berichtigung nicht erfolgt ist, es sei denn, dass durch den Verstoß das Wahlergebnis nicht geändert oder beeinflusst werden konnte.

(2) [1]Zur Anfechtung berechtigt sind

1. mindestens drei Wahlberechtigte,
2. die Betriebsräte,
3. das zur gesetzlichen Vertretung des Unternehmens befugte Organ.

[2]Die Anfechtung ist nur binnen einer Frist von zwei Wochen, vom Tag der Veröffentlichung im Bundesanzeiger an gerechnet, zulässig.

§ 12 Abberufung von Aufsichtsratsmitgliedern der Arbeitnehmer

(1) [1]Ein Aufsichtsratsmitglied der Arbeitnehmer kann vor Ablauf der Amtszeit auf Antrag eines Betriebsrats oder von mindestens einem Fünftel der Wahlberechtigten durch Beschluss abberufen werden. [2]Der Beschluss der Wahlberechtigten wird in allgemeiner, geheimer, gleicher und unmittelbarer Abstimmung gefasst; er bedarf einer Mehrheit von drei Vierteln der abgegebenen Stimmen. [3]Auf die Beschlussfassung findet § 2 Abs. 1 Anwendung.

(2) Absatz 1 ist für die Abberufung von Ersatzmitgliedern entsprechend anzuwenden.

Teil 3: Übergangs- und Schlussvorschriften

§ 13 Ermächtigung zum Erlass von Rechtsverordnungen

Die Bundesregierung wird ermächtigt, durch Rechtsverordnung Vorschriften über das Verfahren für die Wahl und die Abberufung von Aufsichtsratsmitgliedern der Arbeitnehmer zu erlassen, insbesondere über

1. die Vorbereitung der Wahl, insbesondere die Aufstellung der Wählerlisten und die Errechnung der Zahl der Aufsichtsratsmitglieder der Arbeitnehmer;
2. die Frist für die Einsichtnahme in die Wählerlisten und die Erhebung von Einsprüchen gegen sie;
3. die Wahlvorschläge und die Frist für ihre Einreichung;
4. das Wahlausschreiben und die Frist für seine Bekanntmachung;
5. die Teilnahme von Arbeitnehmern eines in § 3 Abs. 3 bezeichneten Betriebs an der Wahl;
6. die Stimmabgabe;
7. die Feststellung des Wahlergebnisses und die Fristen für seine Bekanntmachung;
8. die Anfechtung der Wahl;
9. die Aufbewahrung der Wahlakten.

§ 14 Verweisungen

Soweit in anderen Gesetzen auf Vorschriften verwiesen wird, die durch Artikel 6 Abs. 2 des Zweiten Gesetzes zur Vereinfachung der Wahl der Arbeitnehmervertreter in den Aufsichtsrat aufgehoben werden, treten an ihre Stelle die entsprechenden Vorschriften dieses Gesetzes.

Kündigungsschutzgesetz (KSchG)

Rechtsstand: Januar 2020. Letzte Änderung: 10.10.2017 (BGBl. I S. 2509).

Auszug aus dem Gesetz

Zweiter Abschnitt: Kündigungsschutz im Rahmen der Betriebsverfassung und Personalvertretung

§ 15 Unzulässigkeit der Kündigung

(1) [1]Die Kündigung eines Mitglieds eines Betriebsrats, einer Jugend- und Auszubildendenvertretung, einer Bordvertretung oder eines Seebetriebsrats ist unzulässig, es sei denn, daß Tatsachen vorliegen, die den Arbeitgeber zur Kündigung aus wichtigem Grund ohne Einhaltung einer Kündigungsfrist berechtigen, und daß die nach § 103 des Betriebsverfassungsgesetzes erforderliche Zustimmung vorliegt oder durch gerichtliche Entscheidung ersetzt ist. [2]Nach Beendigung der Amtszeit ist die Kündigung eines Mitglieds eines Betriebsrats, einer Jugend- und Auszubildendenvertretung oder eines Seebetriebsrats innerhalb eines Jahres, die Kündigung eines Mitglieds einer Bordvertretung innerhalb von sechs Monaten, jeweils vom Zeitpunkt der Beendigung der Amtszeit an gerechnet, unzulässig, es sei denn, daß Tatsachen vorliegen, die den Arbeitgeber zur Kündigung aus wichtigem Grund ohne Einhaltung einer Kündigungsfrist berechtigen; dies gilt nicht, wenn die Beendigung der Mitgliedschaft auf einer gerichtlichen Entscheidung beruht.

(2) [1]Die Kündigung eines Mitglieds einer Personalvertretung, einer Jugend- und Auszubildendenvertretung oder einer Jugendvertretung ist unzulässig, es sei denn, daß Tatsachen vorliegen, die den Arbeitgeber zur Kündigung aus wichtigem Grund ohne Einhaltung einer Kündigungsfrist berechtigen, und daß die nach dem Personalvertretungsrecht erforderliche Zustimmung vorliegt oder durch gerichtliche Entscheidung ersetzt ist. [2]Nach Beendigung der Amtszeit der in Satz 1 genannten Personen ist ihre Kündigung innerhalb eines Jahres, vom Zeitpunkt der Beendigung der Amtszeit an gerechnet, unzulässig, es sei denn, daß Tatsachen vorliegen, die den Arbeitgeber zur Kündigung aus wichtigem Grund ohne Einhaltung einer Kündigungsfrist berechtigen; dies gilt nicht, wenn die Beendigung der Mitgliedschaft auf einer gerichtlichen Entscheidung beruht.

(3) [1]Die Kündigung eines Mitglieds eines Wahlvorstands ist vom Zeitpunkt seiner Bestellung an, die Kündigung eines Wahlbewerbers vom Zeitpunkt der Aufstellung des Wahlvorschlags an, jeweils bis zur Bekanntgabe des Wahlergebnisses unzulässig, es sei denn, daß Tatsachen vorliegen, die den Arbeitgeber zur Kündigung aus wichtigem Grund ohne Einhaltung einer Kündigungsfrist berechtigen, und daß die nach § 103 des Betriebsverfassungsgesetzes oder nach dem Personalvertretungsrecht erforderliche Zustimmung vorliegt oder durch eine gerichtliche Entscheidung ersetzt ist. [2]Innerhalb von sechs Monaten nach Bekanntgabe des Wahlergebnisses ist die Kündigung unzulässig, es sei denn, daß Tatsachen vorliegen, die den Arbeitgeber zur Kündigung aus wichtigem Grund ohne Einhaltung einer Kündigungsfrist berechtigen; dies gilt nicht für Mitglieder des Wahlvorstands, wenn dieser durch gerichtliche Entscheidung durch einen anderen Wahlvorstand ersetzt worden ist.

(3a) [1]Die Kündigung eines Arbeitnehmers, der zu einer Betriebs-, Wahl- oder Bordversammlung nach § 17 Abs. 3, § 17a Nr. 3 Satz 2, § 115 Abs. 2 Nr. 8 Satz 1 des Betriebsverfassungsgesetzes einlädt oder die Bestellung eines Wahlvorstands nach § 16 Abs. 2 Satz 1, § 17 Abs. 4, § 17a Nr. 4, § 63 Abs. 3, § 115 Abs. 2 Nr. 8 Satz 2 oder § 116 Abs. 2 Nr. 7 Satz 5 des Betriebsverfassungsgesetzes beantragt, ist vom Zeitpunkt der Einladung oder Antragstellung an bis zur Bekanntgabe des Wahlergebnisses unzulässig, es sei denn, dass Tatsachen vorliegen, die den Arbeitgeber zur Kündigung aus wichtigem Grund ohne Einhaltung einer Kündigungsfrist berechtigen; der Kündigungsschutz gilt für die ersten drei in der Einladung oder Antragstellung aufgeführten Arbeitnehmer. [2]Wird ein Betriebsrat, eine Jugend- und Auszubildendenvertretung, eine Bordvertretung oder ein Seebetriebsrat nicht gewählt, besteht der Kündigungsschutz nach Satz 1 vom Zeitpunkt der Einladung oder Antragstellung an drei Monate.

(4) Wird der Betrieb stillgelegt, so ist die Kündigung der in den Absätzen 1 bis 3 genannten Personen frühestens zum Zeitpunkt der Stillegung zulässig, es sei denn, daß ihre Kündigung zu einem früheren Zeitpunkt durch zwingende betriebliche Erfordernisse bedingt ist.

(5) [1]Wird eine der in den Absätzen 1 bis 3 genannten Personen in einer Betriebsabteilung beschäftigt, die stillgelegt wird, so ist sie in eine andere Betriebsabteilung zu übernehmen. [2]Ist dies aus betrieblichen Gründen nicht möglich, so findet auf ihre Kündigung die Vorschrift des Absatzes 4 über die Kündigung bei Stillegung des Betriebs sinngemäß Anwendung.

Bürgerliches Gesetzbuch (BGB)

Auszug aus dem Gesetz

Rechtsstand: Januar 2020. Letzte Änderung: 01.01.2020 (BGBl. I S. 2911).

Buch 2: Recht der Schuldverhältnisse

Abschnitt 8: Einzelne Schuldverhältnisse

Titel 8: Dienstvertrag und ähnliche Verträge

Untertitel 1: Dienstvertrag

§ 613a Rechte und Pflichten bei Betriebsübergang

(1) [1]Geht ein Betrieb oder Betriebsteil durch Rechtsgeschäft auf einen anderen Inhaber über, so tritt dieser in die Rechte und Pflichten aus den im Zeitpunkt des Übergangs bestehenden Arbeitsverhältnissen ein. [2]Sind diese Rechte und Pflichten durch Rechtsnormen eines Tarifvertrags oder durch eine Betriebsvereinbarung geregelt, so werden sie Inhalt des Arbeitsverhältnisses zwischen dem neuen Inhaber und dem Arbeitnehmer und dürfen nicht vor Ablauf eines Jahres nach dem Zeitpunkt des Übergangs zum Nachteil des Arbeitnehmers geändert werden. [3]Satz 2 gilt nicht, wenn die Rechte und Pflichten bei dem neuen Inhaber durch Rechtsnormen eines anderen Tarifvertrags oder durch eine andere Betriebsvereinbarung geregelt werden. [4]Vor Ablauf der Frist nach Satz 2 können die Rechte und Pflichten geändert werden, wenn der Tarifvertrag oder die Betriebsvereinbarung nicht mehr gilt oder bei fehlender beiderseitiger Tarifgebundenheit im Geltungsbereich eines anderen Tarifvertrags dessen Anwendung zwischen dem neuen Inhaber und dem Arbeitnehmer vereinbart wird.

(2) [1]Der bisherige Arbeitgeber haftet neben dem neuen Inhaber für Verpflichtungen nach Absatz 1, soweit sie vor dem Zeitpunkt des Übergangs entstanden sind und vor Ablauf von einem Jahr nach diesem Zeitpunkt fällig werden, als Gesamtschuldner. [2]Werden solche Verpflichtungen nach dem Zeitpunkt des Übergangs fällig, so haftet der bisherige Arbeitgeber für sie jedoch nur in dem Umfang, der dem im Zeitpunkt des Übergangs abgelaufenen Teil ihres Bemessungszeitraums entspricht.

(3) Absatz 2 gilt nicht, wenn eine juristische Person oder eine Personenhandelsgesellschaft durch Umwandlung erlischt.

(4) [1]Die Kündigung des Arbeitsverhältnisses eines Arbeitnehmers durch den bisherigen Arbeitgeber oder durch den neuen Inhaber wegen des Übergangs eines Betriebs oder eines Betriebsteils ist unwirksam. [2]Das Recht zur Kündigung des Arbeitsverhältnisses aus anderen Gründen bleibt unberührt.

(5) Der bisherige Arbeitgeber oder der neue Inhaber hat die von einem Übergang betroffenen Arbeitnehmer vor dem Übergang in Textform zu unterrichten über:

1. den Zeitpunkt oder den geplanten Zeitpunkt des Übergangs,
2. den Grund für den Übergang,
3. die rechtlichen, wirtschaftlichen und sozialen Folgen des Übergangs für die Arbeitnehmer und
4. die hinsichtlich der Arbeitnehmer in Aussicht genommenen Maßnahmen.

(6) [1]Der Arbeitnehmer kann dem Übergang des Arbeitsverhältnisses innerhalb eines Monats nach Zugang der Unterrichtung nach Absatz 5 schriftlich widersprechen. [2]Der Widerspruch kann gegenüber dem bisherigen Arbeitgeber oder dem neuen Inhaber erklärt werden.

§ 620 Beendigung des Dienstverhältnisses

(1) Das Dienstverhältnis endigt mit dem Ablauf der Zeit, für die es eingegangen ist.

(2) Ist die Dauer des Dienstverhältnisses weder bestimmt noch aus der Beschaffenheit oder dem Zwecke der Dienste zu entnehmen, so kann jeder Teil das Dienstverhältnis nach Maßgabe der §§ 621 bis 623 kündigen.

(3) Für Arbeitsverträge, die auf bestimmte Zeit abgeschlossen werden, gilt das Teilzeit- und Befristungsgesetz.

§ 621 Kündigungsfristen bei Dienstverhältnissen

Bei einem Dienstverhältnis, das kein Arbeitsverhältnis im Sinne des § 622 ist, ist die Kündigung zulässig,

1. wenn die Vergütung nach Tagen bemessen ist, an jedem Tag für den Ablauf des folgenden Tages;
2. wenn die Vergütung nach Wochen bemessen ist, spätestens am ersten Werktag einer Woche für den Ablauf des folgenden Sonnabends;
3. wenn die Vergütung nach Monaten bemessen ist, spätestens am 15. eines Monats für den Schluss des Kalendermonats;
4. wenn die Vergütung nach Vierteljahren oder längeren Zeitabschnitten bemessen ist, unter Einhaltung einer Kündigungsfrist von sechs Wochen für den Schluss eines Kalendervierteljahrs;
5. wenn die Vergütung nicht nach Zeitabschnitten bemessen ist, jederzeit; bei einem die Erwerbstätigkeit des Verpflichteten vollständig oder hauptsächlich in Anspruch nehmenden Dienstverhältnis ist jedoch eine Kündigungsfrist von zwei Wochen einzuhalten.

§ 622 Kündigungsfristen bei Arbeitsverhältnissen

(1) Das Arbeitsverhältnis eines Arbeiters oder eines Angestellten (Arbeitnehmers) kann mit einer Frist von vier Wochen zum Fünfzehnten oder zum Ende eines Kalendermonats gekündigt werden.

(2) Für eine Kündigung durch den Arbeitgeber beträgt die Kündigungsfrist, wenn das Arbeitsverhältnis in dem Betrieb oder Unternehmen

1. zwei Jahre bestanden hat, einen Monat zum Ende eines Kalendermonats,

2.	fünf Jahre	bestanden hat,	zwei Monate	zum Ende eines Kalendermonats,
3.	acht Jahre	bestanden hat,	drei Monate	zum Ende eines Kalendermonats,
4.	zehn Jahre	bestanden hat,	vier Monate	zum Ende eines Kalendermonats,
5.	zwölf Jahre	bestanden hat,	fünf Monate	zum Ende eines Kalendermonats,
6.	15 Jahre	bestanden hat,	sechs Monate	zum Ende eines Kalendermonats,
7.	20 Jahre	bestanden hat,	sieben Monate	zum Ende eines Kalendermonats.

(3) Während einer vereinbarten Probezeit, längstens für die Dauer von sechs Monaten, kann das Arbeitsverhältnis mit einer Frist von zwei Wochen gekündigt werden.

(4) [1]Von den Absätzen 1 bis 3 abweichende Regelungen können durch Tarifvertrag vereinbart werden. [2]Im Geltungsbereich eines solchen Tarifvertrags gelten die abweichenden tarifvertraglichen Bestimmungen zwischen nicht tarifgebundenen Arbeitgebern und Arbeitnehmern, wenn ihre Anwendung zwischen ihnen vereinbart ist.

(5) [1]Einzelvertraglich kann eine kürzere als die in Absatz 1 genannte Kündigungsfrist nur vereinbart werden,

1. wenn ein Arbeitnehmer zur vorübergehenden Aushilfe eingestellt ist; dies gilt nicht, wenn das Arbeitsverhältnis über die Zeit von drei Monaten hinaus fortgesetzt wird;
2. wenn der Arbeitgeber in der Regel nicht mehr als 20 Arbeitnehmer ausschließlich der zu ihrer Berufsbildung Beschäftigten beschäftigt und die Kündigungsfrist vier Wochen nicht unterschreitet.

[2]Bei der Feststellung der Zahl der beschäftigten Arbeitnehmer sind teilzeitbeschäftigte Arbeitnehmer mit einer regelmäßigen wöchentlichen Arbeitszeit von nicht mehr als 20 Stunden mit 0,5 und nicht mehr als 30 Stunden mit 0,75 zu berücksichtigen. [3]Die einzelvertragliche Vereinbarung längerer als der in den Absätzen 1 bis 3 genannten Kündigungsfristen bleibt hiervon unberührt.

(6) Für die Kündigung des Arbeitsverhältnisses durch den Arbeitnehmer darf keine längere Frist vereinbart werden als für die Kündigung durch den Arbeitgeber.

§ 623 Schriftform der Kündigung

Die Beendigung von Arbeitsverhältnissen durch Kündigung oder Auflösungsvertrag bedürfen zu ihrer Wirksamkeit der Schriftform; die elektronische Form ist ausgeschlossen.

§ 624 Kündigungsfrist bei Verträgen über mehr als fünf Jahre

[1]Ist das Dienstverhältnis für die Lebenszeit einer Person oder für längere Zeit als fünf Jahre eingegangen, so kann es von dem Verpflichteten nach dem Ablauf von fünf Jahren gekündigt werden. [2]Die Kündigungsfrist beträgt sechs Monate.

§ 625 Stillschweigende Verlängerung

Wird das Dienstverhältnis nach dem Ablauf der Dienstzeit von dem Verpflichteten mit Wissen des anderen Teiles fortgesetzt, so gilt es als auf unbestimmte Zeit verlängert, sofern nicht der andere Teil unverzüglich widerspricht.

§ 626 Fristlose Kündigung aus wichtigem Grund

(1) Das Dienstverhältnis kann von jedem Vertragsteil aus wichtigem Grund ohne Einhaltung einer Kündigungsfrist gekündigt werden, wenn Tatsachen vorliegen, auf Grund derer dem Kündigenden unter Berücksichtigung aller Umstände des Einzelfalles und unter Abwägung der Interessen beider Vertragsteile die Fortsetzung des Dienstverhältnisses bis zum Ablauf der Kündigungsfrist oder bis zu der vereinbarten Beendigung des Dienstverhältnisses nicht zugemutet werden kann.

(2) [1]Die Kündigung kann nur innerhalb von zwei Wochen erfolgen. [2]Die Frist beginnt mit dem Zeitpunkt, in dem der Kündigungsberechtigte von den für die Kündigung maßgebenden Tatsachen Kenntnis erlangt. [3]Der Kündigende muss dem anderen Teil auf Verlangen den Kündigungsgrund unverzüglich schriftlich mitteilen.

§ 627 Fristlose Kündigung bei Vertrauensstellung

(1) Bei einem Dienstverhältnis, das kein Arbeitsverhältnis im Sinne des § 622 ist, ist die Kündigung auch ohne die in § 626 bezeichnete Voraussetzung zulässig, wenn der zur Dienstleistung Verpflichtete, ohne in einem dauernden Dienstverhältnis mit festen Bezügen zu stehen, Dienste höherer Art zu leisten hat, die auf Grund besonderen Vertrauens übertragen zu werden pflegen.

(2) [1]Der Verpflichtete darf nur in der Art kündigen, dass sich der Dienstberechtigte die Dienste anderweit beschaffen kann, es sei denn, dass ein wichtiger Grund für die unzeitige Kündigung vorliegt. [2]Kündigt er ohne solchen Grund zur Unzeit, so hat er dem Dienstberechtigten den daraus entstehenden Schaden zu ersetzen.

§ 628 Teilvergütung und Schadensersatz bei fristloser Kündigung

(1) [1]Wird nach dem Beginn der Dienstleistung das Dienstverhältnis auf Grund des § 626 oder des § 627 gekündigt, so kann der Verpflichtete einen seinen bisherigen Leistungen entsprechenden Teil der Vergütung verlangen. [2]Kündigt er, ohne durch vertragswidriges Verhalten des anderen Teiles dazu veranlasst zu sein, oder veranlasst er durch sein vertragswidriges Verhalten die Kündigung des anderen Teiles, so steht ihm ein Anspruch auf die Vergütung insoweit nicht zu, als seine bisherigen Leistungen infolge der Kündigung für den anderen Teil kein Interesse haben. [3]Ist die Vergütung für eine spätere Zeit im Voraus entrichtet, so hat der Verpflichtete sie nach Maßgabe des § 346 oder, wenn die Kündigung wegen eines Umstands erfolgt, den er nicht zu vertreten hat, nach den Vorschriften über die Herausgabe einer ungerechtfertigten Bereicherung zurückzuerstatten.

(2) Wird die Kündigung durch vertragswidriges Verhalten des anderen Teiles veranlasst, so ist dieser zum Ersatz des durch die Aufhebung des Dienstverhältnisses entstehenden Schadens verpflichtet.

§ 629 Freizeit zur Stellungssuche

Nach der Kündigung eines dauernden Dienstverhältnisses hat der Dienstberechtigte dem Verpflichteten auf Verlangen angemessene Zeit zum Aufsuchen eines anderen Dienstverhältnisses zu gewähren.

§ 630 Pflicht zur Zeugniserteilung

[1]Bei der Beendigung eines dauernden Dienstverhältnisses kann der Verpflichtete von dem anderen Teil ein schriftliches Zeugnis über das Dienstverhältnis und dessen Dauer fordern. [2]Das Zeugnis ist auf Verlangen auf die Leistungen und die Führung im Dienst zu erstrecken. [3]Die Erteilung des Zeugnisses in elektronischer Form ist ausgeschlossen. [4]Wenn der Verpflichtete ein Arbeitnehmer ist, findet § 109 der Gewerbeordnung Anwendung.

Umwandlungsgesetz (UmwG)

Auszug aus dem Gesetz

Rechtsstand: Januar 2020. Letzte Änderung: 01.01.2019 (BGBl. I S. 2694).

Zweites Buch: Verschmelzung

§ 2 Arten der Verschmelzung

Rechtsträger können unter Auflösung ohne Abwicklung verschmolzen werden

1. im Wege der Aufnahme durch Übertragung des Vermögens eines Rechtsträgers oder mehrerer Rechtsträger (übertragende Rechtsträger) als Ganzes auf einen anderen bestehenden Rechtsträger (übernehmender Rechtsträger) oder
2. im Wege der Neugründung durch Übertragung der Vermögen zweier oder mehrerer Rechtsträger (übertragende Rechtsträger) jeweils als Ganzes auf einen neuen, von ihnen dadurch gegründeten Rechtsträger

gegen Gewährung von Anteilen oder Mitgliedschaften des übernehmenden oder neuen Rechtsträgers an die Anteilsinhaber (Gesellschafter, Partner, Aktionäre oder Mitglieder) der übertragenden Rechtsträger.

§ 4 Verschmelzungsvertrag

(1) [1]Die Vertretungsorgane der an der Verschmelzung beteiligten Rechtsträger schließen einen Verschmelzungsvertrag. [2]§ 311b Abs. 2 des Bürgerlichen Gesetzbuchs gilt für ihn nicht.

(2) Soll der Vertrag nach einem der nach § 13 erforderlichen Beschlüsse geschlossen werden, so ist vor diesem Beschluß ein schriftlicher Entwurf des Vertrags aufzustellen.

§ 5 Inhalt des Verschmelzungsvertrags

(1) Der Vertrag oder sein Entwurf muß mindestens folgende Angaben enthalten:

1. den Namen oder die Firma und den Sitz der an der Verschmelzung beteiligten Rechtsträger;
2. die Vereinbarung über die Übertragung des Vermögens jedes übertragenden Rechtsträgers als Ganzes gegen Gewährung von Anteilen oder Mitgliedschaften an dem übernehmenden Rechtsträger;
3. das Umtauschverhältnis der Anteile und gegebenenfalls die Höhe der baren Zuzahlung oder Angaben über die Mitgliedschaft bei dem übernehmenden Rechtsträger;
4. die Einzelheiten für die Übertragung der Anteile des übernehmenden Rechtsträgers oder über den Erwerb der Mitgliedschaft bei dem übernehmenden Rechtsträger;
5. den Zeitpunkt, von dem an diese Anteile oder die Mitgliedschaften einen Anspruch auf einen Anteil am Bilanzgewinn gewähren, sowie alle Besonderheiten in bezug auf diesen Anspruch;
6. den Zeitpunkt, von dem an die Handlungen der übertragenden Rechtsträger als für Rechnung des übernehmenden Rechtsträgers vorgenommen gelten (Verschmelzungsstichtag);
7. die Rechte, die der übernehmende Rechtsträger einzelnen Anteilsinhabern sowie den Inhabern besonderer Rechte wie Anteile ohne Stimmrecht, Vorzugsaktien, Mehrstimmrechtsaktien, Schuldverschreibungen und Genußrechte gewährt, oder die für diese Personen vorgesehenen Maßnahmen;
8. jeden besonderen Vorteil, der einem Mitglied eines Vertretungsorgans oder eines Aufsichtsorgans der an der Verschmelzung beteiligten Rechtsträger, einem geschäftsführenden Gesellschafter, einem Partner, einem Abschlußprüfer oder einem Verschmelzungsprüfer gewährt wird;
9. die Folgen der Verschmelzung für die Arbeitnehmer und ihre Vertretungen sowie die insoweit vorgesehenen Maßnahmen.

(2) Befinden sich alle Anteile eines übertragenden Rechtsträgers in der Hand des übernehmenden Rechtsträgers, so entfallen die Angaben über den Umtausch der Anteile (Absatz 1 Nr. 2 bis 5), soweit sie die Aufnahme dieses Rechtsträgers betreffen.

(3) Der Vertrag oder sein Entwurf ist spätestens einen Monat vor dem Tage der Versammlung der Anteilsinhaber jedes beteiligten Rechtsträgers, die gemäß § 13 Abs. 1 über die Zustimmung zum Verschmelzungsvertrag beschließen soll, dem zuständige Betriebsrat dieses Rechtsträgers zuzuleiten.

§ 17 Anlagen der Anmeldung

(1) Der Anmeldung sind in Ausfertigung oder öffentlich beglaubigter Abschrift oder, soweit sie nicht notariell zu beurkunden sind, in Urschrift oder Abschrift der Verschmelzungsvertrag, die Niederschriften der Verschmelzungsbeschlüsse, die nach diesem Gesetz erforderlichen Zustimmungserklärungen einzelner Anteilsinhaber einschließlich der Zustimmungserklärungen nicht erschienener Anteilsinhaber, der Verschmelzungsbericht, der Prüfungsbericht oder die Verzichtserklärungen nach § 8 Abs. 3, § 9 Abs. 3, § 12 Abs. 3, § 54 Abs. 1 Satz 3 oder § 68 Abs. 1 Satz 3, ein Nachweis über die rechtzeitige Zuleitung des Verschmelzungsvertrages oder seines Entwurfs an den zuständigen Betriebsrat beizufügen.

(2) [1]Der Anmeldung zum Register des Sitzes jedes der übertragenden Rechtsträger ist ferner eine Bilanz dieses Rechtsträgers beizufügen (Schlußbilanz). [2]Für diese Bilanz gelten die Vorschriften über die Jahresbilanz und deren Prüfung entsprechend. [3]Sie braucht nicht bekanntgemacht zu werden. [4]Das Registergericht darf die Verschmelzung nur eintragen, wenn die Bilanz auf einen höchstens acht Monate vor der Anmeldung liegenden Stichtag aufgestellt worden ist.

§ 122e Verschmelzungsbericht

[1]Im Verschmelzungsbericht nach § 8 sind auch die Auswirkungen der grenzüberschreitenden Verschmelzung auf die Gläubiger und Arbeitnehmer der an der Verschmelzung beteiligten Gesellschaft zu erläutern. [2]Der Verschmelzungsbericht ist den Anteilsinhabern sowie dem zuständigen Betriebsrat oder, falls es keinen Betriebsrat gibt, den Arbeitnehmern der an der grenzüberschreitenden Verschmelzung beteiligten Gesellschaft spätestens einen Monat vor der Versammlung der Anteilsinhaber, die nach § 13 über die Zustimmung zum Verschmelzungsplan beschließen soll, nach § 63 Abs. 1 Nr. 4 zugänglich zu machen. [3]§ 8 Abs. 3 ist nicht anzuwenden, es sei denn, an der Verschmelzung ist als übernehmende oder neue Gesellschaft eine Personenhandelsgesellschaft gemäß § 122b Absatz 1 Nummer 2 beteiligt.

Drittes Buch: Spaltung

§ 123 Arten der Spaltung

(1) Ein Rechtsträger (übertragender Rechtsträger) kann unter Auflösung ohne Abwicklung sein Vermögen aufspalten

1. zur Aufnahme durch gleichzeitige Übertragung der Vermögensteile jeweils als Gesamtheit auf andere bestehende Rechtsträger (übernehmende Rechtsträger) oder
2. zur Neugründung durch gleichzeitige Übertragung der Vermögensteile jeweils als Gesamtheit auf andere, von ihm dadurch gegründete neue Rechtsträger

gegen Gewährung von Anteilen oder Mitgliedschaften dieser Rechtsträger an die Anteilsinhaber des übertragenden Rechtsträgers (Aufspaltung).

(2) Ein Rechtsträger (übertragender Rechtsträger) kann von seinem Vermögen einen Teil oder mehrere Teile abspalten

1. zur Aufnahme durch Übertragung dieses Teils oder dieser Teile jeweils als Gesamtheit auf einen bestehenden oder mehrere bestehende Rechtsträger (übernehmende Rechtsträger) oder
2. zur Neugründung durch Übertragung dieses Teils oder dieser Teile jeweils als Gesamtheit auf einen oder mehrere, von ihm dadurch gegründeten neuen oder gegründete neue Rechtsträger

gegen Gewährung von Anteilen oder Mitgliedschaften dieses Rechtsträgers oder dieser Rechtsträger an die Anteilsinhaber des übertragenden Rechtsträgers (Abspaltung).

(3) Ein Rechtsträger (übertragender Rechtsträger) kann aus seinem Vermögen einen Teil oder mehrere Teile ausgliedern

1. zur Aufnahme durch Übertragung dieses Teils oder dieser Teile jeweils als Gesamtheit auf einen bestehenden oder mehrere bestehende Rechtsträger (übernehmende Rechtsträger) oder
2. zur Neugründung durch Übertragung dieses Teils oder dieser Teile jeweils als Gesamtheit auf einen oder mehrere, von ihm dadurch gegründeten neuen oder gegründete neue Rechtsträger

gegen Gewährung von Anteilen oder Mitgliedschaften dieses Rechtsträgers oder dieser Rechtsträger an den übertragenden Rechtsträger (Ausgliederung).

(4) Die Spaltung kann auch durch gleichzeitige Übertragung auf bestehende und neue Rechtsträger erfolgen.

§ 126 Inhalt des Spaltungs- und Übernahmevertrags

(1) Der Spaltungs- und Übernahmevertrag oder sein Entwurf muß mindestens folgende Angaben enthalten:

1. den Namen oder die Firma und den Sitz der an der Spaltung beteiligten Rechtsträger;
2. die Vereinbarung über die Übertragung der Teile des Vermögens des übertragenden Rechtsträgers jeweils als Gesamtheit gegen Gewährung von Anteilen oder Mitgliedschaften an den übernehmenden Rechtsträgern;
3. bei Aufspaltung und Abspaltung das Umtauschverhältnis der Anteile und gegebenenfalls die Höhe der baren Zuzahlung oder Angaben über die Mitgliedschaft bei den übernehmenden Rechtsträgern;
4. bei Aufspaltung und Abspaltung die Einzelheiten für die Übertragung der Anteile der übernehmenden Rechtsträger oder über den Erwerb der Mitgliedschaft bei den übernehmenden Rechtsträgern;
5. den Zeitpunkt, von dem an diese Anteile oder die Mitgliedschaft einen Anspruch auf einen Anteil am Bilanzgewinn gewähren, sowie alle Besonderheiten in bezug auf diesen Anspruch;
6. den Zeitpunkt, von dem an die Handlungen des übertragenden Rechtsträgers als für Rechnung jedes der übernehmenden Rechtsträger vorgenommen gelten (Spaltungsstichtag);
7. die Rechte, welche die übernehmenden Rechtsträger einzelnen Anteilsinhabern sowie den Inhabern besonderer Rechte wie Anteile ohne Stimmrecht, Vorzugsaktien, Mehrstimmrechtsaktien, Schuldverschreibungen und Genußrechte gewähren, oder die für diese Personen vorgesehenen Maßnahmen;
8. jeden besonderen Vorteil, der einem Mitglied eines Vertretungsorgans oder eines Aufsichtsorgans der an der Spaltung beteiligten Rechtsträger, einem geschäftsführenden Gesellschafter, einem Partner, einem Abschlußprüfer oder einem Spaltungsprüfer gewährt wird;
9. die genaue Bezeichnung und Aufteilung der Gegenstände des Aktiv- und Passivvermögens, die an jeden der übernehmenden Rechtsträger übertragen werden, sowie der übergehenden Betriebe und Betriebsteile unter Zuordnung zu den übernehmenden Rechtsträgern;
10. bei Aufspaltung und Abspaltung die Aufteilung der Anteile oder Mitgliedschaften jedes der beteiligten Rechtsträger auf die Anteilsinhaber des übertragenden Rechtsträgers sowie den Maßstab für die Aufteilung;
11. die Folgen der Spaltung für die Arbeitnehmer und ihre Vertretungen sowie die insoweit vorgesehenen Maßnahmen.

(2) [1]Soweit für die Übertragung von Gegenständen im Falle der Einzelrechtsnachfolge in den allgemeinen Vorschriften eine besondere Art der Bezeichnung bestimmt ist, sind diese Regelungen auch für die Bezeichnung der Gegenstände des Aktiv- und Passivvermögens (Absatz 1 Nr. 9) anzuwenden. [2]§ 28 der Grundbuchordnung ist zu beachten. [3]Im übrigen kann auf Urkunden wie Bilanzen und Inventare Bezug genommen werden, deren Inhalt eine Zuweisung des einzelnen Gegenstandes ermöglicht; die Urkunden sind dem Spaltungs- und Übernahmevertrag als Anlagen beizufügen.

(3) Der Vertrag oder sein Entwurf ist spätestens einen Monat vor dem Tag der Versammlung der Anteilsinhaber jedes beteiligten Rechtsträgers, die gemäß § 125 in Verbindung mit § 13 Abs. 1 über die Zustimmung zum Spaltungs- und Übernahmevertrag beschließen soll, dem zuständigen Betriebsrat dieses Rechtsträgers zuzuleiten.

Fünftes Buch: Formwechsel

§ 190 Allgemeiner Anwendungsbereich

(1) Ein Rechtsträger kann durch Formwechsel eine andere Rechtsform erhalten.

(2) Soweit nicht in diesem Buch etwas anderes bestimmt ist, gelten die Vorschriften über den Formwechsel nicht für Änderungen der Rechtsform, die in anderen Gesetzen vorgesehen oder zugelassen sind.

§ 193 Umwandlungsbeschluß

(1) [1]Für den Formwechsel ist ein Beschluß der Anteilsinhaber des formwechselnden Rechtsträgers (Umwandlungsbeschluß) erforderlich. [2]Der Beschluß kann nur in einer Versammlung der Anteilsinhaber gefaßt werden.

(2) Ist die Abtretung der Anteile des formwechselnden Rechtsträgers von der Genehmigung einzelner Anteilsinhaber abhängig, so bedarf der Umwandlungsbeschluß zu seiner Wirksamkeit ihrer Zustimmung.

(3) [1]Der Umwandlungsbeschluß und die nach diesem Gesetz erforderlichen Zustimmungserklärungen einzelner Anteilsinhaber einschließlich der erforderlichen Zustimmungserklärungen nicht erschienener Anteilsinhaber müssen notariell beurkundet werden. [2]Auf Verlangen ist jedem Anteilsinhaber auf seine Kosten unverzüglich eine Abschrift der Niederschrift des Beschlusses zu erteilen.

§ 194 Inhalt des Umwandlungsbeschlusses

(1) In dem Umwandlungsbeschluß müssen mindestens bestimmt werden:

1. die Rechtsform, die der Rechtsträger durch den Formwechsel erlangen soll;
2. der Name oder die Firma des Rechtsträgers neuer Rechtsform;
3. eine Beteiligung der bisherigen Anteilsinhaber an dem Rechtsträger nach den für die neue Rechtsform geltenden Vorschriften, soweit ihre Beteiligung nicht nach diesem Buch entfällt;
4. Zahl, Art und Umfang der Anteile oder der Mitgliedschaften, welche die Anteilsinhaber durch den Formwechsel erlangen sollen oder die einem beitretenden persönlich haftenden Gesellschafter eingeräumt werden sollen;
5. die Rechte, die einzelnen Anteilsinhabern sowie den Inhabern besonderer Rechte wie Anteile ohne Stimmrecht, Vorzugsaktien, Mehrstimmrechtsaktien, Schuldverschreibungen und Genußrechte in dem Rechtsträger gewährt werden sollen, oder die Maßnahmen, die für diese Personen vorgesehen sind;
6. ein Abfindungsangebot nach § 207, sofern nicht der Umwandlungsbeschluß zu seiner Wirksamkeit der Zustimmung aller Anteilsinhaber bedarf oder an dem formwechselnden Rechtsträger nur ein Anteilsinhaber beteiligt ist;
7. die Folgen des Formwechsels für die Arbeitnehmer und ihre Vertretungen sowie die insoweit vorgesehenen Maßnahmen.

(2) Der Entwurf des Umwandlungsbeschlusses ist spätestens einen Monat vor dem Tage der Versammlung der Anteilsinhaber, die den Formwechsel beschließen soll, dem zuständigen Betriebsrat des formwechselnden Rechtsträgers zuzuleiten.

Siebentes Buch: Übergangs- und Schlußvorschriften

§ 325 Mitbestimmungsbeibehaltung

(1) [1]Entfallen durch Abspaltung oder Ausgliederung im Sinne des § 123 Abs. 2 und 3 bei einem übertragenden Rechtsträger die gesetzlichen Voraussetzungen für die Beteiligung der Arbeitnehmer im Aufsichtsrat, so finden die vor der Spaltung geltenden Vorschriften noch für einen Zeitraum von fünf Jahren nach dem Wirksamwerden der Abspaltung oder Ausgliederung Anwendung. [2]Dies gilt nicht, wenn die betreffenden Vorschriften eine Mindestzahl von Arbeitnehmern voraussetzen und die danach berechnete Zahl der Arbeitnehmer des übertragenden Rechtsträgers auf weniger als in der Regel ein Viertel dieser Mindestzahl sinkt.

(2) [1]Hat die Spaltung oder Teilübertragung eines Rechtsträgers die Spaltung eines Betriebes zur Folge und entfallen für die aus der Spaltung hervorgegangenen Betriebe Rechte oder Beteiligungsrechte des Betriebsrats, so kann durch Betriebsvereinbarung oder Tarifvertrag die Fortgeltung dieser Rechte und Beteiligungsrechte vereinbart werden. [2]Die §§ 9 und 27 des Betriebsverfassungsgesetzes bleiben unberührt.

Stichwortverzeichnis

(Fundstellen im Gesetz mit Seitenzahlen)

Betriebsverfassungsgesetz

mit Wahlordnung und Nebengesetzen

Aktuelle Gesetze

Bibliografische Information der Deutschen Nationalbibliothek: Die Deutsche Nationalbibliothek verzeichnet diese Publikation in der Deutschen Nationalbibliografie, detaillierte bibliografische Daten sind im Internet über http://dnb.dnb.de abrufbar. Für eine Weiterentwicklung des Werks sind eventuelle Hinweise oder Verbesserungsvorschläge willkommen, die entsprechenden Empfehlungen und Anregungen können an die E-Mail-Adresse service@aktuelle-gesetze.com zugesendet werden.

Aktuelle Gesetze

ISBN: 978-1979470254

Printed in Germany
by Amazon Distribution
GmbH, Leipzig

16875718R00059